Andreas C. Fürsattel

Mitarbeiter im Fokus

Andreas C. Fürsattel

Mitarbeiter im Fokus

Wie Sie mit ganzheitlichem Mitarbeiter-Marketing
die besten Talente für Ihr Unternehmen finden,
entwickeln und binden

WILEY-VCH Verlag GmbH & Co. KGaA

1. Auflage 2017

Alle Bücher von Wiley-VCH werden sorgfältig erarbeitet. Dennoch übernehmen Autoren, Herausgeber und Verlag in keinem Fall, einschließlich des vorliegenden Werkes, für die Richtigkeit von Angaben, Hinweisen und Ratschlägen sowie für eventuelle Druckfehler irgendeine Haftung.

© 2017 Wiley-VCH Verlag & Co. KGaA, Boschstr. 12, 69469 Weinheim, Germany

Alle Rechte, insbesondere die der Übersetzung in andere Sprachen, vorbehalten. Kein Teil dieses Buches darf ohne schriftliche Genehmigung des Verlages in irgendeiner Form – durch Photokopie, Mikroverfilmung oder irgendein anderes Verfahren – reproduziert oder in eine von Maschinen, insbesondere von Datenverarbeitungsmaschinen, verwendbare Sprache übertragen oder übersetzt werden. Die Wiedergabe von Warenbezeichnungen, Handelsnamen oder sonstigen Kennzeichen in diesem Buch berechtigt nicht zu der Annahme, dass diese von jedermann frei benutzt werden dürfen. Vielmehr kann es sich auch dann um eingetragene Warenzeichen oder sonstige gesetzlich geschützte Kennzeichen handeln, wenn sie nicht eigens als solche markiert sind.

Bibliografische Information der Deutschen Nationalbibliothek

Die Deutsche Nationalbibliothek verzeichnet diese Publikation in der Deutschen Nationalbibliografie; detaillierte bibliografische Daten sind im Internet über http://dnb.d-nb.de abrufbar.

Printed in the Federal Republic of Germany
Umschlaggestaltung: bauer-design, Mannheim
Coverfoto: Jakub Jirsák@fotolia.com
Gestaltung: pp030, Heike Praetor, Berlin
Satz: inmedialo Digital- und Printmedien UG, Plankstadt
Druck und Bindung: CPI books GmbH, Leck
Gedruckt auf säurefreiem Papier.
Print ISBN: 978-3-527-50894-5
ePub ISBN: 978-3-527-80985-1
mobi ISBN: 978-3-527-80986-8

Inhalt

Geleitwort von Harald Lais 9

Vorwort 11

Einleitung – Attraktives Unternehmen: 5 Schritte zum erfolgreichen
Mitarbeiter-Marketing 13

1 Marktveränderungen erkennen und die grundsätzliche Einstellung verändern 23

1.1 Marketing für Endkunden – ein kurzer Blick in die Vergangenheit, Gegenwart und Zukunft   *24*

1.2 Der Wechsel vom Verkäufer- zum Käufermarkt in vielen Bereichen des Endkundenmarktes   *25*

1.3 Was sind die Auswirkungen auf das Endkundenverhalten durch diese Veränderung   *26*

1.4 Übertragung des veränderten Kundenverhaltens auf den internen Kunden (Mitarbeiter)   *27*

1.5 Wechsel vom Verkäufer- (Arbeitgeber-) zum Käufer- (Arbeitnehmer-)Markt   *27*

1.6 Auswirkungen auf das Arbeitnehmerverhalten innerhalb der verschiedenen Generationen   *30*

1.7 Erkenntnisse aus diesen Veränderungen für die Gegenwart und Zukunft   *31*

1.8 Veränderung der Einstellung in allen Bereichen des Unternehmens   *32*

1.9 Welchen Nutzen hat die neue Einstellung und wo liegen die Chancen für Ihr Unternehmen bzw. die Risiken, wenn Sie nichts unternehmen?   *33*

2 Kurz- und mittelfristige Unternehmensziele festlegen 37

3 Mitarbeiter-Marketing-Ziele in Bezug auf die Unternehmensziele festlegen ▪ ▪ ▪ ▪ ▪ ▪ ▪ ▪ ▪ ▪ ▪ ▪ ▪ ▪ ▪ ▪ ▪ ▪ ▪ 41

3.1 Was bedeutet »Ganzheitliches Mitarbeiter-Marketing«?   *41*

3.2 Die wesentlichen Bestandteile des Mitarbeiter-Marketings anhand der 5 »Ps« des Endkunden-Marketings   *43*

3.3 Mein Unternehmen in Bezug auf ULAKA – Welche Bestandteile erwartet ein Mitarbeiter von meinem Unternehmen?   *50*

3.4 Einige konkrete Fallbeispiele von Unternehmen mit unterschiedlicher Mitarbeiteranzahl, Branche, Region und Unternehmensalter   *53*

3.5 Checklisten Beispielfragen möglicher Ziele mit Bezug zum Mitarbeiter-Marketing   *55*

4 Zusammensetzung des unternehmensbezogenen Mitarbeiter-Marketings: Elemente definieren, bestehende Elemente optimieren und neue Elemente entwickeln ▪ ▪ ▪ ▪ ▪ ▪ ▪ ▪ ▪ ▪ ▪ ▪ ▪ ▪ ▪ ▪ ▪ 59

4.1 Wesentliche Elemente, aus denen Mitarbeiter-Marketing-Konzepte bestehen können   *59*

4.2 Festlegung der wichtigsten Elemente, die Ihr Mitarbeiter-Marketing umfassen sollte   *164*

4.3 Analyse der bestehenden Elemente, die bereits in Ihrem Unternehmen umgesetzt werden   *166*

4.4 Optimierung Ihrer bestehenden Elemente und Anpassung an Ihre aktuelle Unternehmenssituation   *168*

4.5 Ergänzung und Festlegung Ihrer fehlenden Elemente   *170*

4.6 Von anderen Unternehmen lernen – Beispiele entwickelter Mitarbeiter-Marketing-Konzepte   *171*

5 Stufenweise Umsetzung unter Einbeziehung aller wesentlichen Personen, mit realistischem Zeitplan und regelmäßiger Erfolgskontrolle ▪ ▪ ▪ ▪ 175

5.1 Das Grob-Konzept steht nun, was jetzt?   *175*

5.2 Erfolgreiche Umsetzung durch klare Zielformulierung   *176*

5.3 Was kann man intern umsetzen und was kann man extern beauftragen?   *180*

5.4 Erfolgreiche Umsetzung des Zeitplans   *182*

5.5 Erfolgskontrolle – ein permanenter und essenzieller Bestandteil eines erfolgreichen Mitarbeiter-Marketing-Konzepts   *184*

Zusammenfassung und Nachwort 189

Alle Praxistipps auf einen Blick 195

Danksagung 197

Literaturhinweise 199

Stichwortverzeichnis 201

Geleitwort von Harald Lais

Wir leben in einer modernen, hoch technologisierten und unglaublich schnelllebigen Welt. Das merken wir besonders in der Geschäftswelt. Um wettbewerbsfähig zu sein, gilt es immer am Puls der Zeit zu sein, Trends nicht zu verpassen und bei Innovationen vorne dabei zu sein. Zudem merken wir, wie abhängig wir von der Technologie geworden sind. Ein Tag ohne Internet oder ohne funktionierendes Arbeitsequipment wie Laptop, Tablet oder Mobiltelefon führt fast zum scheinbaren Stillstand.

Dabei haben wir in den vergangenen Jahren, vielleicht auch schon seit einem Jahrzehnt, den wohl wichtigsten Faktor immer mehr außer Acht gelassen. Unternehmen sind nur erfolgreich mit und durch ihre Mitarbeiter. Ohne das Potenzial engagierter, motivierter und kreativer Mitarbeiter ist (fast) jedes Unternehmen chancenlos, mittel- oder langfristig erfolgreich am Markt bestehen zu können. Vor allem trifft das auf Klein- und mittelständische Betriebe zu. Sie können eine noch so tolle Geschäftsidee haben, ohne die »richtigen« Mitarbeiter werden sie nicht den Erfolg haben, den sie sich wünschen. Denn eines ist klar: Als Einzelkämpfer werden sie nie so weit kommen, wie mit einem guten Team.

Neben der Geschäftsidee ist die Auswahl und Entwicklung der Mitarbeiter der entscheidende Impuls für ein Unternehmen. Mitarbeiter müssen die Leidenschaft und den inneren Willen haben, für das Unternehmen und die Unternehmensziele alles zu geben. Im Gegensatz dazu sind die Führungspersönlichkeiten gefordert, die internen Rahmenbedingungen zu schaffen, damit sich Mitarbeiter entfalten und Ideen entwickeln können. Dabei spielt aus meiner vollen Überzeugung das Thema Vertrauen eine entscheidende Rolle. Ohne Vertrauen funktioniert gar nichts, der Aufbau eines Vertrauensverhältnisses zu Mitarbeitern ist eine der Kernaufgaben der Führung – ohne Wenn und Aber!

Jahrzehnte Erfahrung als selbstständiger Unternehmer und als Geschäftsführer des weltweit größten Unternehmernetzwerkes in Deutschland und Österreich haben mich viel gelehrt. Unter anderem, dass Vertrauen und der persönliche Kontakt durch nichts zu ersetzen sind. Wenn ich jemandem vertraue und weiß, ich kann mich auf ihn verlassen, dann kann ich beruhigt Verantwortung abgeben oder Aufträge an Geschäftspartner vergeben. Das erleben wir tagtäglich in unserem Netzwerk, das auf persönliche Geschäftsempfehlungen aufgebaut ist. Daher kann ich nur jedem Unternehmer ans Herz legen, seien Sie penibel bei der Auswahl der Mitarbeiter. Wenn Sie die richtigen Personen gefunden haben, dann fördern Sie sie, wo Sie nur können und bauen Sie damit das notwendige Vertrauen auf. Wenn das gelingt, davon bin ich überzeugt, ist ein entscheidender Schritt für den Geschäftserfolg geschafft.

Und wie Sie das erfolgreich machen und in der Praxis »die PS auf die Straße bringen«, das hat Andreas Fürsattel in diesem Buch einfach, verständlich und mit vielen Beispielen aus der Praxis versehen dargestellt. Als einer der führenden Experten Deutschlands im Bereich »Personalentwicklung« hat Andreas Fürsattel unserem Unternehmen geholfen unser Team noch kompetenter und unser Unternehmen noch erfolgreicher zu machen. Ich bin mir sicher, dass dieses Buch ein weiterer guter Schritt für jede Führungskraft ist, die sich mit dem Thema »Kompetenzentwicklung« im eigenen Unternehmen beschäftigt. Ihnen viel Spaß beim Lesen und viel Erfolg bei der Umsetzung!

Harald Lais
Geschäftsführer Deutschland – Österreich BNI®
BNI ist das weltweit erfolgreichste Geschäftssystem für das Thema Empfehlungsmarketing.

Vorwort

Die Bezeichnung »Mitarbeiter« steht in diesem Buch für alle Menschen im Unternehmen, die eine Leistung für das Unternehmen bzw. die Organisation erbringen. Egal ob sie als Führungskraft, Facharbeiter, Auszubildender, Geschäftsführer oder in einer anderen Position im Unternehmen tätig sind. Es ist auch nicht relevant, in welcher finanziellen Beziehung sie zum Unternehmen stehen, also ob sie feste monatliche Bezüge erhalten, umsatzabhängige Bezüge oder eine projektabhängige Vergütung. Nicht mit einbezogen sind die Beziehungen zu externen Lieferanten, wenn sie nicht als Einzelperson in Erscheinung treten.

Auch wenn wir uns momentan in einem starken Veränderungsprozess durch die Digitalisierung vieler Bereiche unseres Lebens und unserer Unternehmen befinden, dessen Ergebnis heute noch nicht klar vorhersehbar ist, steht in diesem Buch der Mensch im Unternehmen im Vordergrund. Nach wie vor werden die wesentlichen Themen in den meisten Unternehmen durch den Menschen bestimmt und es geht in diesem Buch um seine Befindlichkeiten, Erwartungen, Hoffnungen, Ziele, Herausforderungen, Talente und Entwicklungen innerhalb einer Organisation bzw. eines Unternehmens.

Und natürlich ist es wesentlich zu erkennen, dass der schnelle Wandel trotzdem einige wichtige Dinge nicht verschwinden lassen wird – nämlich den *Mitarbeiter im Fokus* für das Unternehmen zu erkennen und zu bewahren.

Einleitung – Attraktives Unternehmen: 5 Schritte zum erfolgreichen Mitarbeiter-Marketing

An einem sonnigen Frühlingstag Ende Februar findet eine Veranstaltung unter dem Motto »Mitarbeiter-Marketing für den Mittelstand« mit zwei Workshops statt. Viele Unternehmer und personalverantwortliche Führungskräfte lauschen gespannt den Vorträgen und Workshops und nutzen die Gelegenheit, sich in den Pausen auszutauschen.

Zufällig treffen sich fünf Freunde auf dieser Veranstaltung wieder.

Alle fünf hatten in anderen Städten gearbeitet bzw. studiert und sind nun wieder in ihre Heimatstadt zurückgekehrt. Sie kennen sich noch sehr gut aus ihrer Abiturzeit und sind früher oft zusammen weggegangen. Alle fünf freuen sich sehr über das Wiedersehen und noch mehr, als sie feststellen, dass sie alle Unternehmer sind bzw. in verantwortlicher Stellung in einem Unternehmen tätig. Außerdem stellen sie nach kurzer Zeit fest, dass sie alle vor ähnlichen Herausforderungen bezüglich des Themas Mitarbeiter und Mitarbeiterentwicklung stehen. Da alle in unterschiedlichen Branchen tätig sind, also somit nicht im direkten Wettbewerb stehen und sich sehr gut kennen und vertrauen, vereinbaren sie, sich zukünftig gegenseitig zu unterstützen und regelmäßig auszutauschen.

Wenn Sie sich in der einen oder anderen der nachfolgend beschriebenen Situationen der fünf Freunde wiedererkennen und die eine oder andere Herausforderungen auch aus Ihrem Unternehmen kennen, dann wird Ihnen dieses Buch sicherlich ein guter Begleiter und nutzbringender Ratgeber sein.

Da ist der introvertierte 38-jährige *Stefan*, der mittlerweile die elterliche Firma, ein Ingenieurbüro mit 63 Mitarbeitern, alleinverantwortlich übernommen hat. Er ist verheiratet, hat mit seiner Familie ein Haus bezogen und ist glücklich darüber, wieder in seiner Heimatstadt zu sein. Er ist ein vorsichtiger Mensch, der gerne an Bestehendem festhält und sich mit schnellen Entwicklungen eher unwohl fühlt. Die Übernahme des elterlichen Unternehmens hatte er bereits über die letzten sieben Jahre detailliert vorbereitet. Leider hat er jedoch mittlerweile das Gefühl, dass seine bestehenden Mitarbeiter mit seinem sehr sachlichen Führungsstil manchmal ihre Schwierigkeiten haben und es ihm zeitweilig an dem notwendigen Einfühlungsvermögen für ihre Bedürfnisse fehlt.

Deshalb ist er auf die Veranstaltung gekommen, um neue Anregungen und Ideen mitzunehmen. Dies ist dringend notwendig, da ihm bereits zwei gute Ingenieure in den letzten drei Monaten gekündigt haben und er befürchtet, dass auch andere Mitarbeiter in seinem Unternehmen ihre Arbeit eher unmotiviert ausführen. Dies ist besonders bedenklich, da gute Ingenieure inzwischen »Mangelware« sind und es sich nicht so leicht wieder Ersatz finden lässt. Außerdem findet seine Personalsuche aus Zeitmangel nur reaktiv statt, das heißt, er reagiert nur, wenn er akuten Bedarf hat, anstatt zu agieren und zu gestalten. Damit ist er unzufrieden, da es ihm permanent seine Planung zerstört.

Matthias hat eine Karriere bei einem großen Mittelständler mit über 1200 Beschäftigten eingeschlagen. Das Unternehmen produziert als einer der Weltmarktführer spezielle Bauteile für medizinische Geräte. Er leitete zunächst als Prokurist, dann als Geschäftsführer den Bereich Finanzen. Nun hat der Gesellschafter ihm auch noch den Bereich Personal übertragen, da er im Bereich Finanzen einen hervorragenden Job gemacht hat und sich immer sehr aktiv und rund um die Uhr für das Unternehmen einsetzt.

Matthias, der als sehr zielstrebig, pragmatisch und ergebnisorientiert gilt, ist Ende 30 und lebt momentan fast ausschließlich für seinen Job.

Seine Freundin, die 300 Kilometer entfernt lebt, sieht er nur an einigen Wochenenden und zu gemeinsamen Urlauben.

Die Personalsituation in seinem Unternehmen ist in den letzten Jahren zunehmend schwieriger geworden. Das Unternehmen ist etwas außerhalb in einer ländlichen Region angesiedelt und speziell gutqualifizierte neue Mitarbeiter sind schwer zu motivieren, sich in der ländlichen Gegend anzusiedeln. Hinzu kommt, dass die Lehrstellenbesetzung von Jahr zu Jahr schwieriger wird und nicht mehr genügend Bewerber gefunden werden.

Matthias ist von der zusätzlichen Aufgabe nur eingeschränkt begeistert. Er kommt eben auch nicht aus dem Bereich Personal und die Personalabteilung war nach seinem Empfinden hauptsächlich mit der Personalverwaltung beschäftigt. Nur für die Bereiche Auszubildende, Mitarbeitersuche, Fachausbildung und Qualifikation waren eigene Mitarbeiter in der bestehenden Personalabteilung tätig. So genau weiß er auch nicht, was dieser Bereich ansonsten noch machen soll und wie er dies organisieren könnte. Da es jedoch seit einigen Monaten in mehreren Abteilungen immer wieder zu Unmutsäußerungen bezüglich der nicht ausreichenden Anzahl an qualifizierten Mitarbeitern und der daraus entstehenden Überlastung der Teams kommt, muss er zügig etwas unternehmen.

Er braucht einen Überblick über alle wesentlichen Aufgaben der Personalarbeit im Unternehmen. Wichtig ist ihm vor allem, dass die Aufgaben und Maßnahmen effektiv sind und nachhaltigen Nutzen für das Unternehmen bringen. Den Überblick konnte ihm bislang keiner geben. Und bei den durchgeführten Maßnahmen, wie zum Beispiel Trainings für Mitarbeiter und Führungskräfte, fehlt ein konkreter Nachweis, was sie dem Unternehmen gebracht haben und was davon tatsächlich umgesetzt wurde.

Alexandra, eine dynamische Mitdreißigerin ist in die Fußstapfen Ihrer Mutter getreten, die in den letzten 40 Jahren ein sehr erfolgreiches und bekanntes Unternehmen in der Textilbranche entwickelt hat. Alexandras Mann ist selbstständiger

Designer im technischen Umfeld. Beiden ist das Familienleben mit ihren 2 Kindern sehr wichtig und sie schafften es gut, ihr berufliches Engagement und ihr Familienleben im Einklang zu halten.

Das Familienunternehmen produziert und verkauft in 3 Filialen eigene Marken und hat es geschafft, sich gegen die Großen der Branche erfolgreich zu behaupten. Alexandra hat bereits als Schülerin und dann auch während der Semesterferien im elterlichen Betrieb gearbeitet, kennt alle Mitarbeiter gut und weiß schon sehr lange, wie sich die Abläufe im Unternehmen gestalten. Sie ist sehr persönlich im Umgang mit ihren Mitarbeitern, höchst beliebt und mit ihrem Team und mit der Entwicklung an sich sehr zufrieden.

Leider stellt sie jedoch seit einiger Zeit fest, dass sich die Einstellung und die Erwartungen ihrer Mitarbeiter verändert haben. Sie ist zwar schon sehr aktiv, um ihre Mitarbeiter zu motivieren, zu binden und für ein gutes Betriebsklima zu sorgen. Doch hat sie momentan Zweifel, ob es die richtigen sind und ob sie damit auch wirklich ihr Team erreicht.

Da sie innovativ ist und besser verstehen will, warum und was genau sich in ihrem Team momentan und in Zukunft entwickeln könnte, sucht sie aktiv nach Antworten und hofft, diese auf der Veranstaltung zu erhalten.

Als *Christian* als Meister und ausgebildeter Techniker in das Unternehmen eintrat, wusste er nicht, dass er es kaum sechs Jahre später als Chef führen würde. Die Vorgänger, seine ehemaligen Chefs, hatten einige falsche Entscheidungen getroffen und auch etwas Pech gehabt.

Letztendlich konnte Christian das Unternehmen aus der Insolvenz kaufen und führt es nun seit drei Jahren sehr erfolgreich und expansiv. Er hatte mit 35 Mitarbeitern begonnen und sein Team zählt nunmehr schon über 165 Mitarbeiter. Sein Handwerksunternehmen baut und wartet Klima- und Heizungsanlagen speziell für Industriebetriebe und Christian, der nun 42 Jahre alt ist, wundert sich manchmal selber, wie schnell diese Unternehmensentwicklung geschehen ist.

Das schnelle Wachstum bereitet ihm jedoch immer wieder Kopfzerbrechen, da er kaum hinterherkommt, die notwendigen Rahmenbedingungen zu schaffen und die Mitarbeiter ordentlich nachzuziehen. Besonders in der Entwicklung von jungen Führungskräften, die aktiv Führungsaufgaben übernehmen sollen, sieht er noch einen großen Handlungsbedarf, um seine Unternehmensentwicklung erfolgreich gestalten zu können.

Carolin führt seit drei Jahren gemeinsam mit Ihrem Freund Frank ein IT-Systemhaus. Frank ist ein technisch versierter Spezialist und Programmierer und Carolin kümmert sich um alle anderen Unternehmensbereiche. Dazu gehören hauptsächlich die Themen Mitarbeiter, Finanzen und Verwaltung. Ihr Freund Frank kümmert sich um die Kundenaufträge und die technische Umsetzung der einzelnen Projekte.

Er hat in die Beziehung ein Kind aus erster Ehe eingebracht und das Familienleben leidet manchmal unter der vielen Arbeit und den endlosen Stunden für das eigene Unternehmen. Mit aktuell 26 Mitarbeitern und einem klaren Wachstumsplan auf mindestens 60 Mitarbeiter in den nächsten zwei Jahren fühlt sich Carolin manchmal etwas überfordert. Sie hat das Gefühl, dass alle Arbeit an ihr und Frank hängenbleibt und die Mitarbeiter zu wenig unternehmerisch denken und handeln.

Da Carolin dies aktiv ändern und angehen will, sucht sie nach Lösungen, wie sie ihr Unternehmen und vor allem ihre Mitarbeiter organisieren und entwickeln kann, um diese Ziele auch zu erreichen.

Die fünf Herausforderungen in der Mitarbeiterentwicklung

Alle diese verschiedenen Herausforderungen, die die fünf Freunde zu lösen haben, kennen viele Unternehmer und Führungskräfte aus eigener Erfahrung oder aus ihrem Umfeld. Ich habe in den letzten 20 Jahren immer wieder festgestellt, dass es im Wesentlichen fünf übergeordnete Herausforderungen sind, die die Situation und die daraus entstehenden Folgen sehr gut beschreiben. Ich habe dieses Modell zum ersten Mal von einem damaligen Auftraggeber, dem Kanadier Rodmann Gil Ostrander, aufgezeigt bekommen und es war zunächst nur auf seine Branche, nämlich die Immobilienbranche, ausgerichtet.

Im Rahmen von hunderten Mandantenaufträgen in den unterschiedlichsten Branchen hat sich gezeigt, dass dies für alle Branchen gleichermaßen gilt. Diese fünf Herausforderungen in der Mitarbeiterentwicklung sind kurz dargestellt folgende:

1. Die besten Mitarbeiter bekommen

Bei der Rekrutierung neuer Mitarbeiter besteht die Herausforderung darin, die »richtigen Mitarbeiter« für die jeweilige Position zu finden und auszuwählen. Dazu muss man genau wissen, welche Aufgaben und Ziele mit der Position verbunden sind und welcher Typ Mensch zu diesen Aufgaben passt. Dann erst kommt die Überlegung, wie und wo man Menschen finden kann, die für diese Position geeignet sind.

2. Einen produktiven Mitarbeiterstamm aufbauen

Ist ein neuer Mitarbeiter erst einmal im Unternehmen angekommen, ist es die Aufgabe der Führungskraft, dafür zu sorgen, dass er möglichst schnell produktiv arbeiten kann.

Dies geschieht durch Einarbeitung, Unterstützung, Coaching, Training und Mentoring. Die fachlichen und persönlichen Fähigkeiten des Mitarbeiters sollten so entwickelt werden, dass er seine Aufgaben gut erledigen kann. Gleichzeitig sollte die Führungskraft den Mitarbeiter nach und nach zum selbstständigen Arbeiten anleiten.

3. Rekrutierungsfehler beheben

Selbst bei sorgfältiger Vorgehensweise bei der Mitarbeiter-Rekrutierung kann es vorkommen, dass man sich irrt. Wer alles getan hat, um einen Mitarbeiter gut einzuarbeiten, aber feststellt, dass dies zu keinem Erfolg geführt hat, muss sich eingestehen, dass er einen Rekrutierungsfehler gemacht hat. Indem die Führungskraft sich von diesem Mitarbeiter in der Probezeit trennt, gibt sie ihm die Chance, an anderer Stelle erfolgreich zu werden. Eventuell kommt eine interne Umbesetzung in Frage, wenn es im Unternehmen eine freie Position gibt, die den Fähigkeiten des Mitarbeiters besser entspricht.

4. Mitarbeiter fördern und zu Höchstleistungen führen

In der »Topliga« des Unternehmens finden wir die Mitarbeiter und Führungskräfte, die unternehmerisch denken und handeln. Spitzenleute sind in der Lage, eigenverantwortlich ihren Aufgabenbereich zu führen. Dazu brauchen leistungsfähige Mitarbeiter einen Vorgesetzten, der sie motiviert und zu höheren Zielen führt. Das Übertragen von Verantwortung und die Erweiterung von Handlungsspielräumen spielen dabei eine wichtige Rolle. Außerdem ist natürlich auch ein Entwicklungssystem notwendig, dass den Mitarbeitern die notwendigen Methoden und Kenntnisse vermittelt bzw. zur Verfügung stellt.

5. Mitarbeiter langfristig ans Unternehmen binden

Die besten Mitarbeiter im Unternehmen zu halten und dafür zu sorgen, dass sie das Unternehmen nicht verlassen oder sich selbstständig machen, ist eine besondere Herausforderung. Individuelle Lösungsansätze sind notwendig, um eine langfristige Bindung von Topleuten zu erreichen.

Auf Basis dieser fünf Herausforderungen in der Mitarbeiterentwicklung ist letztendlich über die Jahre auch die Erfahrung entstanden, aufgrund derer ich das Thema Mitarbeiter-Marketing nun sehr praxis- und ergebnisorientiert beleuchten werde. Deshalb möchte ich Ihnen zum Einstieg in die komplexe Materie Mitarbeiter-Marketing weitere Hintergründe zu diesen fünf Herausforderungen aufzeigen.

> **Praxistipp:**
> Die fünf übergeordneten Herausforderungen in der Mitarbeiterentwicklung sind: die Besten finden, diese produktiv machen, Rekrutierungsfehler aktiv beheben, die Mitarbeitet zu Höchstleistungen führen und die Besten ans Unternehmen zu binden.

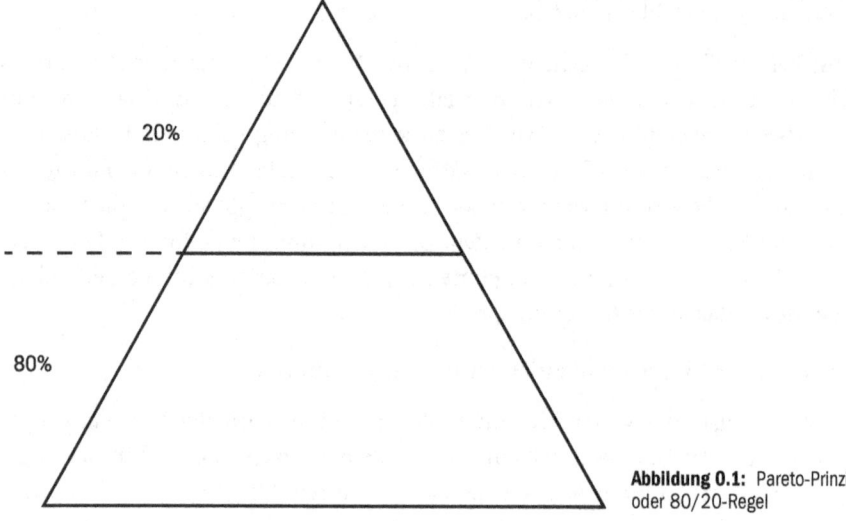

Abbildung 0.1: Pareto-Prinzip oder 80/20-Regel

Vilfredo Pareto hatte bereits im 18. Jahrhundert das nach ihm benannte Pareto-Prinzip entwickelt. Dieses sagt in der Grundidee Folgendes: Wir schaffen in 20 Prozent unserer Zeit 80 Prozent unserer Aufgaben und benötigen dann 80 Prozent unserer Zeit, um die restlichen 20 Prozent fertigzustellen. Dies gilt nicht nur für unsere eigenen Aufgaben, sondern trifft auch auf viele andere Bereiche zu.

So erzielen häufig 20 Prozent der Unternehmen einer Branche 80 Prozent der Umsätze und die restlichen 80 Prozent der Unternehmen die restlichen 20 Prozent. Dieses Pareto-Prinzip gilt auch innerhalb von Organisation und Unternehmen. Dort heißt es, dass ca. 20 Prozent der Mitarbeiter einer Organisation bzw. eines Unternehmens ca. 80 Prozent der Ergebnisse für das Unternehmen erbringen und ca. 80 Prozent der Mitarbeiter die restlichen ca. 20 Prozent der Ergebnisse.

Wenn man einmal annimmt, dass dieses Pareto-Prinzip im Wesentlichen korrekt ist, ist es zwar interessant zu wissen, dass dies so ist, jedoch hilft es nicht wirklich viel, wenn man nicht einige weitere Schritte vollzieht.

Um konkret damit arbeiten zu können, muss man dieses 80/20 System weiter unterteilen. Die Annahme ist die Folgende: Es gibt im Wesentlichen 4 Gruppen von Mitarbeitern im Unternehmen.

Die grau unterlegte (unterste) Gruppe der Unternehmenspyramide ist zahlenmäßig fast in allen Branchen mit circa 55 Prozent die größte Gruppe und kostet rein betriebswirtschaftlich dem Unternehmen mehr Geld, als sie an Produktivität oder Ergebnissen erbringt.

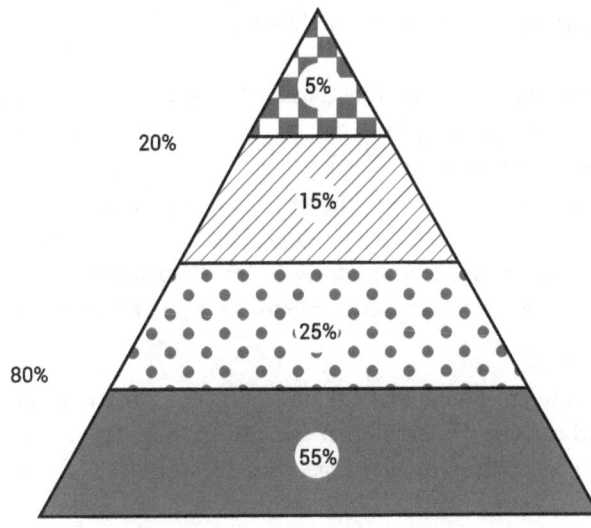

Abbildung 0.2: Die Mitarbeiter-Pyramide – Erweitertes Pareto-Prinzip

Wenn man sich die Zusammensetzung dieser Gruppe genauer ansieht, findet man dort Mitarbeiter in folgenden Rahmenbedingungen:

- Neue Mitarbeiter, die gerade erst eingestellt wurden und dadurch Vorlaufkosten verursacht haben, die es zu amortisieren gilt.
- Neue Mitarbeiter, die sich noch in der Einarbeitung befinden, deshalb noch viel Zeit und Ressourcen benötigen und noch nicht alle Aufgaben selbstständig und vollständig erledigen können.
- Mitarbeiter, die sich temporär in einem Leistungs- oder Motivationstief befinden und somit nicht die gewohnten Leistungen erbringen.
- Mitarbeiter, die ihre Aufgabe nicht mehr erfüllen können oder wollen und deshalb nur noch »Dienst nach Vorschrift« machen.
- Mitarbeiter, die aus gesundheitlichen oder privaten Gründen viele Fehltage haben und deshalb weniger Arbeitsleistung zur Verfügung stellen.
- Mitarbeiter, die innerlich bereits gekündigt haben, jedoch noch nicht das Unternehmen verlassen haben.
- Mitarbeiter, die die falsche Aufgabe übernommen haben und dafür nicht die notwendigen Fähigkeiten besitzen.
- Mitarbeiter, denen ihre Aufgabe keine Freude macht, die darin keinen Sinn sehen und unzufrieden sind.
- Mitarbeiter, deren Erwartungshaltungen nicht erfüllt wurden bzw. die enttäuscht wurden und die deshalb unzufrieden und ohne Motivation ihren Tätigkeiten nachgehen.

Die gepunktete (zweitunterste) Gruppe macht circa 25 Prozent aller Mitarbeiter in einem Unternehmen aus und diese Gruppe ist für das Unternehmen in Bezug auf ihre Leistungsfähigkeit und ihre Ergebnisse kostendeckend. Diese Mitarbeiter sind folgendermaßen charakterisierbar:

- Sie haben die Einarbeitungsphase erfolgreich durchlaufen und ihren Platz im Unternehmen gefunden.
- Sie führen ihre Aufgaben ordnungsgemäß und gewissenhaft durch und treten oftmals nicht stark in Erscheinung, da sie keine überragenden Leistungen bringen und gleichzeitig jedoch auch wenige Fehler machen.
- Sie bringen sich ein, übernehmen Verantwortung für erste eigene Arbeitsbereiche und leisten einen guten Betrag durch ihre Beständigkeit und Kontinuität.
- Sie sind am Anfang ihrer Karriere oder ihrer Laufbahn im Unternehmen bzw. in der Branche und übernehmen erst stückweise größere Verantwortungsbereiche.

Diese beiden Gruppen zusammen, grau unterlegt und gepunktet, machen die circa 80 Prozent aller Mitarbeiter im Unternehmen aus. Sie erzielen damit dem Pareto-Prinzip entsprechend ca. 20 Prozent aller Ergebnisse für das jeweilige Unternehmen.

Die zweitoberste Gruppe, die schraffierte Gruppe, umfasst circa 15 Prozent aller Menschen im Unternehmen. Deren Leistungsfähigkeit und ihre Ergebnisse sind um ein Vielfaches höher als die Kosten, die sie dem Unternehmen verursachen. Sie sind folgendermaßen charakterisierbar:

- Sie übernehmen Verantwortung für ihren Arbeitsbereich, ob als Fachkraft, Führungskraft oder Fach-Führungskraft.
- Sie denken im Sinne des gesamten Unternehmens und unterstützen alle anderen Menschen bei deren Entwicklung und Arbeitsbereichen.
- Sie entwickeln eigene Ideen und suchen permanent nach Verbesserungsmöglichkeiten bzw. optimieren ihre eigenen Prozesse.
- Sie zeichnen sich durch hohe Eigenmotivation, starkes Engagement und gutes Verständnis für die wesentlichen Aufgaben und Herausforderungen aus.
- Sie korrigieren oftmals die Fehler, die durch Mitarbeiter aus den unteren Gruppen gemacht werden und übernehmen durch Mehrleistungen deren Aufgaben und Verantwortungen.
- Sie gehen Verbesserungen gerne als Erste an, sind bereit neue Wege zu gehen und sind grundsätzlich offen für alles Neue.
- Sie haben eine starke emotionale Bindung ans Unternehmen und dessen Produkte und Dienstleistungen und sprechen außerhalb des Unternehmens positiv über ihren Arbeitgeber.
- Sie sind kritisch gegenüber den beiden unteren Gruppen, verstehen deren geringes Engagement oft nicht und fühlen sich durch diese eher in ihren Aufgabenbereichen gebremst und behindert.
- Sie sorgen durch ihre Mehrleistung oftmals dafür, dass für die Unternehmensleitung die schwachen Leistungen, speziell der untersten Gruppe, nicht sichtbar werden.

Die oberste, die karierte Gruppe, umfasst circa fünf Prozent aller Menschen im Unternehmen. Sie sind die besten Leistungsträger im Sinne des Unternehmens. Sie erwirtschaften die höchsten Erträge und erzielen die besten Ergebnisse. Oft befindet sich in dieser Gruppe der Unternehmer bzw. die Unternehmerin, die das Unternehmen aufgebaut haben und es aktiv führen. Diese Gruppe kann folgendermaßen beschrieben werden:

- Sie erzielen auch unter schwierigen Rahmenbedingungen beste Ergebnisse.
- Sie leisten ein Vielfaches von dem, was sie dem Unternehmen kosten und möchten dafür gerne auch außerordentlich belohnt werden.
- Sie verfügen über eine hohe Eigenmotivation, Zielstrebigkeit, Ergebnisorientierung und Engagement.
- Sie sind sich ihrer herausragenden Fähigkeiten bewusst und möchten dementsprechend einen Sonderstatus im Unternehmen innehaben.
- Sie neigen manchmal zu »Star-Allüren« und fordern aktiv besondere Wertschätzung, Aufmerksamkeit und Anerkennung.
- Sie sind oft ungeduldig mit den anderen drei Gruppen von Mitarbeitern, verstehen nicht, warum diese so wenig Leistung erbringen und neigen dazu, diese als unfähig und ungeeignet zu bezeichnen.
- Sie streben nach Höherem und müssen permanent mit neuen Herausforderungen konfrontiert werden, damit sie sich nicht nach etwas anderem umsehen.
- Sie sind teilweise schwer zu führen, da sie sehr konkrete eigene Vorstellungen haben und diese auch durchsetzen wollen.
- Auf der anderen Seite liefern sie einen wesentlichen Teil der Unternehmensergebnisse und arbeiten völlig eigenständig, verantwortungsbewusst und zielorientiert.

Nehmen Sie sich nun einmal kurz Zeit und analysieren Sie Ihr Unternehmen bzw. Ihren Unternehmensbereich und versuchen Sie zu ermitteln, in welchem Bereich sich momentan welche Ihrer Menschen im Unternehmen befinden.

Sobald Sie das getan haben, beschreiben Sie bei jedem Einzelnen, warum er sich in diesem Bereich befindet.

In unseren Workshops, Vorträgen und Trainings antworten mir die Teilnehmer nach dieser Übung oftmals, dass sie sehr gut in der Lage waren, ihre Menschen in ihrem Unternehmen zuzuordnen und teilweise daraus einige wichtige Erkenntnisse sofort für ihre Führungsarbeit ziehen konnten.

Als wichtigen nächsten Schritte stelle ich immer die Frage, welche der vier Gruppen wohl die meiste Management- und Führungszeit von der jeweiligen Führungskraft bekommt und die Antwort lautet wahrheitsgemäß »die unterste Gruppe«. Warum dies so ist, kann leicht abgeleitet werden. Sie ist erstens die größte Gruppe an Menschen und zweites die Gruppe mit den größten Herausforderungen. Beides zusammen führt auch zum Verbrauch der meisten Führungszeit im Unternehmen.

In den meisten Unternehmen, die wir analysiert haben, wird, falls noch »Führungszeit« übrig ist, die zweitmeiste Zeit in die oberste, also die Top-Gruppe investiert. Dies liegt daran, dass es sich hierbei um die wichtigsten Leistungsträger im Unternehmen handelt, die man natürlich gut betreuen und unterstützen möchte, da diese Gruppe der besten Leistungsträger natürlich an das Unternehmen gebunden werden soll und diese Gruppe auch von sich aus und selbstbewusst aktiv Zeit und Aufmerksamkeit einfordert.

Nach dieser Erkenntnis stellen jedoch viele Unternehmenslenker und Führungskräfte fest, dass keine Führungszeit mehr zur Verfügung steht und die beiden mittleren Bereiche häufig sehr wenig Aufmerksamkeit und Führung bekommen. Diese beiden Gruppen fallen im Unternehmen auch am wenigsten auf, da sie meist zuverlässig ihre Leistung erbringen und eben weder durch außergewöhnlich schlechte noch durch außergewöhnlich gute Leistung herausragen. Sie erfüllen kontinuierlich und gewissenhaft ihre Aufgaben und deshalb ist der akute Handlungsbedarf auch nicht so häufig wie in der untersten Gruppe.

Aber genau hier liegt bezüglich der Führungsaufgabe und der Unternehmensentwicklung ein ungenutztes und enormes Potenzial brach. Diese ca. 40 Prozent der Menschen im Unternehmen wären jederzeit in der Lage ihre Leistungen zu steigern und die Unternehmensergebnisse signifikant zu verbessern. Hierzu ist es jedoch notwendig, sich die notwendige Führungszeit bewusst für diese zwei Gruppen einzuplanen und mit diesen auch aktiv zu arbeiten.

Viele Unternehmen konnten allein dadurch ihre Ergebnisse innerhalb weniger Monate deutlich verbessern, ohne große Investitionen auf sich zu nehmen.

Praxistipp:

Nutzen Sie das Potenzial Ihrer »unsichtbaren« Mitarbeiter: also von denjenigen, die sich in der mittleren Leistungsebene befinden, nehmen Sie sich bewusst Zeit und entwickeln Sie diese Menschen.

1 Marktveränderungen erkennen und die grundsätzliche Einstellung verändern

Selbstverständlich war auch in der Vergangenheit das Thema Mitarbeitergewinnung und Mitarbeiterentwicklung immer ein wichtiger Bereich in den meisten Unternehmen, jedoch scheint sich speziell in den letzten Jahren einiges schleichend geändert zu haben. Was genau sind die Ursachen für diese Veränderungen, die sich auch bei den Unternehmen der fünf Freunde zeigen?

Hier nur einige Beispiele: Engpässe bei der Suche nach Auszubildenden, veränderte Erwartungshaltungen in Bezug auf Job und Karriere, höhere Wechselbereitschaft, regionale und branchenspezifische Engpässe bei der Verfügbarkeit von Mitarbeitern, Arbeitgeber-Bewertungsportale, Unmengen an Stellenbörsen und noch mehr Stellengesuche, Elternzeit und unbezahlte, längere Auszeiten, Mitspracherecht in Bezug auf Inhalte und Sinnhaftigkeit der Tätigkeiten, eine stärkere Wahrnehmung und aktive Bewertung von Führung und vieles mehr.

Auf der Arbeitgeberseite werden Themen wie Nachhaltigkeit und Messbarkeit von Weiterbildungsmaßnahmen öfter hinterfragt. Auch werden interne Bereiche, die früher weniger Aufmerksamkeit bekommen haben, genauer betrachtet und diese bekommen einen neuen Stellenwert. Dies hat in den vergangenen Jahren erst die Finanzabteilung und dann auch den Bereich IT stark in ein anderes und neues Licht gebracht. Nun ist der Bereich Mitarbeiter bzw. die Personalabteilung stärker in den Fokus gerückt. Die Ursachen sind, wie oben beispielhaft aufgelistet, zahlreiche und offensichtlich.

Dieses Buch erhebt nicht den Anspruch, alle Bereiche im letzten Detail zu beleuchten, sondern vielmehr einen Überblick zu schaffen und praxisorientierte und erprobte Wege aufzuzeigen, wie man mit den noch kommenden Veränderungen, unter Einsatz vorhandener Ressourcen an Zeit und Mitteln, das Bestmögliche für das eigene Unternehmen erreichen kann. Es ist für Praktiker und Anwender geschrieben und ich verzichte bewusst auf den Einsatz von Fachsprache, soweit dies möglich ist. Des Weiteren verweise ich nur selten auf wissenschaftliche Theorien oder Managementlehren, sondern schreibe über konkrete Beispiele und eigene Erfahrungen, die über die letzten 25 Jahre meine Tätigkeit geprägt haben.

Ich will Ihnen aufzeigen, dass es auch für mittelständische Unternehmen viele Möglichkeiten gibt, den Herausforderungen erfolgreich zu begegnen und ich möchte Ihnen belegen, dass es oftmals Kleinigkeiten und außergewöhnliche Ideen sind, die Ihrem Unternehmen einen Wettbewerbsvorteil ermöglichen.

1.1 Marketing für Endkunden – ein kurzer Blick in die Vergangenheit, Gegenwart und Zukunft

Bevor wir uns wieder den fünf Freunden zuwenden, sollten wir einen kleinen Ausflug in die Vergangenheit und zu einem anderen Thema unternehmen. Ich habe diesen Rückblick und die daraus folgenden Auswirkungen schon in vielen Vorträgen und Workshops beleuchtet. Dabei habe ich immer wieder festgestellt, dass viele Unternehmer und Personalverantwortliche die Veränderungen der letzten Jahre noch nicht verinnerlicht bzw. vollständig realisiert haben.

Was hat Marketing für Endkunden mit Mitarbeiter-Marketing zu tun? Dies möchte ich Ihnen anhand von sehr klaren und deutlichen Beispielen aufzeigen und Sie dazu anregen, Ihre bestehende Sichtweise zumindest zu hinterfragen.

Marketing wird heute definiert als ganzheitliche Unternehmensführung, die alle Bereiche des Unternehmens einschließt. Das heißt Marketing ist letztlich alles, was das Unternehmen betrifft, eine umfassende Konzeption allen Handelns im Unternehmen, ausgerichtet auf die Erfordernisse des Marktes, so beschreibt es die klassische Marketing-Literatur (vgl. zum Beispiel Kotler/Keller/Bliemel 2007, Weis 2015).

Dies beginnt zunächst bei der Zielsetzung des Unternehmens mit dem Management-Fokus des Unternehmers bzw. des Unternehmens, geht über die darauf aufbauende Geschäftsdefinition bis hin zum bestehenden und/oder zukünftigen Geschäftsportfolio, also die Produkte und Dienstleistungen, die das Unternehmen anbietet, nicht mehr anbieten will oder neu in das Portfolio aufnehmen will. Dann ist letztendlich festzustellen, welche Produkte und Dienstleistungen in welcher Phase der Marktentwicklung und im Vergleich zum Wettbewerb stehen. Wenn das Unternehmen diese Analyse durchlaufen hat, kann es sinnvolle strategische Entscheidungen und nachgelagerte Aktivitäten unternehmen.

Als nächster Schritt geht es im klassischen Marketing um die strategischen Entscheidungen, wie zum Beispiel welche Positionierung das Unternehmen im Markt anstrebt, ob es sich eher eine marktführende Rolle oder eine Rolle als Nachahmer vornimmt, und natürlich welche Marktsegmente, also welche Kundengruppen, es für sich gewinnen will. Und schließlich auch darum, welche Wege es strategisch einschlägt, um dann diese Kundengruppen zu erreichen.

All diese Themen haben Sie sicherlich in Ihrem Unternehmen genau oder mindestens annähernd definiert und längst in Ihre tägliche Praxis umgesetzt.

Wenn sich nun ein Unternehmen in einem Marktsegment befindet, in dem die Nachfrage nach seinen Produkten und Dienstleistung größer ist als das Angebot, das von allen Unternehmen im gleichen Marktsegment offeriert wird, spricht man von einem Verkäufer-Markt. Dies heißt in der Praxis, dass die Anbieter die

Spielregeln bestimmen können und der Käufer eher in einer Art »Bittsteller«-Rolle ist.

Diese Verkäufer-Markt-Situation war in vielen Branchen nach dem 2. Weltkrieg über Jahre und Jahrzehnte die tägliche Realität. Kunden, die die angebotenen Produkte und Dienstleistungen erwerben wollten, waren im Überfluss da und die Unternehmen verhielten sich oftmals nicht sehr kundenorientiert, sondern gaben den Kunden eher das Gefühl, dass sie doch froh sein konnten, überhaupt ein Produkt zu bekommen. Es war in diesem Marktumfeld auch nicht im Übermaß notwendig, Werbemaßnahmen und aktives Verkaufen zu forcieren.

Dies war für viele Unternehmen eine angenehme und fast unbeschwerte Zeit, jedenfalls in Bezug auf die Kundengewinnung. Das Thema Kundenbindung wurde nicht näher beachtet, da der Aufwand einen Neukunden zu bekommen ungefähr den gleichen Aufwand bedeutete, wie der einen bestehenden Kunden mit verschiedenen Maßnahmen zum erneuten Kauf zu motivieren.

1.2 Der Wechsel vom Verkäufer- zum Käufermarkt in vielen Bereichen des Endkundenmarktes

Was passierte jedoch, als sich die Anzahl der Anbieter massiv erhöhte, also neue Anbieter aus dem In- und Ausland hinzutraten und der Markt kippte, also der Verkäufer-Markt sich sukzessive in einen Käufer-Markt verwandelte. Unternehmen stellten oftmals über Nacht fest, dass die Nachfrage nach ihren Produkten enorm abnahm und die Umsätze wegbrachen. Eine Heerschar von Beratern und Spezialisten machte sich auf den Weg und erdachte neue Methoden, um die Kunden wieder zum Kauf der eigenen Produkte zu bewegen. Werbung in allen Medien nahm zu, Sonderaktionen wurden angeboten und das Thema Kunde wurde zur Chefsache.

Dies alles kennen Sie sicherlich aus Ihrer eigenen Branche und Ihrem Unternehmen, da es heute, auf Grund der hohen Markttransparenz und der Vielzahl von Anbietern aus allen Herren Länder kaum noch Märkte gibt, die sich in einer Verkäufer-Markt-Situation befinden.

Selbst so alte Märkte wie der Weinanbau und -handel, so sagte mir mein gut informierter und interessierter Weinhändler, haben sich nach über 2000 Jahren um die letzte Jahrtausendwende von einem Verkäufer- zu einem Käufer-Markt gewandelt. Er begründete dies mit dem enormen Zuwachs an Wein-Anbauflächen in Regionen wie Südamerika, Südafrika, Kalifornien und Australien, um nur die Wesentlichsten zu nennen.

1.3 Was sind die Auswirkungen auf das Endkundenverhalten durch diese Veränderung

Was genau passiert denn eigentlich mit dem Verhalten des Käufers, wenn dieser sich für Produkte interessiert und feststellt, dass er ein wirklich großes Angebot hat und sich daher in einem sogenannten Käufer-Markt befindet. Folgende typischen Charakteristika kann man einem solchen Käufer zuschreiben:

- Er will Angebote vergleichen.
- Er will den bestmöglichsten Preis erzielen.
- Er will die maximalen Serviceleistungen bekommen.
- Er will kostenfreie Zusatzleistungen.
- Er will das individuelle Produkt für sich haben.
- Er will informiert und gut betreut werden.
- Er will König sein.
- Er will jederzeit sein Produkt kaufen können.
- Er will maximale Bequemlichkeit.
- Er will eine Kundenkarte oder einen Kundenclub mit vielen Vorteilen.
- Er will volle Transparenz.
- Er will seinen Liefertermin und zwar sofort.
- Er will sofortige und qualifizierte Serviceleistungen, wenn etwas mit dem Produkt nicht funktioniert.

Alle diese Forderungen kennen Sie, vielleicht mehr oder weniger stark ausgeprägt, von Ihren Kunden. Und die erfolgreichen Unternehmen haben in den letzten Jahren Millionen investiert, um all diesen Forderungen Stück für Stück gerecht zu werden. Innovative Werbekampagnen wurden entwickelt, Abläufe optimiert, die Mitarbeiter zum Thema Kundenorientierung geschult, die Produkte und Serviceleistungen wurden immer individueller. Kundenclubs, Kundenkarten, Rabattsysteme und vieles mehr wurde aus dem Erdboden gestampft, um dem neuen Kundenverhalten Rechnung zu tragen und um die bestehenden Kunden langfristig zu binden.

Mittlerweile haben sich die meisten erfolgreichen Unternehmen an die Situation des Käufer-Marktes gewöhnt und wissen, wie sie damit bestmöglich umgehen können. Und diese Entwicklung und der daraus resultierende Druck auf die Unternehmen lassen durch die Globalisierung auch nicht nach, da ja jederzeit irgendwoher ein potenzieller Mitbewerber kommen könnte, der den Kunden ein besseres oder günstigeres Angebot präsentieren könnte.

1.4 Übertragung des veränderten Kundenverhaltens auf den internen Kunden (Mitarbeiter)

Wenn wir nun unseren Blick wieder in Richtung Arbeitsmarkt bzw. Ressource Mitarbeiter zuwenden und die Entwicklung der letzten Jahre näher beleuchten, kann man, ohne ein Arbeitsmarktexperte zu sein, feststellen, dass sich in vielen Branchen und Regionen der Arbeitsmarkt von einem Verkäufer-Markt zu einem Käufer-Markt entwickelt. In neuen Worten gesprochen von einem »Arbeitgeber-Markt« in einen »Arbeitnehmer-Markt« wandelt.

Diese Entwicklung ist eher schleichend und hat in ihrer Stärke immer etwas mit vielen verschiedenen Faktoren zu tun.

Diese Faktoren können zum Beispiel folgende sein:

- saisonale Schwankungen,
- regionale Besonderheiten,
- aktuelle Branchensituation,
- regionale Wettbewerbssituation,
- neue Berufsfelder, die teilweise noch nicht genügend ausgebildet werden,
- konjunkturelle Faktoren,
- wirtschaftliche und politische Gesamtsituation,
- demographische Entwicklungen,
- Überalterung der Bevölkerung,
- uninteressante und damit aus der Mode gekommene Berufsbilder,
- Digitalisierung
- und einige mehr ...

Diese möglichen Faktoren haben und hatten eben einen unterschiedlichen Einfluss auf den Veränderungsprozess des Arbeitsmarktes und die Sichtbarkeit der Auswirkungen wird deshalb sehr unterschiedlich deutlich. Zusätzlich haben Sondereffekte wie die Finanzkrise beginnend in 2008 zu temporären Verschiebungen geführt und die Entwicklung teilweise noch intransparenter gemacht.

1.5 Wechsel vom Verkäufer- (Arbeitgeber-) zum Käufer- (Arbeitnehmer-)Markt

Falls Sie ein Unternehmen führen bzw. für die »Ressource Mitarbeiter« in Ihrem Unternehmen zuständig sind, und sich dank der oben genannten Faktoren eher in einem Arbeitnehmer-Markt befinden, sollten Sie sich Folgendes genauer vor Augen führen. Das Mitarbeiterverhalten wird sich in diesem Marktumfeld dramatisch ändern. Vielleicht haben Sie verschiedene Veränderungen bereits selbst erfahren, jedoch muss ich Sie noch etwas beunruhigen, da dies wahrscheinlich eher die sogenannte Spitze des Eisberges war.

Alleine die demographische Entwicklung der kommenden Jahre wird diese Veränderungen nämlich weiter vorantreiben: Die Menschen in Deutschland werden immer älter und die Zahl der Kinder ist weiterhin unter dem bestandserhaltenden Niveau, das heißt es sterben mehr Menschen als Kinder geboren werden. Die Geburtenzahl, die im Jahr 1964 mit fast 1,2 Millionen Geburten ihren Höhepunkt erreicht hatte, ist bis heute auf rund 673000 im Jahr gesunken. Während die Geburtenrate in Deutschland abnimmt, steigt die Lebenserwartung dagegen beständig an. Die Lebenserwartung liegt heute bei 77 (bei Männern) bzw. 82 Jahren (bei Frauen). Bis ins Jahr 2050 wird ein Anstieg auf 83 Jahre bei Männern und auf 88 Jahre bei Frauen erwartet.

Diese beiden Entwicklungen führen gemeinsam zu einer Alterung und Schrumpfung der Bevölkerung. Die Zahl der Menschen im erwerbsfähigen Alter wird ohne Zuwanderung von heute 45 Millionen bis 2030 um gut 15 Prozent sinken – auf dann nur noch etwa 37,5 Millionen (*Vgl. http://www.foerderland.de/managen/personal/talent-management/demographischer-wandel/die-entwicklung-in-deutschland/*).

Betrachten wir doch einmal ganz nüchtern und pragmatisch, was passieren wird, indem wir die oben geschilderte Verhaltensweise eines Kunden in einem Käufermarkt zu Hilfe nehmen und dieses Verhalten direkt auf den Mitarbeiter im Arbeitnehmer-Markt transferieren.

Der Mitarbeiter will:

- den besten Job,
- die beste Ausstattung,
- eine leistungsgerechte Entlohnung,
- ein angenehmes Betriebsklima,
- eine exzellente Führungskraft,
- volle Transparenz,
- flexible, auf seine individuelle Situation zugeschnittene Arbeitszeiten,
- Zeit für Auszeiten und Familie,
- keine unnötigen Anfahrts- und Reisezeiten,
- ein stressfreies Arbeitsumfeld,
- mehr Verantwortung,
- sinnhafte und interessante Tätigkeiten,
- persönliche Anerkennung und Lob,
- ein Umfeld, das Fehler zulässt und keine Angst vor Demütigung
- und vieles mehr …

Jetzt werden Sie sich sagen, dass das doch etwas übertrieben ist und für eine Vielzahl Ihrer Mitarbeiter das alles gar nicht angemessen wäre, da sie nicht die notwendige Arbeitsleistung und Arbeitseinstellung haben. Dies kann für diese Gruppe Ihrer Mitarbeiter vielleicht sogar gelten, aber ich spreche hier von Ihren besten Mitarbeitern. Ihren Leistungsträgern, die die wesentlichen und wichtigen Tätig-

1.5 Wechsel vom Verkäufer- (Arbeitgeber-) zum Käufer- (Arbeitnehmer-)Markt

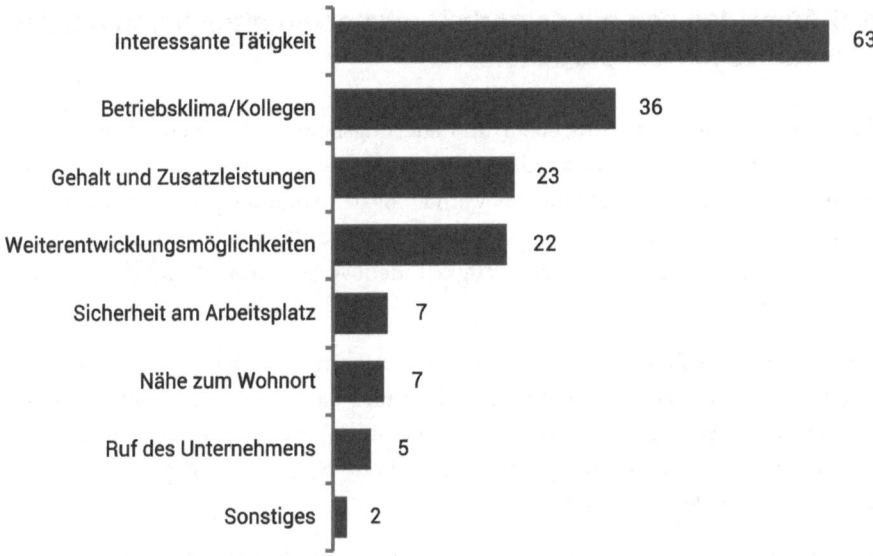

Abbildung 1.1: Die wichtigsten Faktoren für einen idealen Job (BEIGROUP Unternehmensbefragung 2013 Mögen Sie Ihren Job?)

keiten in Ihrem Unternehmen machen und ohne die Sie Ihr Unternehmen nach kurzer Zeit schließen oder verkaufen könnten.

Die gute Nachricht ist, dass viele Mitarbeiter noch gar nicht erkannt haben, dass sie sich in einem veränderten Arbeitsmarktumfeld befinden und noch immer viele Dinge, die ihnen nicht gefallen und die sie permanent demotivieren, akzeptieren, da sie in einem Arbeitgeber-Markt groß geworden sind und mehr hinnehmen, als sie unbedingt müssten.

Außerdem haben unsere Schulbildung und unsere gesellschaftlichen Normen dazu geführt, dass ein häufigerer Wechsel des Arbeitgebers als nicht positiv bewertet wird. Beständigkeit und langjährige Loyalität werden bei einigen Unternehmen immer noch als wichtige Eigenschaft bei Mitarbeitern angesehen. Aber diese Sichtweise ändert sich, da die meisten Unternehmen feststellen mussten, dass ihre Märkte und Kunden, die sie bedienen, sich immer schneller ändern, die Produktinnovation überall zunimmt und sie somit flexible Mitarbeiter benötigen, die diesen ständigen Weiterentwicklungsprozess auch handhaben können. Dazu benotigt man andere Talente als Beständigkeit und Festhalten an alten Abläufen.

Es sind heute Mitarbeiter gefragt, die mit den sich ständig verändernden Marktbedingungen und Arbeitsbedingungen zurechtkommen und diese meistern können.

Praxistipp:

Die alten Tugenden Beständigkeit und Kontinuität werden auch in der Arbeitswelt durch die neuen Tugenden Veränderungsbereitschaft und Flexibilität abgelöst.

1.6 Auswirkungen auf das Arbeitnehmerverhalten innerhalb der verschiedenen Generationen

Hinzu kommt nun ein natürlicher und alterungsbedingter Generationenwechsel in vielen Unternehmen. Dieser Generationenwechsel wird in den nächsten Jahren zu einer massiven Veränderung des Verhaltens der Mitarbeiter im Arbeitnehmer-Markt führen. Menschen, die heute um die 30 Jahre alt sind, haben eine vollständig andere Vorstellung von ihrer Tätigkeit, dem Arbeitsumfeld und den Arbeitsbedingungen.

Diese Menschen sind es erfahrungsbedingt gewohnt, dass sich Märkte, Zustände, Produkte, Firmen etc. viel schneller ändern und dass man sich diesen Veränderungen schneller anpassen muss. Sie sind in einer Ära aufgewachsen, in der Wissen jederzeit für jeden zugänglich ist, eine hohe gefühlte Transparenz herrscht und die Erde »klein« geworden ist.

Es gibt zu den verschiedenen Generationen und deren Verhaltensmustern umfassende Studien und Publikationen, die ich hier nicht wiederholen möchte, da sie das eigentliche Thema dieses Buches sprengen würden (vgl. zum Beispiel Gaedt 2014, Hurrelmann/Albrecht 2014).

Zusammenfassend kann man jedoch festhalten, dass diese neue Generation, die sogenannte »Generation Y«, deren Mitglieder etwa zwischen 1980 und 1995 geboren sind, bereits erkannt hat und durch unterschiedliche Medien immer mehr feststellt, dass sich die Bedingungen massiv zu ihrem Vorteil verändert haben.

Hier ein einfaches Beispiel. Falls Sie früher unzufrieden mit ihrem Job waren, musste diese Unzufriedenheit so dauerhaft und stark ausgeprägt sein, dass Sie sich die Mühe gemacht haben, sich eine Zeitung oder mehrere Zeitungen zu kaufen und Stellenanzeigen zu studieren. Dann kam der lang andauernde Bewerbungsprozess mit einer Vielzahl an Bewerbungen, die zum Großteil nicht oder nur sehr langsam beantwortet wurden, eventuell Einladungen zu Bewerbungsgesprächen und so weiter. Natürlich hat sich dies in den letzten 15 Jahren stark verändert, jedoch haben viele Mitarbeiter diese oftmals frustrierende und mühsame Erfahrung aus ihrer Vergangenheit noch immer abgespeichert.

Die neue Generation nutzt heute fast alle Social-Media-Netzwerke wie Xing, LinkedIn oder Facebook. Diese digitalen Netzwerke warten gar nicht darauf, dass Sie sich bewerben, sondern Sie bekommen unaufgefordert täglich oder zumindest wöchentlich passende Jobangebote vorgeschlagen. Selbst ich als selbstständiger Unternehmer und Geschäftsführer bekomme diese Angebote andauernd unaufgefordert zugeschickt.

Das bedeutet, dass Ihr guter Mitarbeiter sich nicht einmal aktiv bemühen muss, sondern er oder sie wird permanent mit Angeboten bombardiert. Somit reicht schon eine temporäre Unzufriedenheit oder Demotivation aus, dass man sich die leicht zugänglichen Angebote mal näher ansieht und dann vielleicht feststellt, dass der Bewerbungsprozess wesentlich professioneller umgesetzt wird. Die Tatsache, dass der unzufriedene Mitarbeiter auf Grund der digitalen Jobbörsen viel mehr Transparenz bezüglich freier Stellen, Gehaltsgefügen, Arbeitgeberimages, Arbeitgeberbewertungen und möglichen potenziellen neuen Arbeitgebern hat und der Zugang bequem und kostenfrei von zu Hause oder per Smartphone möglich ist, erhöht die Bereitschaft, sich mal umzusehen, um ein Vielfaches.

Praxistipp:

Ein unzufriedener Mitarbeiter muss sich heute nicht mehr aktiv um Jobangebote kümmern, diese kommen, dank der modernen Medien, eigenständig und andauernd auf ihn zu. Dies erhöht natürlich eine mögliche Wechselbereitschaft.

1.7 Erkenntnisse aus diesen Veränderungen für die Gegenwart und Zukunft

Was sind also die wesentlichen Erkenntnisse, die wir aus diesen gesamten Entwicklungen ziehen sollten:

- Wenn sich Marktverhältnisse ändern, profitieren am meisten die Unternehmen, die das frühzeitig erkennen und sich darauf schneller einstellen als ihre Mitbewerber.
- Da der Arbeitsmarkt sich unaufhaltsam vom Arbeitgeber-Markt zum Arbeitnehmer-Markt entwickelt, ist es notwendig, die Verhaltensveränderungen der Mitarbeiter genauer zu betrachten.
- Es ist genau zu analysieren, wie sich meine Mitarbeiterstruktur heute und in den nächsten fünf Jahren verändern wird und was dies für konkrete Auswirkungen auf mein Unternehmen haben wird.
- Die älteren Generationen sollten die teilweise als unbekanntes und ungewohntes Verhalten von Mitarbeitern abgetanen Einstellungen ernst nehmen und nicht als neumodischen Spleen abtun. Auch unsere Generation wurde von unseren Eltern manchmal als seltsam eingestuft.
- Laut einer Studie der Online-Jobbörse StepStone gemeinsam mit dem Marktforschungsinstitut TNS vom November 2015 bei der 1000 Personen befragt wurden, ergaben sich folgende Ergebnisse:
    - Jeder Vierte der 20- bis 59-Jährigen plant einen Jobwechsel im Jahr 2016.
    - 24 Prozent sind aktuell aktiv auf Jobsuche.
    - Weitere 28 Prozent behalten Stellenausschreibungen im Blick.
    - Nur drei Prozent planen, innerhalb des eigenen Unternehmens aufzusteigen.
    - Fast 60 Prozent gehen davon aus, gute Chancen am Arbeitsmarkt zu haben.

Dies ist auf der einen Seite eine schlechte Nachricht, da dies sicherlich auch für Mitarbeiter aus Ihrem Unternehmen gilt, aber auch eine gute Nachricht, da es anderen Unternehmen auch so geht.
- Die aktuellen und zukünftigen Märkte benötigen Mitarbeiter mit hoher Flexibilität und Weiterentwicklungsbereitschaft. Diese Eigenschaften führen auch auf dem Arbeitsmarkt zu verstärkter Wechselbereitschaft und vermehrten Arbeitgeberwechseln.
- Dies bedeutet, dass der Aufwand für Einstellung, Einarbeitung und Integration in den nächsten Jahren weiter steigen wird.
- Auch der Aufwand für Wiedereingliederungen und die Pflege von ehemaligen Mitarbeitern, die ja wieder zurückkommen können oder ihr Unternehmen öffentlich bewerten werden, wird steigen.
- Die Unternehmen, die heute bereits neue Wege im Umgang mit ihren Mitarbeitern gehen, werden die Talente anziehen, die sie benötigen, um erfolgreich am Markt zu bestehen.

1.8 Veränderung der Einstellung in allen Bereichen des Unternehmens

Bevor ich den Punkt »Veränderung der Einstellung« näher beleuchten will, möchte ich Sie an einer sehr persönlichen eigenen Erfahrung teilhaben lassen, bei der ich einen gravierenden Einstellungswandel vollzogen habe.

Wie wahrscheinlich die meisten von Ihnen, bin ich in eine ganz normale staatliche Schule gegangen. Nach vier sehr angenehmen Jahren Grundschule habe ich mich mehr schlecht als recht durch das Gymnasium gequält und, dank elterlichem Nachdruck, letztendlich mit einem Abitur erfolgreich abgeschlossen. Da es bei mir so war, dachte ich, wird es auch bei meinen Kindern so werden. Das schaffen die schon, ich habe es ja auch so gemacht, und dass ich noch zwei Jahre nach dem Abitur früh um sechs Uhr aus dem Schlaf geschreckt bin, da ich geträumt hatte, dass ich heute abgefragt werde, hatte ich mittlerweile auch verdrängt.

Erst als ich mich dank eines damaligen Bekannten mit dem Thema Hirnforschung und den wesentlichen neuesten Erkenntnissen zum Thema Lernen in Schulen auseinandergesetzt habe, wurde mir klar, dass ich meine Erfahrungen genauer bewerten und meine Einstellung nochmals überdenken sollte.

Nachdem ich mich intensiv mit der Thematik und mit den verfügbaren Informationen auseinandergesetzt habe, vieles aus meiner Sicht Neues, kritisch hinterfragt habe, gewann ich eine völlig neue Sichtweise. Dass daraus dann vier Jahre später aus einer Elterninitiative ein neues und einzigartiges Gymnasium entstanden ist, mein Bekannter heute ein Freund und einer meiner Vorstandskollegen des Gymnasiums ist, und ich diese Entwicklung aktiv mit begleiten durfte, ist noch heute für mich eine außergewöhnliche Entwicklung.

Da Sie in Ihrem Unternehmen viele Mitarbeiter und Führungskräfte haben, die eher die alten Zeiten des Arbeitsmarktes im Bewusstsein haben und die sich immer wieder wundern, wenn junge Mitarbeiter gern ein halbes Jahr unbezahlte Auszeit möchten oder ihnen die Inhalte und die Arbeitsgestaltung wichtiger ist als klassische Statussymbole, werden Sie nur dann eine Veränderungen in Ihrem Unternehmen realisieren können, wenn alle wichtigen Bereiche die sich verändernde und bereits veränderte Situation und deren Folgen wirklich realisiert und akzeptiert haben.

Solange die Einstellung Ihrer Führungskräfte sich an alten Werten und Verhaltensweisen orientiert, werden diese alle Weiterentwicklungsprozesse, ob sie nun aus der Chefetage oder aus der Personalabteilung kommen, ablehnen oder nur sehr widerwillig mittragen. Aus diesem Grund ist es zunächst wichtig, die oben besprochenen Themen im Kreise der Führungskräfte zu diskutieren und gemeinsam die Einstellung aller zu überprüfen. Erst wenn Ihr Team sich der Entwicklung und der neuen Anforderungen an den Arbeitgeber bewusst ist, besteht eine hohe Wahrscheinlichkeit, dass Sie Ihr Unternehmen erfolgreich in eine neue Richtung weiterentwickeln können und von den neuen Entwicklungen profitieren können.

> **Praxistipp:**
>
> Prüfen Sie in Ihrem Unternehmen die aktuelle Einstellung Ihrer Führungsteams bezüglich der Marktveränderungen zum Arbeitnehmer-Markt.

1.9 Welchen Nutzen hat die neue Einstellung und wo liegen die Chancen für Ihr Unternehmen bzw. die Risiken, wenn Sie nichts unternehmen?

Als Unternehmer frage ich mich natürlich immer nach dem konkreten Nutzen, wenn ich etwas verändern oder grundsätzlich Zeit in etwas investieren soll. So sollten auch Sie sich konkret fragen, wo denn die wesentlichen Chancen und Risiken in der Investition liegen, sich mit Ihrem Team und mit dem Thema auseinanderzusetzen.

Aus den Erfahrungen meiner Zusammenarbeit mit unseren Mandanten lassen sich im Wesentlichen folgende Vorteile ableiten, die dafür sprechen, den Weiterentwicklungsprozess gemeinsam anzugehen:

- Sie lernen als Unternehmer oder als Personalverantwortlicher sehr viel über ihre verantwortlichen Mitarbeiter sowie deren Einstellungen und Motivationen. Dies hilft ihnen in der Zusammenarbeit auch für viele weitere Themen im Unternehmen.

- Gemeinsam sammeln Sie viel mehr neue Anregungen und Ideen, wie das Unternehmen diesen Herausforderungen begegnen kann.
- Ihre Mitarbeiter werden dann die gemeinsam getroffenen Entscheidungen zum Großteil aktiv mittragen und die Umsetzung kann in viel kürzerer Zeit und dadurch wesentlich kostengünstiger realisiert werden.
- Ihre Mitarbeiter werden es schätzen, dass sich die Unternehmensleitung und die Personalabteilung mit diesen Themen ernsthaft auseinandersetzt und diese Wertschätzung wird Ihnen auch bei anderen Gelegenheiten wieder entgegengebracht.
- Es besteht auch mehr Verständnis dafür, dass das Unternehmen nicht immer alles umsetzen kann und dass manches auch eine gewisse Zeit in Anspruch nimmt.

Vielleicht werden Sie noch weitere Vorteile für sich erkennen und auch erleben.

Vielleicht sagen Sie ja jetzt, da könnte man doch noch etwas warten, da im eigenen Unternehmen die angesprochenen Probleme der fünf Freunde oder andere Auswirkungen noch nicht so stark sichtbar sind. Und vielleicht ändert sich ja der Arbeitsmarkt wieder in einen Verkäufer-Markt und dann waren die Anstrengungen eventuell zu früh oder sogar teilweise unnötig.

Das erinnert mich an einen befreundeten Unternehmer aus der Reisebürobranche, der mir vor ca. zehn Jahren gesagt hat, dass »diese Sache mit dem Internet schon wieder vorbeigeht, ist sicherlich nur so eine Erscheinung und warum sollte man sich denn verrückt machen lassen«. Leider musste er dann fünf Jahre später sein Unternehmen notgedrungen an eine große Kette verkaufen, da das Internet doch nicht einfach wieder wegging.

Sie können also das Thema noch etwas zur Seite legen und hoffen, dass es dann doch nicht so schlimm wird. Da die Entwicklung jedoch in den nächsten Jahren massiv an Dynamik gewinnen wird (Stichwort demographische Entwicklung) und Ihr Unternehmen, wenn es nicht mit der Zeit geht, kaum mehr die besten Talente am Arbeitsmarkt bekommt oder sogar seine besten Mitarbeiter verliert, können Sie sich selber vorstellen, was dies für Ihr Unternehmen heißt. Dies wäre ungefähr so, als wenn Sie heute noch ohne Webseite, E-Mail und Softwaresysteme Ihr Unternehmen führen wollten.

Wenn Sie Ihre Entscheidung getroffen haben, das Thema zur Chefsache zu machen beziehungsweise Ihre Geschäftsleitung von der Notwendigkeit überzeugt haben, ist die richtige Vorgehensweise von großer Bedeutung.

Ich habe oft die Erfahrung gemacht, dass, wenn Unternehmenslenker solche Entscheidungen nur nach unten mitteilen und somit die Umsetzung anweisen, dieser Weg sehr langwierig und von den wichtigen Menschen im Unternehmen nicht oder nicht vollständig mitgetragen wird. Auch die Beauftragung eines Beratungsunternehmens, dass für sie ein fertiges Konzept entwickelt und dieses fertige Konzept dann präsentiert, erzielt oft nicht den erwünschten Erfolg und landet dann manchmal nur in der Schublade.

Binden Sie deshalb unbedingt ihr Führungsteam in den gesamten Prozess mit ein und machen Sie sie zu Beteiligten. Immer wenn dies bei meinen Mandanten so umgesetzt wurde, waren die Umsetzungserfolge hervorragend und es war unter dem Strich schneller, günstiger und nachhaltiger. Manchmal kann es jedoch sinnvoll sein, sich einen Umsetzungsberater zu Rate zu ziehen, der jedoch hauptsächlich den Prozess organisiert, inhaltlich beratend zur Seite steht und Sie und Ihr Team bei der Umsetzung unterstützt.

Wenn wir kurz zu unseren fünf Freunden und deren Unternehmenssituationen zurückkommen, kann man festhalten, dass sie alle Ursachen bzw. Gründe hatten, sich mit dem Thema näher auseinanderzusetzen. Die Ursachen sind zwar teilweise völlig unterschiedlich, jedoch münden diese alle im Wesentlichen in eine ähnliche Richtung. Und ich hoffe, es ist mir mit meinen Ausführungen gelungen, Sie für das Thema zu öffnen und Sie zum nächsten Schritt zu motivieren.

Bevor nämlich eine sinnvolle, praxis- und ergebnisorientierte Mitarbeiter-Marketing Strategie erarbeitet werden kann, sollten die wesentlichen Unternehmensziele und die jeweilige Planung festgelegt werden. Nur auf Basis dieser Ziele und der daraus folgenden Planung können die für Ihr Unternehmen relevanten Bausteine für Ihr unternehmensbezogenes Mitarbeiter-Marketing-Konzept festgelegt und miteinander verknüpft werden. Letztendlich geht es ja darum, dass Ihr Mitarbeiter-Marketing Ihre Unternehmensziele unterstützt und Ihnen kurz-, mittel- und langfristige messbare Ergebnisse bringt.

> **Praxistipp:**
>
> Nur wenn die Unternehmensziele klar definiert sind, kann ein sinnvolles Mitarbeiter-Marketing-Konzept entwickelt werden und erfolgreich im Sinne der Unternehmensziele umgesetzt werden.

2 Kurz- und mittelfristige Unternehmensziele festlegen

Bitte nehmen Sie sich etwas Zeit und beantworten Sie die folgenden Fragen zu Ihren individuellen Unternehmenszielen als Basis für die kommenden Kapitel.

Sicherlich haben Sie bereits Antworten auf viele der nun folgenden Fragen und trotzdem bitte ich Sie, alle Antworten vollständig und schriftlich festzuhalten. Es lohnt sich, dies sorgfältig zu tun und sich die notwendige Zeit dazu zu nehmen. Sicherlich können Sie auch einige Fragen an Teile Ihres Führungsteams abgeben und diese eigene Antworten erarbeiten lassen. Wir erwarten auch von unseren Mandanten, dass sie die Fragen im Vorfeld einer Begleitung beantwortet haben. Dies spart für alle Beteiligten Zeit, gibt jedem die Möglichkeit sich sorgfältig und gewissenhaft vorzubereiten und schafft dadurch in wesentlich kürzerer Zeit bessere Ergebnisse.

Ich verspreche Ihnen jedoch auch, dass die Beantwortung der Fragen in einem überschaubaren Zeitraum möglich ist und, wenn Sie schnell arbeiten, gewöhnlich in 20 Minuten beantwortet werden können. Als Personalverantwortlicher müssen Sie sich die Antworten von Ihrer Geschäftsleitung einholen, da Sie ansonsten keine sinnvolle Verknüpfung zum individuellen Mitarbeiter-Marketing-Konzept herstellen können. Dann bleibt aber die nachfolgende Umsetzung oft im Ansatz stecken, da Sie der Unternehmensleitung den unternehmensbezogenen Nutzen nicht klar verdeutlichen können.

Was sind Ihre wesentlichen Unternehmensziele für das aktuelle Jahr bzw. die nächsten 3 bis 5 Jahre?

Selbstverständlich könnte man eine Unzahl von Fragen zu den Unternehmenszielen stellen. Aber es geht hier ja nicht um die Einführung von komplexen und komplizierten Managementsystemen. Die Erfahrung hat gezeigt, dass es besser ist, einen pragmatischen Ansatz zu wählen, der dann auch wirklich in der Praxis umgesetzt wird.

Daher hier eine Checkliste mit einigen wichtigen Fragen zu den möglichen Unternehmenszielen:

Checkliste: Ihre Unternehmensziele

- Möchten Sie dieses Jahr expandieren? Wenn ja, in welchen Bereichen des Unternehmens?
- Wollen Sie die Qualität Ihrer Produkte oder Dienstleistungen verbessern?
- Wenn ja, in welchen Bereichen?
- Möchten Sie ihre internen Abläufe bereinigen? Wenn ja, in welchen Bereichen?

- Möchten Sie einen höheren Marktanteil/Umsatz/Ertrag erzielen? Wenn ja, was bedeutet das genau für Sie?
- Wollen Sie eine neue Kundengruppe erreichen? Wenn ja, in welchen Bereichen?
- Wollen Sie den Service mit bestehenden Kundengruppen ausweiten? Wenn ja, in welchen Bereichen?
- Wollen Sie die Kundenbindung verbessern? Wenn ja, in welchen Bereichen?
- Wollen Sie neue Märkte erschließen? Wenn ja, welche Maßnahmen wollen Sie dazu unternehmen?

Sie können diese Checkliste und auch noch viele weitere detailliertere Fragebögen bequem über meine Webseite www.mitarbeiter-im-fokus.de herunterladen.

Nachdem Sie sich als Grundlagen-Arbeit mit den Fragen zu Ihren Unternehmenszielen auseinandergesetzt haben, können wir nun den nächsten Schritt in Richtung Mitarbeiter-Marketing-Konzept gehen. Es ist ausgesprochen wichtig zu erkennen, dass es nicht »das Mitarbeiter-Marketing-Konzept« gibt, sondern dass es Ihr unternehmensbezogenes Konzept wird. Nur dann wird es Ihnen gelingen, dies auch stückweise in der Praxis einzuführen und damit Ihre Unternehmensziele zu erreichen.

Natürlich gibt es auch Themen, die alle Unternehmen betreffen und die Bestandteil des Konzepts werden. Sie werden jedoch feststellen, dass die Schwerpunkte und Ausprägung der Bestandteile stark von der aktuellen Unternehmenssituation und den jeweiligen Zielen abhängen.

Unsere fünf Freunde definieren unterschiedliche Schwerpunkte für die Umsetzung und Maßnahmen, die hier als Beispiele dienen:

Stefan hat sich zum Ziel gesetzt, das von seinem Vater übernommene Ingenieurbüro an die Anforderungen der modernen Arbeitswelt heranzuführen. Das Unternehmen steht für hohe Beratungskompetenz, Qualitätsarbeit und erstklassigen Service. Dies gilt es immer wieder unter Beweis zu stellen, um seine B2B-Kunden ans Unternehmen zu binden. Stefan weiß, dass er dazu Top-Ingenieure braucht, die er ebenso langfristig an sein Unternehmen binden muss. Seine Kunden sind es gewohnt, dauerhaft kompetente Ansprechpartner zur Seite zu haben. Kundenbindung und Mitarbeiterbindung stehen im engen Zusammenhang zueinander.

Matthias trägt die Verantwortung für ein hochspezialisiertes Unternehmen in der Medizinindustrie. Sein oberstes Ziel ist es, technisch immer auf dem neuesten Stand zu sein. Seine Kundenzielgruppen lassen sich sehr genau definieren. Seine Kunden erwarten perfekte Produkte und einen erstklassigen Kundenservice. Die Rekrutierung und Bindung von gutausgebildeten Fachkräften für Forschung und Entwicklung ist daher eine Herausforderung. Ebenso verlangt Matthias, dass alle Mitarbeiter im Servicebereich mit hoher Kundenorientierung und Professionalität agieren.

Kontinuierliche Weiterbildung ist daher für alle Mitarbeiter seines Unternehmens erforderlich.

Alexandras Unternehmen in der Textilbranche muss in der schnelllebigen Modewelt ständig kreative Impulse setzen können. Neukundengewinnung spielt für sie eine große Rolle, denn sie möchte weiter expandieren. Stillstand ist in ihrer Branche Rückschritt. Im B2C-Bereich bieten die neuen Medien hervorragende Möglichkeiten, um Kunden zu erreichen und zu binden. Alexandra möchte auf diesem Weg neue Zielgruppen ansprechen. Sie braucht daher Kommunikations-Spezialisten, die ihr helfen, ihre Ideen umzusetzen.

Christians Handwerksunternehmen hat eine starke Expansionsphase durchlebt. Das führt dazu, dass die internen Prozesse nicht mehr zur Unternehmensgröße passen. In manchen Abteilungen herrscht Chaos. Christian hat sich zum Ziel gesetzt Ordnung zu schaffen und interne Prozesse zu bereinigen, bzw. neu zu definieren. Bevor weitere neue Mitarbeiter integriert werden können, müssen zunächst Strukturen geschaffen werden, damit das gelingen kann. Das schnelle Wachstum hat bei vielen Mitarbeitern zu Unzufriedenheit und hoher Arbeitsbelastung geführt. Daher liegt ein weiterer Fokus bei Christian darauf, dies zu verbessern, um die Mitarbeiter auch weiterhin ans Unternehmen zu binden.

Carolin hat klare Expansionspläne für ihr IT-Haus. Neue Zielgruppen sollen erreicht werden. Der Fokus liegt dabei auf Kunden aus der Gesundheits-, Pflege-und Wellness-Branche, für die das Unternehmen spezielle Softwarelösungen anbietet. Der Marktanteil soll um 10 Prozent ausgebaut werden. Carolin braucht dazu neue Mitarbeiter, die eigenständig den Vertrieb für diese neuen Lösungen übernehmen können.

3 Mitarbeiter-Marketing-Ziele in Bezug auf die Unternehmensziele festlegen

Wenn man sich seit über 20 Jahren fast ausschließlich mit dem Wirken und Handeln von Menschen in Unternehmen beschäftigt, kann es passieren, dass man irgendwann das Gefühl hat, dass es so viele verschiedene Bereiche und Wechselwirkungen gibt, dass man leicht den Überblick verliert. So ist es mir vor ungefähr zehn Jahren gegangen. Die Folge daraus war, dass alle Abhandlungen und Maßnahmen sehr theoretisch und detailliert wurden, da ich ja nur nicht irgendetwas unbeachtet lassen und alle Themen auch unbedingt beleuchten und analysieren wollte. So wurden alle konzeptionellen Ansätze aus Sicht unserer Mandanten viel zu theoretisch und ich hatte immer mehr den Eindruck, dass diese Komplexität viele Unternehmer eher abgeschreckt hat.

Da viele Unternehmenslenker ein Spezialgebiet haben, in dem sie sich besonders gut auskennen, möchten sie bei anderen Bereichen des Unternehmens eher nur einen nachvollziehbaren Überblick und den Eindruck bekommen, dass eine Verbesserung in diesen anderen Bereichen praxisorientiert und zeitlich, neben dem operativen Tagesgeschäft, umsetzbar ist.

Diesen sehr praxisorientierten und umsetzbaren Ansatz habe ich für und gemeinsam mit meinen Mandanten entwickelt und über die letzten Jahre immer wieder verbessert. Nun möchte ich Sie jedoch erst einmal kurz mit einigen strategischen Ansätzen vertraut machen, die jedoch zum Gesamtverständnis und für den späteren Umsetzungserfolg notwendig sind.

3.1 Was bedeutet »Ganzheitliches Mitarbeiter-Marketing«?

Bei einem Workshop mit Unternehmern und Personalverantwortlichen habe ich einmal versucht, alle Bereiche als Stichpunkte zu sammeln, die im Wesentlichen mit dem Thema Mitarbeiter im Unternehmen zu tun haben. Dabei hat die Gruppe immer wieder neue Themenfelder gefunden. Ausgeschlossen haben wir im Vorfeld alle Themen rund um die Personalverwaltung. Um Ihnen einen Eindruck davon zu geben, finden Sie in Abbildung 3.1 einen Auszug der Sammlung.

Am Ende dieser Übung waren alle Teilnehmer geschafft, da immer wieder neue Bereiche hinzukamen und an sich jeder einzelne Bereich schon sehr umfassend ist. Die Übung hat uns gezeigt, dass der Themenbereich unglaublich komplex geworden ist und man einen Weg benötigt, dieser Komplexität irgendwie Herr zu werden.

Letztendlich ist ganzheitliches Mitarbeiter-Marketing ein umfassendes Gesamtkonzept, das alle Bereiche rund um das Thema Mensch im Unternehmen abdecken muss und dabei eben, wie im klassischen Marketing, nur die Bereiche zur

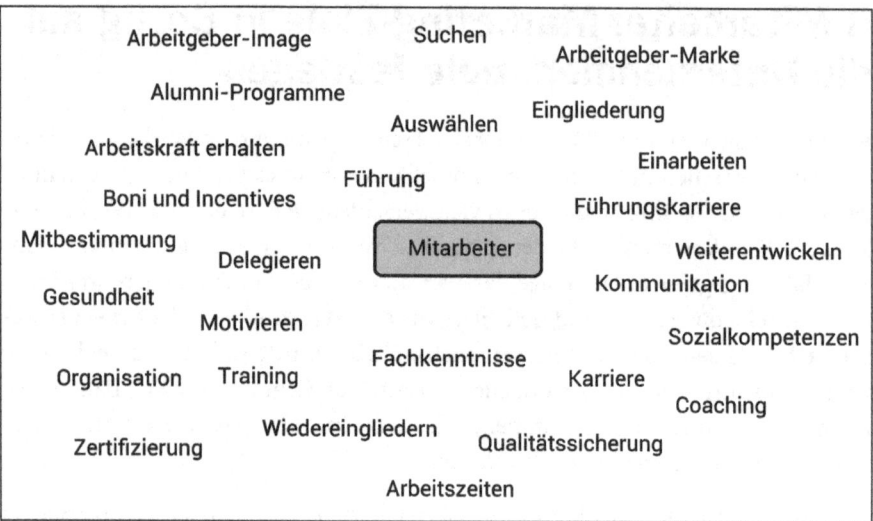

Abbildung 3.1: Elemente des Mitarbeiter-Marketings

Umsetzung kommen, die für das jeweilige Unternehmen auch wirklich sinnvoll und zielführend sind.

Als Mitarbeiter- oder Personalmarketing werden alle Bemühungen bezeichnet, Strategien und Instrumente aus dem Absatzmarketing für Produkte und Dienstleistungen auch für das Personalmanagement zu nutzen (in Anlehnung an die Definition unter: www.wirtschaftslexikon.de).

Bei einem Strategie-Workshop mit einem neuen Mandanten mit 85 Mitarbeitern und sechs Filialen im handwerklichen Einzelhandelsbereich habe ich mit dem Geschäftsführer über das Thema Gesundheitsmanagement gesprochen. In diesem Zusammenhang habe ich ihn scherzhaft gefragt, ob er denn nun für jede Filiale, in der ungefähr sieben Mitarbeiter arbeiten, jeweils einen Fitness-Raum und einen Swimming-Pool einbauen lassen wolle, um seine Mitarbeiter besser zu motivieren und zu belohnen. Da er mich noch nicht gut kannte, nahm er meine Frage zunächst ernst und zweifelte stark, ob ich ihm dies wirklich als Vorschlag unterbreiten möchte.

Dies mag ein völlig abwegiges Beispiel sein, aber es gibt selbstverständlich Unternehmen, die so ein Angebot für ihre Mitarbeiter haben und es kann für diese Unternehmen auch sinnvoll sein. Für meinen Mandanten wäre dies nicht nur eine viel zu kostenintensive, sondern auch eine völlig unzweckmäßige Mitarbeiter-Marketing-Maßnahme.

Manchmal helfen aber eben diese ungewöhnlichen Beispiele weiter, um sich selber bewusst zu machen, dass wir nicht alles machen müssen, was vielleicht möglich wäre. Wie im klassischen Marketing werden Sie mit Ihrem Unternehmen auch nicht alle Maßnahmen und Aktivitäten umsetzen, die andere Unternehmen in Ihrer Branche tun. Entscheidend ist also das auf Ihr Unternehmen zugeschnittene ganzheitliche Mitarbeiter-Marketing Konzept.

> **Praxistipp:**
>
> Nutzen Sie Ihre Besonderheiten und Ihre Stärken und entwickeln Sie Ihre eigenen Alleinstellungsmerkmale als Arbeitgeber. Jedes Unternehmen ist einzigartig und ist meistens dann erfolgreich, wenn es seine Besonderheiten nutzt, um Kunden und interne Kunden anzuziehen und zu binden.

3.2 Die wesentlichen Bestandteile des Mitarbeiter-Marketings anhand der 5 »Ps« des Endkunden-Marketings

Im ersten Kapitel habe ich die wesentlichen strategischen Ansätze im Endkunden-Marketing kurz beleuchtet. Wenn eben diese strategischen Entscheidungen von der Unternehmensleitung getroffen wurden, geht es nun um die Umsetzung der geplanten Strategie. Diese Umsetzung wird im klassischen Marketing als Aktivitäten oder Marketing-Instrumente bezeichnet und in fünf Teilbereiche, die sogenannten fünf Ps (aus der englischen Bezeichnung der Bereiche, s. u.) unterteilt (vgl. zum Beispiel Kotler/Keller/Bliemel 2007, Weis 2015).

Ich möchte genau diesen Ansatz nun wählen, um einmal eine Art Gesamtaufstellung aller möglichen Aktivitäten in Bezug auf das Mitarbeiter-Marketing vornehmen. Zunächst ordne ich diese fünf Ps neuen Begriffen zu und diese sind die folgenden:

Product/Produkt = Unternehmen und Tätigkeiten

Price/Preis = Gehaltsgefüge und Sozialleistungen

Place/Vertriebswege = Standort, Niederlassungen, Arbeitssituation

Promotion/Werbung/PR = interne und externe Kommunikation

People/Menschen = Führungs- und Unternehmenskultur

Die jeweilige Zuteilung, welche der einzelnen Themen zu welchem »neuen P« gehört, ist manchmal nicht eindeutig. Da es hier aber nicht um eine wissenschaftliche Klassifizierung geht, sondern um die Anwendbarkeit in der Praxis, hoffe ich, dass diese für Sie nachvollziehbar und in Ihrem Unternehmen umsetzbar ist. Falls Sie sich jedoch bei einzelnen Teilthemen für eine andere Zuordnung entscheiden würden, dann tun Sie das einfach, denn dann passt dies wahrscheinlich besser zu Ihrer gelebten Unternehmenspraxis.

Bitte seien Sie nicht zu überrascht über die große Menge an möglichen Themen. Dies dient zunächst nur dazu, um Ihnen einen Gesamtüberblick zu geben. Im nächsten Kapitel geht es dann darum, die für Ihr Unternehmen relevanten Themen für sich herauszufiltern.

Wesentlich hierbei ist immer, dass die einzelnen Komponenten aus Sicht Ihrer Mitarbeiter eine Rolle spielen können und dass letztendlich die Erwartungshaltung der Mitarbeiter eine entscheidende Bedeutung für die Auswahl darstellt.

Um es leichter nachvollziehbar zu machen und für die nachfolgenden Kapitel einfacher zuordnen zu können, habe ich jedes der »fünf neuen Ps im Mitarbeiter-Marketing« auf ein Wort reduziert:

Product/Produkt = Unternehmen

Price/Preis = Leistungen

Place/Vertriebswege = Arbeitssituation

Promotion/Werbung/PR = Kommunikation

People = Unternehmenskultur

Unsere neue Bezeichnung für die »fünf Ps im Mitarbeiter-Marketing« heißt nun also **ULAKU-Strategie**. Diese Abkürzung klingt zwar etwas ungewöhnlich, ist jedoch absolut einzigartig und damit leicht zu merken. Denn ich habe festgestellt, dass es mir – und den meisten meiner Mandanten – leichter fällt, etwas zu behalten und damit auch immer präsent für das Alltagsgeschäft zu haben, wenn ich mir eine Eselbrücke schaffe.

Als erstes stelle ich Ihnen nun jeden dieser einzelnen **ULAKU**-Bereiche und eine Sammlung von möglichen Komponenten dieses **ULAKU**-Bereiches näher vor.

Den ersten Bereich, im klassischen Marketing »Product« genannt, haben wir nun als »Unternehmen« bezeichnet und dieser beinhaltet hauptsächlich alle Komponenten rund um die aktuelle Unternehmenssituation. Diese – von Unternehmen zu Unternehmen ganz unterschiedlichen Komponenten – haben einen starken Einfluss auf die Erwartungshaltung der Mitarbeiter hinsichtlich der Ausgestaltung vieler Faktoren des Mitarbeiter-Marketings.

ULAKU – Unternehmen

- *Branche:*
  Jede Branche birgt viele Besonderheiten und Einzigartigkeiten in sich. Die Erwartungshaltungen der Mitarbeiter an gewisse Branchenbesonderheiten sind oft auch nur vom Hörensagen geprägt. Beispielsweise stufen viele junge Berufseinsteiger die Berufsgruppe der Steuerberater eher als sachlich, zahlenorientiert und nüchtern ein, was bedeutet, dass sie auch einen stabilen, beständigen Arbeitsbereich erwarten. Im Unterschied dazu würde man einer Werbeagentur eher ein kreatives Arbeitsumfeld, einen lockeren Umgangston und flexiblere Arbeitszeitmodelle zuschreiben.

- *Unternehmensgröße und Mitarbeiterzahl:*
  Je größer zum Beispiel ein Unternehmen ist, umso weniger erwartet man, dass man als einzelner Mitarbeiter starken Einfluss auf Entscheidungsprozesse nehmen kann. In einem Zehn-Mann-Betrieb wird dies sicherlich völlig anders sein.

- *Umsatz:*
  Erzielt das Unternehmen Umsätze oder sogar Gewinne im Millionenbereich, erhofft man sich als Mitarbeiter auch ein höheres Gehalt und zusätzliche Sozialleistungen, da man davon ausgeht, dass die dafür notwendigen finanziellen Rahmenbedingungen vorhanden sind. Bei einem Start-up-Unternehmen wird der Mitarbeiter auch mit weniger Bezahlung zufrieden sein, da er nachvollziehen kann, dass es noch wenig finanzielle Ressourcen gibt.

- *Anzahl der Standorte bzw. regionale oder internationale Ausrichtung:*
  Ein Standort versus viele nationale und internationale Standorte, beides prägt die Erwartungshaltung des Mitarbeiters an ein Unternehmen. Ein Mitarbeiter empfindet die Möglichkeit, auch einmal im Ausland beim gleichen Unternehmen arbeiten zu dürfen, als absolute Bereicherung, ein anderer hätte große Bedenken, da er nicht aus seinem gewohnten Umfeld weg will.

- *Bekanntheitsgrad:*
  Wo arbeiten Sie denn? Eine sehr oft gestellte Frage und natürlich ist der Mitarbeiter stolz, wenn sein Gegenüber den Arbeitgeber sofort kennt und dann noch mit großem Respekt darauf reagiert. Für manche Mitarbeiter ist das eine sehr wichtige Komponente und mitentscheidend für ihr eigenes Selbstwertgefühl. Für andere Mitarbeiter ist der Bekanntheitsgrad ihres Arbeitgebers von untergeordneter Bedeutung und die Inhalte der Tätigkeit werden als wichtiger erachtet.

- *Eigentümerstruktur:*
  Die Eigentümerstruktur beeinflusst die Erwartungshaltungen der Mitarbeiter zum Beispiel an die Führungsstruktur, die Dauer der Entscheidungsprozesse und die grundsätzliche Motivation der Eigentümer.

- *Alter des Unternehmens:*
  Je jünger ein Unternehmen ist, umso weniger festgelegte Abläufe und Prozesse und damit umso mehr eigene Gestaltungsspielräume, je älter es ist, umso mehr Stabilität und Sicherheit ist zu erwarten.

- *Aktualität der Produkte und Dienstleistungen:*
  Sind die Produkte und Dienstleistungen des Unternehmens modern und eher hip oder eher langjährig und alteingesessen? Beides zieht unterschiedliche Mitarbeitertypen an.

- *Lebenszyklus der Produkte und Dienstleistungen:*
  Muss ich mich alle drei Monate auf neue Produkte einstellen oder wird ein Produkt über mehrere Jahre am Markt in ähnlicher Form angeboten und verkauft werden? Sind demnach bei den Mitarbeitern eher Flexibilität oder Kontinuität gefragt? Wird Kreativität erwartet oder Ausdauer?

- *Tätigkeiten und Funktionen:*
  Welche verschiedenen Abteilungen hat das Unternehmen? Welche unterschiedlichen Tätigkeiten werden benötigt und wie interessant sind diese Arbeitsfelder? Mache ich immer nur die gleiche Tätigkeit und begleite nur eine Funktion, im Rahmen derer ich ein Expertenwissen aufbauen kann, oder habe ich verschiedene Funktionen und viel Abwechslung?

- *Attraktivität der Produkte und Dienstleistungen:*
  Sind die Produkte eines Unternehmens zum Beispiel umweltfreundlich, sinnvoll, helfen Menschen, tun Gutes, schädigen niemanden, und vieles mehr – das wird von neuen potenziellen Mitarbeitern genau betrachtet und kann für manche Mitarbeiter ein ausschlaggebender Faktor für oder gegen die Unterzeichnung eines Arbeitsvertrags bei diesem Unternehmen sein.

All diese Themen habe ich unter dem ersten Bereich Unternehmen festgehalten und sie sind alle von Bedeutung, wenn es später um die Präsentation ihres Unternehmens geht.

Als Zweites geht es um den zweiten Bereich »Price«, den ich mit dem Begriff »Leistungen« neu definiert habe. In der Folge habe ich aufgelistet, welche möglichen Themenbereiche darunterfallen können.

ULAKU – Leistungen

- Basis-/Grundgehalt
- Gehaltsklassen
- Variable Gehaltsanteile
- Zuschläge für Sonntags-, Feiertags-, Akkord- und Nachtarbeit
- Bonussysteme
- Prämien und Provisionen
- Einmalzahlungen
- Umgang mit Überstunden
- Urlaubsanspruch
- Genesungsurlaub und Kur
- Ausbildung
- Weiterbildungs- und Fortbildungsangebot
- Coaching
- Aufstiegsmöglichkeiten
- Jubiläen
- Wettbewerbe und Auszeichnungen
- Sicherheit des Arbeitsplatzes – Arbeitsplatzgarantien
- Betriebliche Altersversorgung
- Sachbezüge
  - Einzelvereinbarungen
  - Unternehmens-Darlehen

- Einkaufsvorteile
- Warengutscheine
- Kinderbetreuungszuschüsse
- Firmenwagen
- Fahrtkostenzuschüsse
- Tankgutscheine
- Berufskleidung
- Überlassung von technischen Geräten
- Geschenke
- Kostenfreie Getränke, Kaffee, Tee und sonstige Nahrungsmittel
- Essensgutscheine
- Leistungen zur Gesundheitsförderungen
- Einrichtungen zur Gesundheitsförderung
- Wohnungen, die die Mitarbeiter kostenfrei oder günstig nutzen können.

Das dritte Element, »Place« im klassischen Marketing, habe ich in »Arbeitssituation« umbenannt. Nachfolgend sind alle Themen aufgelistet, die rund um die Arbeitssituation innerhalb eines Unternehmens betrachtet werden sollten.

ULAKU – Arbeitssituation

- Erreichbarkeit und Anbindung mit alternativen Verkehrsmitteln
- Wirtschaftsstandort
- Infrastruktur (Einkauf, Kindergärten, Schulen, Kulturangebote ...)
- Ballungsraum oder ländlicher Standort
- Home-Office und flexible Arbeitszeitenregelungen
- Gleitzeit
- Erholungswert im Standortumfeld
- Technische Ausstattung der Arbeitsplätze (Qualität von Headset, Schreibtisch, ...)
- Beleuchtung, Belüftung und Raumtemperaturen
- Ergonomie der Arbeitsplatzsituation
- Großraum-, Mehrfach- und Einzelbüros
- Sozialräume und Ruheräume
- Pausenunterhaltung wie Tischtennis / Kicker / Billard
- Dusch- und Waschgelegenheiten
- Kreativ-Bereiche
- Sicherheit am Arbeitsplatz (Umfeld-Bedingungen)
- Sicherheit am Arbeitsweg (Umfeld-Bedingungen)
- Gefahrensicherungen
- Sauberkeit am Arbeitsplatz und im gesamten Unternehmen
- Repräsentatives Gebäude
- Kantine, Betriebskindergarten
- Parkplätze
- Arbeitsplatz-Atmosphäre und Lautstärke

- Digitalisierung und mobiles Arbeiten
- Abläufe der Arbeitsprozesse

Im vierten Bereich, im klassischen Marketing »Promotion« genannt, den ich in den Bereich »Kommunikation« umbenannt habe, finden Sie sowohl mögliche interne als auch externe Themenbereiche, die für ein Unternehmen relevant sein könnten.

ULAKU – Kommunikation

Intern:

- Regelmäßiger Informationsaustausch durch Meetings
- Mitarbeitergespräche, Jahresgespräche und Monatsgespräche
- Feedback (Vorgesetzter – Mitarbeiter & Mitarbeiter – Mitarbeiter)
- Begrüßung von neuen Mitarbeitern
- Erstgespräche mit neuen Mitarbeitern
- Veranstaltung zur Unternehmensorientierung für neue Mitarbeiter
- Einarbeitungsplan für neue Mitarbeiter
- Unternehmenshandbuch
- Klare Organisationsstrukturen und Verantwortungsbereiche
- Qualitätssicherungsprozesse und -handbücher
- Arbeitsanweisungen
- Unternehmenspräsentationen
- Patenregelungen
- Mentor und Mentoring
- Unternehmenszeitung
- Unternehmens-Newsletter
- Schwarzes Brett
- Sonstige Aushänge
- Intranet, internes Forum, interner Blog
- Unternehmensveranstaltungen (Sommerfest, Weihnachtsfeier etc.)
- Besondere Veranstaltungen mit der Geschäftsleitung (Essen, runder Tisch)
- Einbindung von ehemaligen Mitarbeitern in Veranstaltungen
- Teambesprechungen, Video- und Telefonkonferenz
- Unternehmenstagungen
- Interne Unternehmensvideos
- Mitarbeiterbefragungen
- Mitarbeiterbeurteilung
- Kompetenzraster

Extern:

- Werbeaktion wie »Tag der offenen Tür«
- Kundengespräche, -zufriedenheit, -besuche
- Bewerbermessen
- Stellenanzeigen
- Imagewerbung

- Pressemitteilungen
- Internetseite allgemein
- Social-Media-Aktivitäten
- Sponsoring im kulturellen, sozialen, sportlichen Bereich
- Spezielle Karriereseite
- Bewerbungsprozess
- Unternehmens-Blog
- Arbeitgeberportale
- Bewertungsportale allgemein
- Firmenvideos
- Fachartikel und Publikationen
- Unternehmensveranstaltungen
- Vorträge bei Veranstaltungen, Hochschulen und Verbänden
- Mitarbeiter-Referenzen/ -Videos

Ähnlich wie beim Kunden-Marketing gilt: Letztendlich bestimmen die persönlichen Beziehungen, ob jemand ein Produkt kauft oder wiederkauft. Ebenso bestimmen die persönlichen Beziehungen zu den Vorgesetzten und Kollegen, ob ein Mitarbeiter dauerhaft im Unternehmen bleibt und auch motiviert und leistungsfähig ist. Ich habe diesen Bereich mit »Unternehmenskultur« neu bezeichnet. Folgende Komponenten können aus Mitarbeiter-Sicht eine Rolle spielen.

ULAKU – Unternehmenskultur

- Betriebsklima
- Unternehmenswerte
- Führungskultur
- Berechenbarkeit und Beständigkeit
- Fehlerkultur
- Kritikkultur
- Feedback-Kultur
- Lob-Kultur
- Umgang mit internen Konflikten
- Wertschätzung und Anerkennung
- Teamgeist
- Betriebliches Vorschlagswesen
- Wissensmanagement
- Motivation
- Zufriedenheit
- Eingliederung von Mitarbeitern
- Wiedereingliederung von Mitarbeitern
- Trennungskultur
- Alumni-Strukturen

- Transparenz von Entscheidungen
- Mitgestaltungsspielräume
- Verantwortungsübertragung
- Duz- oder Siez-Kultur
- Kleiderordnung

3.3 Mein Unternehmen in Bezug auf ULAKA – Welche Bestandteile erwartet ein Mitarbeiter von meinem Unternehmen?

Nun haben Sie einen Überblick über all die Themenbereiche gewinnen können. Sicherlich gibt es noch das ein oder andere, was man ergänzen könnte. Viele dieser Themen sind Ihnen sicherlich bekannt und werden in Ihrem Unternehmen in der einen oder anderen Form bereits heute umgesetzt. Vieles davon ist ganz normaler Standard und wir machen uns darüber oftmals wenig Gedanken. Manchmal ist es auch normal in der eigenen Branche und deshalb macht es Ihr Unternehmen ebenso. Eine wesentliche Frage ist jedoch, ob das, was Sie heute bereits alles für Ihre Mitarbeiter machen, so auch sinnvoll ist und Ihre Mitarbeiter sich das auch wirklich wünschen? Die spannende Frage ist: Wenn Sie es weglassen würden, würde dies einen Unterschied für Ihre Mitarbeiter machen?

Auf der anderen Seite bieten Sie in Ihrem Unternehmen vielleicht einige Komponenten nicht an, da Sie diese nicht kennen, es in Ihrer Branche nicht üblich ist oder Sie diese nicht als relevant erachten. Bitte denken Sie jedoch immer daran, dass – wie im Endkunden-Marketing – der Wurm dem Fisch schmecken muss und nicht dem Fischer. Also gibt es sicherlich Themen, die die Generation Ihrer Mitarbeiter als ausgesprochen interessant und motivierend empfindet und eine andere Generation findet dies eher uninteressant und eine nutzlose Investition.

Viele junge Menschen betrachten die Anschaffung eines eigenen Autos sowohl als ökologisch nicht sinnvoll als auch als unnötig, da man dank alternativer öffentlicher Verkehrsmittel, einschließlich moderner Car-Sharing-Modelle, ja sowieso Zugriff auf Mobilität dann bekommt, wenn man sie wirklich braucht. Ihr unternehmerisches und großzügiges Angebot eines eigenen Dienstwagens wird deshalb diese Gruppe an Mitarbeitern nicht nur nicht ansprechen, sondern sie wird diese Regelung möglicherweise sogar als altmodisch oder ökologisch nicht vertretbar ansehen.

Es geht also immer um die persönlichen Bedürfnisse, Sichtweisen, Motivationen und letztendlich um die eigene Erwartungshaltung Ihrer Mitarbeiter. Nur wenn Sie die Erwartungshaltung Ihrer Mitarbeiter kennen und nachvollziehen können, werden Sie letztendlich in der Lage sein, den richtigen Marketing-Mix oder, nun neu, den **ULAKU**-Mix für Ihr Unternehmen kreieren zu können.

> **Praxistipp:**
>
> Nur wenn Sie die Erwartungshaltung Ihrer Mitarbeiter wirklich kennen, können Sie eine optimale **ULAKU**-Strategie entwickeln!

Wenn Sie hingegen diese Erwartungshaltungen nicht kennen, dürfen Sie sich anschließend nicht wundern, wenn Ihre Mitarbeiter enttäuscht sind, obwohl Sie, aus Ihrer Sicht als Unternehmensleitung und Personalverantwortlicher, doch so viele Dinge anbieten und Ihre Mitarbeiter dies gar nicht wertschätzen! Diese Enttäuschung, also das Ende einer Täuschung bzw. einer selbst erstellten Vorstellung, führt bei Ihren Mitarbeitern zu Unzufriedenheit und dies verschlechtert nicht nur das Unternehmensklima, sondern auch deren Arbeitsleistung und Arbeitseinsatz. Außerdem erhöht Unzufriedenheit auch die Bereitschaft, sich nach einem anderen Unternehmen umzuschauen und dies erhöht Ihre Fluktuationsrate um ein Vielfaches.

Auf der anderen Seite werden Sie die Erfahrung machen, dass, wenn Sie Ihre Mitarbeiter, also Ihre internen Kunden, besser einschätzen können, dass es nur wenige, aber die richtigen Themen braucht, damit Unzufriedenheit abgebaut und damit Motivation entfaltet werden kann. Und Sie wissen sicherlich aus eigener Erfahrung, wie viel mehr Leistung und Ergebnisse Menschen erzielen können, die nicht unzufrieden und motiviert sind.

Ich benutze bewusst nicht das Wort »zufrieden«, sondern »nicht unzufrieden«, da Menschen dann nicht unzufrieden sind, wenn ihre Erwartungshaltungen erfüllt sind. Das heißt aber noch lange nicht, dass sie sich als zufrieden bezeichnen würden. Nicht unzufrieden bedeutet also, dass alle Erwartungshaltungen erfüllt wurden. Wenn hingegen der Mitarbeiter etwas in Ihrem Unternehmen bekommt, das er nicht erwartet hat, führt das zur Steigerung seiner Motivation und damit zur Steigerung seiner Arbeitsleistung.

In Alexandras Unternehmen gibt es ein Beispiel zu diesem Thema. Seit einigen Tagen arbeitet der zentrale Drucker nicht vernünftig. Der Techniker war schon da, aber es gibt nach wie vor andauernd einen Papierstau, der Drucker zieht falsch ein und Druckaufträge verschwinden. Die Mitarbeiter sind zunehmend genervt und die erste Frage zu Arbeitsbeginn ist nicht, wie der Vorabend war, sondern ob der Drucker endlich wieder funktioniert. Viele interne Gespräche drehen sich nur um dieses Thema. Einige sagen, sie können so nicht ihre Arbeit machen, andere diskutieren über die Unfähigkeit des Technikers, die anderen diskutieren darüber, ob der Hersteller denn die richtige Wahl war und sie hätten ja sowieso einen anderen gewählt. Sicherlich können Sie sich vorstellen, wie die Arbeitsleistung in diesen Tagen ist und welche Auswirkungen dies auf die Arbeitsleistung und Motivation der Mitarbeiter hat. Dieses scheinbar kleine Problem hat Alexandra also mehr Zeit und Energie gekostet, als sie sich je vorstellen konnte.

Ich musste selbst als Vertriebsleiter erleben, dass ich über 20 Prozent meiner guten Außendienstmitarbeiter über einen Zeitraum von sechs Monaten verloren habe, da die Verwaltung des Unternehmens nicht in der Lage war, eine korrekte monatliche Provisionsabrechnung zu erstellen. In den ersten zwei Monaten wurde das noch von den Mitarbeitern akzeptiert.

Ab dem dritten Monat wurde dann in den ersten drei Tagen, wenn die Abrechnung in der Post war, diskutiert, korrigiert, geschimpft, resigniert und letztendlich wurden in diesen drei Tagen auch kaum Außendienstbesuche durchgeführt. Dies hat den Umsatz sofort um zehn Prozent reduziert und die Laune meines Teams war dadurch zusätzlich am Boden. Ich war damals als 26-jähriger Vertriebsleiter viel zu unerfahren, als dass ich wirklich verstanden hätte, welche Auswirkungen diese nicht korrekten und nicht nachvollziehbaren Abrechnungen haben würden.

Heute hätte ich bereits nach der ersten Falschabrechnung die Sache zu meiner Chefsache erklärt und alles darangesetzt, dieses Problem schneller zu lösen.

Zusätzlich hatten meine Außendienstmitarbeiter nach der vierten falschen Abrechnung bereits für sich abgespeichert, dass diese sicherlich auch wieder falsch sein wird und dies war auch wirklich der Fall. Da die Geschäftsleitung jedoch nach der zweiten falschen Abrechnung versprochen hatte, dass das Problem umgehend, also in maximal zwei Monaten gelöst sein würde und auch alle alten und falschen Abrechnungen bis dahin korrigiert sein werden, war die Glaubwürdigkeit in diese auch verlorengegangen. Diese Unzufriedenheit, gepaart mit dem Vertrauensverlust und meinem nicht ausreichenden Handeln als deren Führungskraft, hat letztendlich zu einer Kettenreaktion geführt, nämlich dem Weggang von über 70 Mitarbeitern meines Vertriebsbereiches. Diese waren damals leider auch noch meine besten Verkäufer und damit verlor ich nicht nur über 20 Prozent meiner Verkäufer, sondern über 45 Prozent meines Umsatzes.

Nur zum besseren Verständnis: Die Fehler der einzelnen Abrechnungen meines Teams beliefen sich maximal auf drei bis sieben Prozent falsch oder zu wenig abgerechneter Provision. Also an sich keine riesigen Zahlen, aber es ging den betroffenen Mitarbeitern am Ende um die Themen Vertrauen, Glaubwürdigkeit und Zuverlässigkeit, die dadurch völlig verlorengegangen waren.

Auch meine zusätzlichen Motivationsangebote, wie zusätzliche Boni und ein kleiner Reisewettbewerb, endlose Gespräche und Bekundungen, dass es bald besser werden wird, konnten dieses Problem nicht lösen. Ich habe daran für mich sehr schmerzhaft erkannt und realisieren müssen, dass drei Themen wesentlich sind in Bezug auf die Bereiche Erwartungshaltung, Unzufriedenheit und Motivation:

Praxistipps:

- Mitarbeiter sind dann nicht unzufrieden, wenn ihre Erwartungshaltungen erfüllt werden.
- Mitarbeiter, deren Unzufriedenheit nicht ernst genommen wird und diese nicht in einer absehbaren und vereinbarten Zeit abgebaut wird, werden ihre Leistungsbereitschaft reduzieren, das Vertrauen in das Unternehmen verlieren und kurzfristig sogar das Unternehmen verlassen.
- Nicht abgestellte Unzufriedenheit kann nicht durch zusätzliche Motivationselemente korrigiert bzw. nur teilweise kompensiert werden.

In einem Verkäufer-Markt mag dies zwar unangenehm sein, hatte aber für viele Unternehmen in der Vergangenheit keine maßgeblichen Folgen, da der Mitarbeiter froh war, überhaupt eine Arbeitsstelle zu haben. Aber in einem sich entwickelnden Käufer- bzw. Arbeitnehmer-Markt werden die Auswirkungen so ähnlich aussehen, wie es mir als Vertriebsleiter ergangen war. Der Markt für erfolgreiche und rein provisionsabhängige Außendienst-Mitarbeiter ist nämlich schon seit Jahrzehnten ein Käufer-Markt.

3.4 Einige konkrete Fallbeispiele von Unternehmen mit unterschiedlicher Mitarbeiteranzahl, Branche, Region und Unternehmensalter

Bevor wir uns einigen Fallbespielen zuwenden, möchte ich vorher nochmals auf das Thema Erwartungshaltung zurückkommen und mit Ihnen gemeinsam analysieren, welche Erwartungshaltung Menschen haben, wenn sie sich bei einem Unternehmen bewerben. Umso eindeutiger die Unternehmenskommunikation in Richtung des potenziellen neuen Mitarbeiters ausgerichtet ist, umso eher bekommt der neue Mitarbeiter eine konkrete Vorstellung vom Unternehmen. Und mit der Unternehmenskommunikation ist es für den neuen Mitarbeiter ebenso wie es für einen neuen Kunden wäre. Nur schaut der Kunde niemals so genau hin, da ihn nur ein Produkt oder eine Dienstleistung interessiert, den Mitarbeiter interessiert jedoch das gesamte Unternehmen.

Praxistipp:

»Der interessierte Bewerber sieht sich nicht wie der Endkunde nur Ihre Produkte oder Dienstleistungen an, sondern ihn interessieren immer alle Bereiche des Unternehmens und diese wird er alle prüfen, bevor er sich entscheidet.«

Es sind also sogenannte »Momente der Wahrheit« – alle Kontaktpunkte zwischen Unternehmen und neuen Mitarbeiter, auf die es ankommt. Ob persönlich, telefonisch, schriftlich, im Internet, aus Erzählungen, aus der Werbung und so weiter.

Wenn das Unternehmen jedoch keine eindeutige Unternehmenskommunikation hat, bleibt dem Mitarbeiter nichts anderes übrig, als sich selber eine Erwartungshaltung zu schaffen. Unter diesem Gesichtspunkt wollen wir uns nun einmal Stefans Unternehmen ansehen.

Das Unternehmen von Stefan, ein Ingenieurbüro mit 63 Mitarbeitern, befindet sich in einer Großstadt mit 600000 Einwohnern in einem Gewerbepark.

Sobald sich jemand für eine Position in diesem Unternehmen bewirbt, wird er auf Grund der Unternehmensgröße, der Branche und des Standortes sofort verschiedene Erwartungshaltungen haben. Was stellt man sich also vor, wie so ein Unternehmen funktioniert, wie der Arbeitsplatz dort aussieht, welche anderen Menschen dort arbeiten, wie sich die Arbeitsbedingungen darstellen und wie der Alltag sich dort gestaltet? Ohne dass wir das Unternehmen näher kennen, haben wir automatisch gewisse Vorstellungen und diese können richtig sein, müssen aber in keiner Weise so sein.

Diese Vorstellung mündet beim Bewerber in gewisse Erwartungshaltungen und diese entscheiden bereits, ob er sich überhaupt bewirbt und eine Stelle dort in Erwägung zieht. Nur wenn das Unternehmen also aktiv nach außen an den Markt der potenziellen Mitarbeiter seine Besonderheiten, Vorteile als Arbeitgeber und sonstige Eigenschaften kommuniziert, kann es direkt beeinflussen, wie der Bewerbermarkt über das Unternehmen denkt und welche Erwartungshaltungen geprägt werden.

Nur gilt bei der Kommunikation in diesem Markt ein wesentlicher Grundsatz viel mehr als bei der Bewerbung der eigenen Dienstleistungen an den Endkunden: Der neue Mitarbeiter wird im Rahmen des Bewerbungsverfahrens alles genau betrachten, was an Versprechungen und Besonderheiten vom Unternehmen kommuniziert wurde. Es handelt sich bei dieser Entscheidung nämlich nicht nur um einen einmaligen Kauf einer Dienstleistung, sondern um eine langfristige Dauerbeziehung und eine wesentliche Veränderung seines Lebensstils. Er wird also alle Themenbereiche viel intensiver betrachten und diese für sich abwägen.

Sollte nun von Stefans Unternehmen eine großangelegte und vielversprechende Marketingaktion für Bewerber gelaufen sein, die dem Bewerber einen Traumjob bei einem Traumunternehmen versprochen hat, wird dies zwar zu vielen Bewerbern führen. Jedoch wird dies sicherlich auch dazu führen, dass das Unternehmen wenige Zusagen erhalten wird, da es die Erwartungshaltungen vermutlich nicht erfüllen kann. Oder es werden vielleicht neue Mitarbeiter die Stelle antreten und bald herausfinden, dass die kreierten Erwartungen im Tagesgeschäft nicht erfüllt werden und sich wieder aus dem Unternehmen verabschieden.

Dies hätte der neue Mitarbeiter in der Vergangenheit eventuell nicht gemacht, da er in einem Verkäufer-Markt, also Arbeitergeber-Markt, froh gewesen wäre, dass er überhaupt eine Stelle bekommen hat. In einem Arbeitnehmer-Markt jedoch, wo mögliche andere Jobs jederzeit vorhanden sind und die modernen Medien dafür sorgen, dass die Jobangebote täglich anklopfen, wird er sich wieder vom Unternehmen abwenden.

Hinzu kommt noch, dass er in seinem Umfeld und vielleicht auch in den sozialen Medien die negative Erfahrung aktiv verbreiten wird. Dies führt dann zu einer negativen Kettenreaktion für Stefans Ingenieurbüro und wird ihm die Suche nach neuen Mitarbeitern um ein Vielfaches erschweren.

> **Praxistipp:**
>
> Kreieren Sie in einem Arbeitnehmer-Markt nur die Erwartungshaltungen durch Ihr Arbeitgeber-Marketing, die Sie auch wirklich erfüllen können.

Wenn Sie nun im Vergleich dazu das Unternehmen von Alexandra, ein Textil-Unternehmen mit eigener Produktion und drei Filialen, sehen, sieht die Erwartungshaltung eines Bewerbers vermutlich völlig anders aus. Sicherlich hat der Bewerber dort die Chance, sich durch den Besuch einer der Filialen ein sehr gutes Bild vom Unternehmen und auch dem Umgang der Mitarbeiter untereinander zu machen. Er wird sehr schnell wahrnehmen, mit welchem Engagement die Mitarbeiter ihrer Tätigkeit nachgehen, wie das Arbeitsklima ist und könnte sogar ganz einfach einen Mitarbeiter fragen, ob es denn Spaß macht, hier zu arbeiten. Die Antwort, die der mögliche Bewerber dann bekommt, entscheidet sehr wesentlich mit darüber, ob der Bewerber sich überhaupt bewerben wird.

3.5 Checklisten Beispielfragen möglicher Ziele mit Bezug zum Mitarbeiter-Marketing

Im zweiten Kapitel haben Sie sich mit den Fragen zu Ihrer Unternehmensentwicklung und zu Ihren Unternehmenszielen beschäftigt. Diese Antworten stellen die wesentlichen Grundlagen für die Fragen dar, die Sie sich nun in Bezug auf das Thema Mitarbeiter-Marketing stellen sollten.

Ich habe die Fragenbereiche in drei Kategorien unterteilt und haben diese folgendermaßen benannt:

- Fragen zu übergeordneten und strategischen Mitarbeiter-Marketing-Zielen,
- Fragen zu externen Mitarbeiter-Marketing-Aktivitäten,
- Fragen zu internen Mitarbeiter-Marketing-Aktivitäten.

Ausgewählte Fragen zu übergeordneten und strategischen Mitarbeiter-Marketing-Zielen:

- Wollen Sie eine neue Unternehmensvision entwickeln und fördern?
- Wollen Sie ein neues Leitbild entwickeln oder das bestehende Leitbild optimieren?

- Wollen Sie Ihr Image als Arbeitgeber verbessern?
- Wollen Sie die (erfolgreichen) traditionellen Organisationsstrukturen beibehalten?
- Wollen Sie Ihre Organisationsstruktur modernisieren?
- Wollen Sie die Führungskultur und das Führungsverhalten verbessern?
- Wollen Sie die Motivation erhöhen und die Identifikation mit Ihrem Unternehmen stärken?
- Wollen Sie Ihre Mitarbeiter und Ihre Führungskräfte kontinuierlich zielgerichtet fördern?
- Wollen Sie die Wissensdokumentation und den Wissenstransfers verbessern?
- Wollen Sie neue Ideen und Innovationen fördern?
- Wollen Sie die Einstellung zum kontinuierlichen Lernen verbessern?

Ausgewählte Fragen zu externen Mitarbeiter-Marketing-Aktivitäten:

- Wollen Sie neue Mitarbeiter für Ihr Unternehmen gewinnen? Wenn ja, wie viele, für welche Bereiche und wann sollen diese beginnen?
- Wollen Sie zusätzliche Stellen in Ihrem Unternehmen schaffen? Wenn ja, in welchen Unternehmensbereichen, für welche Aufgaben und wann sollen diese geschaffen sein?
- Wollen Sie mehr Auszubildende oder duale Studenten für Ihr Unternehmen gewinnen? Wenn ja, wie viele, für welche Bereiche und wann sollen diese beginnen?
- Wollen Sie in Zukunft mehr Praktika anbieten? Wenn ja, wie viele, für welche Bereiche und wann sollen diese beginnen?

Ausgewählte Fragen zu internen Mitarbeiter-Marketing-Aktivitäten:

- Erwarten Sie einen Wechsel in Ihrem Mitarbeiter-Stamm? Wenn ja, in welchen Bereichen, wie viele und wann?
- Planen Sie Mitarbeiter zu entlassen? Wenn ja, in welchen Bereichen, wie viele und wann?
- Wollen Sie die Zufriedenheit Ihrer Mitarbeiter erhöhen? Wie ermitteln Sie die Erwartungshaltungen Ihrer Mitarbeiter und wie finden Sie heraus, ob Unzufriedenheit besteht?
- Wollen Sie Mitarbeiter langfristig an Ihr Unternehmen binden? Welche kurz-, mittel- und langfristigen Perspektiven bietet Ihr Unternehmen an? Sind diese Perspektiven allen Mitarbeitern bekannt oder glauben Sie nur, dass alle sie kennen?
- Wollen Sie die Fluktuationsrate in Ihrem Unternehmen senken? Haben Sie analysiert, warum die Mitarbeiter gegangen sind und wurde ein Ausstellungsgespräch geführt?
- Wollen Sie stärker in die Kompetenzentwicklung Ihrer Mitarbeiter investieren? Wie erfassen Sie momentan die Kompetenzen Ihrer Mitarbeiter und wie messen Sie eine Veränderung?

Dies ist natürlich nur eine Auswahl von möglichen Fragen und Sie können die ausführlichen Checklisten und auch noch viele weitere detailliertere Fragebögen auch bequem über meine Webseite www.mitarbeiter-im-fokus.de herunterladen.

Bitte sehen Sie sich die Fragen genau an und priorisieren Sie diese nach Ihrem eigenen Verständnis und Bedarf. Identifizieren Sie dann für sich die wesentlichen drei Themenbereiche, an denen Sie Verbesserungsbedarf oder Handlungsbedarf sehen und setzen Sie diese auf Ihre eigene Prioritätenliste. Falls Sie über Mitarbeiter verfügen, die Sie mit der Bearbeitung der Themen beauftragen können, können Sie natürlich auch mehrere Prioritäten gleichzeitig angehen. Wenn Sie dies tun, sollten Sie aber immer regelmäßig die Entwicklungen abstimmen und die Fortschritte analysieren.

Sie werden überrascht sein, wenn Sie beginnen, für sich und mit Ihrem Team, die Fragen konkret zu bearbeiten. Sie werden normalerweise erleben, dass Ihr Team sehr gerne an diesen Themen mitarbeitet und wie viel Engagement und Energie dies in Ihrem Unternehmen freisetzt. Viele Unternehmenslenker und Führungskräfte sind nach wie vor überrascht, dass alleine die Tatsache, dass Sie sich mit diesen Fragen auseinandersetzen, bei den Mitarbeitern Motivation und Engagement freisetzt. Der Grund hierfür liegt einfach darin, dass sich die Mitarbeiter wertgeschätzt und anerkannt fühlen, wenn sich die Unternehmensleitung mit diesen Themen auseinandersetzt. Sie zeigt damit, dass ihr die Entwicklung ihrer Mitarbeiter am Herzen liegt und dass sie ernsthaft die Themen auch angehen und verbessern will.

Voraussetzung dafür ist allerdings, dass die Themen dann auch bis zur Umsetzung weiterverfolgt werden und nicht bloße Lippenbekenntnisse bleiben. Damit würden Sie genau das Gegenteil erreichen.

Praxistipp:

Alleine die Tatsache, dass sich die Unternehmensleitung aktiv mit den Fragen zu den eigenen Zielen in Bezug auf das Mitarbeiter-Marketing auseinandersetzt, wird Engagement und Motivation bei den Mitarbeitern freisetzen.

4 Zusammensetzung des unternehmensbezogenen Mitarbeiter-Marketings: Elemente definieren, bestehende Elemente optimieren und neue Elemente entwickeln

Nun haben Sie alle wesentlichen Voraussetzungen geschaffen und müssten nun folgende Themen für sich verinnerlicht, durchdacht und bearbeitet haben:

- Ein Verständnis für die relevanten Veränderungen durch den Wandel vom Arbeitgeber-Markt zum Arbeitnehmer-Markt.
- Ein klares Bild davon, welche gravierenden Konsequenzen dieser Wandel nach sich zieht.
- Ihre entscheidenden Unternehmensziele definiert und festgelegt.
- Ein Verständnis für das Thema ganzheitliches Mitarbeiter-Marketing.
- Die Übertragung der klassischen fünf Ps des Marketings auf die neuen fünf Ps, nämlich **ULAKU**.
- Die Auswahl Ihrer relevanten Themen aus **ULAKU** und die Erwartungshaltung Ihrer Mitarbeiter bezüglich der einzelnen Bereiche von **ULAKU**.
- Eine Auswahl von Themen aus der Frageliste zum Bereich Mitarbeiter-Marketing, die Sie konkret bearbeitet haben bzw. in der Bearbeitung haben.

Sollten Sie noch nicht alle oben aufgeführten Themen vollständig bearbeitet haben, können Sie trotzdem mit den nächsten Schritten weitermachen. Sollten Sie jedoch die ersten fünf oben genannten Themen nicht verinnerlicht und durchdacht haben, werden die nächsten Ausführungen eventuell nicht immer einfach nachzuvollziehen zu sein.

4.1 Wesentliche Elemente, aus denen Mitarbeiter-Marketing-Konzepte bestehen können

Als ich vor acht Jahren damit begonnen habe, das Thema Mitarbeiter-Marketing als Gesamtkonzeption zu sehen und mit und für die ersten Mandanten zu entwickeln und auszuarbeiten, dachte ich, dass die jeweiligen Mitarbeiter-Marketing-Konzepte wahrscheinlich sehr ähnlich zusammengesetzt sein werden. Ich wurde jedoch eines Besseren belehrt und nach nunmehr mehreren Dutzend Konzepten hat sich herausgestellt, dass es zwar Gemeinsamkeiten gibt, jedoch die Unterschiedlichkeiten weit überwiegen. Die einzelnen Mitarbeiter-Marketing-Konzeptionen sind letztendlich in ihrer Ausprägung, Auswahl der Schwerpunkte und dem jeweiligen Detaillierungsgrad so unterschiedlich wie die einzelnen Unternehmen eben selbst unterschiedlich und einzigartig sind.

Diese Erkenntnis hat letztendlich auch dazu geführt, diese Erfahrungen und Erkenntnisse im vorliegenden Buch niederzuschreiben.

> **Praxistipp:**
>
> Jedes Mitarbeiter-Marketing Konzept ist individuell, da es auf die Ziele, die Prioritäten und die Besonderheiten des jeweiligen Unternehmens abgestimmt ist.

Damit ein Mitarbeiter-Marketing-Konzept möglichst pragmatisch und schnell umsetzbar ist, habe ich im Laufe der Jahre ein System entwickelt, das wie ein Modulbaukasten funktioniert. Das heißt konkret, dass jeder mögliche und relevante Bereich innerhalb des Mitarbeiter-Marketing-Konzepts in ein Modul zusammengefasst wird. Diese einzelnen Module, die für das jeweilige Unternehmen relevant und wichtig sind, werden dann in einem Baukasten zusammengefasst. Diese Methode hat den Vorteil, dass von Anfang an eine klare Gesamtkonzeption nach innen und außen kommuniziert werden kann und trotzdem alle einzelnen Module sukzessive weiterentwickelt werden können. Letztendlich bleiben die Modulbezeichnungen über mehrere Jahre gleich, jedoch hat das Unternehmen die Flexibilität, die inhaltlichen Ausgestaltungen der einzelnen Module an mögliche veränderte Marktsituationen anzupassen.

Diese beiden Vorteile haben sich in der Vergangenheit und bei den laufenden Projekten als ausgesprochen wichtig erwiesen und die Effektivität bei der Umsetzung enorm erhöht.

Um Ihnen einen Gesamtüberblick zu geben, möchte ich zunächst alle Module, die ich in den letzten Jahren mit und für unsere Mandanten definiert und konzipiert habe, einmal in der Gesamtheit darstellen. Vielleicht wird es in der Zukunft noch weitere Module geben, die sich durch eine veränderte Marktsituation ergeben könnten. Diese könnten dann jedoch unkompliziert im Baukasten ergänzt und den Marktgegebenheiten könnte somit Genüge getan werden.

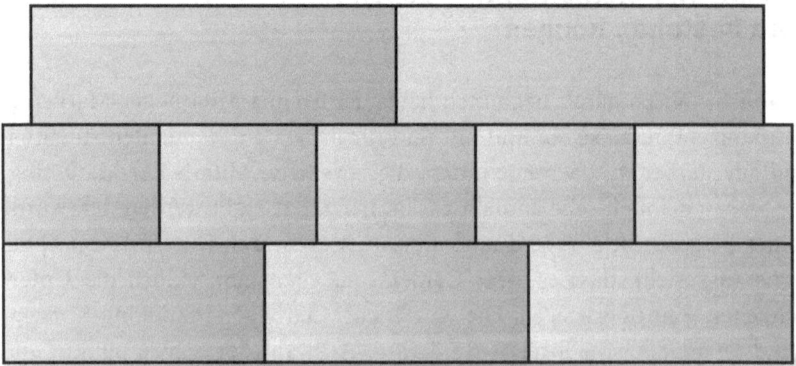

Abbildung 4.1: Modulbaukasten für Mitarbeiter-Marketing

Der Modulbaukasten besteht aus verschiedenen Ebenen, die die zeitliche Entwicklung eines Mitarbeiters im Unternehmen abbilden. Also ähnlich wie bei den fünf Herausforderungen (vgl. Einleitung) orientiere ich mich am Lebenszyklus, was das Gesamtkonzept leichter verständlich, nachvollziehbar und kommunizierbar macht.

Folgende Module habe ich in den letzten Jahren identifiziert und definiert:

- Rekrutierung von neuen Mitarbeitern und Führungskräften
- Orientierung und Eingliederung von neuen Mitarbeitern und Führungskräften
- Einarbeitung und Grundausbildung von neuen Mitarbeitern und Führungskräften
- Unternehmensstrukturen, interne Abläufe und Prozesse
- Laufende Ausbildung in den Bereichen Produkt-, Fach- und IT-Kenntnisse
- Laufende Ausbildung in den Bereichen Fertigkeiten und Fähigkeiten
- Erfahrungsaustausch, Veranstaltungs- und Meeting-Management
- Interne Unternehmenskommunikation und Wissensmanagement
- Motivationsanreize, Belohnungssysteme und Anreizsysteme
- Fachkarriere und Führungskarriere
- Partner- und Integrationsmanagement
- Gesundheitsmanagement
- Alumni-Management und Wiedereingliederung ehemaliger Mitarbeiter
- Talent-Management – Förderung der besten Mitarbeiter
- Premium Ausbildungssystem

Lassen Sie uns die einzelnen Module schrittweise ansehen:

4.1.1 Rekrutierung von neuen Mitarbeitern und Führungskräften

In diesem Modul werden alle Bereiche rund um das Thema Mitarbeitersuche und Mitarbeiterrekrutierung erfasst. Es beinhaltet jedoch die gesamte Außenwirkung des Unternehmens im Hinblick auf den Arbeitnehmer-Markt.

Normalerweise ist die übergeordnete Zielsetzung einer erfolgreichen Rekrutierungs-Strategie, dass dem Unternehmen zu jedem Zeitpunkt ausreichend qualifizierte Bewerber bzw. Mitarbeiter zur Verfügung stehen und eine langfristige proaktive Personalplanung betrieben wird, um dieses Ziel zu erreichen.

Dazu muss sich jedes Unternehmen unter anderem regelmäßig folgende Fragen stellen:

- Erwarten wir alters- bzw. krankheitsbedingte Abgänge?
- Werden bestehende Mitarbeiter auf Grund von Elternzeit, Sabbaticals, Weiterqualifizierungs-Maßnahmen etc. dem Unternehmen zeitweise oder dauerhaft nicht mehr zur Verfügung stehen?
- Mit welcher prozentualen Fluktuation müssen wir aus der Erfahrung der Vergangenheit rechnen?

- Benötigt das Unternehmen auf Grund von Wachstum neue Mitarbeiter?
- Benötigt das Unternehmen neue Kompetenzen, um die Marktveränderungen erfolgreich meistern zu können?

Es empfiehlt sich, dass diese Fragen mindestens alle drei bis sechs Monate geprüft werden, die Ergebnisse in die Planung einfließen und die wesentlichen Maßnahmen ergriffen werden, um auf die Veränderungen und Anforderungen rechtzeitig reagieren zu können.

Basierend auf den Antworten auf die oben genannten Fragen kann dann eine sinnvolle und zielgerichtete Rekrutierungs-Strategie aufgesetzt werden.

Bei aller Planung und Vorannahmen ist es unerlässlich zu verstehen und zu akzeptieren, dass sich Menschen jederzeit aus den unterschiedlichsten Gründen verändern und ihren Arbeitsplatz wechseln können. Sprich, in der Praxis sollte eine Planung auch immer einen gewissen Prozentsatz an unerwarteten Faktoren enthalten.

Leider zeigt sich häufig, dass Unternehmen oft erst dann beginnen Mitarbeiter zu suchen, wenn es bereits einen akuten Bedarf gibt und es ausgesprochen dringlich ist, diese Mitarbeiter zu finden. Diese Haltung kann dazu führen, dass der Einstellungsprozess verkürzt wird und nicht genügend Zeit für die Auswahl eines passenden Kandidaten investiert werden kann. Dies wiederum mündet häufig in eine übereilte Einstellung und der neue Mitarbeiter ist dann oft die sogenannte »zweite Wahl«. Je weniger Auswahl am Markt ist, je intensiver sich dieser also bereits in einen Arbeitnehmer-Markt entwickelt hat, umso schwieriger wird es, in der Kürze überhaupt einigermaßen geeignete Kandidaten zu finden. Die Folgen daraus liegen klar auf der Hand:

Das Unternehmen investiert viel Geld für eine übereilte Kandidatensuche, die auf Grund der Dringlichkeit immer höhere Kosten mit sich bringt. Dann wird eine möglichst schnelle Auswahl vorgenommen, da die Zeit und die einzelnen Abteilungen drängen. Der dann eingestellte Mitarbeiter erfüllt nur bedingt das Profil und die Wahrscheinlichkeit einer Fehleinstellung erhöht sich damit um ein Vielfaches.

Durchschnittlich vergehen derzeit 85 Tage, bis die Personalsuche abgeschlossen ist und ein neuer Mitarbeiter seine Tätigkeit aufnehmen kann, so der aktuelle Kurzbericht des Nürnberger Instituts für Arbeitsmarkt- und Berufsforschung (IAB 4/2016). »Je höher die geforderte Qualifikation ist, desto länger dauert die Personalsuche. Während vom Beginn der Suche bis zum tatsächlichen Arbeitsbeginn bei Ungelernten durchschnittlich 53 Tage vergehen, dauert die Besetzung einer Akademikerposition im Durchschnitt 107 Tage.« (Ebenda, S. 1)

Deshalb ist in erster Linie bei der Unternehmensleitung und bei allen Mitarbeitern ein Grundverständnis zu erzeugen, dass Rekrutierung ein ganzjähriger und dauerhafter Prozess ist. Rekrutierung hat also immer die Prioritätsstufe eins für ein erfolgreiches Unternehmen.

Praxistipp:

In einem Arbeitnehmer-Markt hat Rekrutierung immer Prioritätsstufe eins und ist ein ganzjähriger und dauerhafter Prozess.

Einmal angenommen, ein Unternehmen hat grundsätzlich alle Positionen im Unternehmen besetzt und es würde sich ein hervorragender Bewerber proaktiv beim Unternehmen vorstellen. Würden Sie für einen hervorragenden Bewerber irgendeinen Platz finden?

Die meisten Unternehmen beantworten diese Frage mit einem klaren »Ja«, da man immer gerne hervorragende Mitarbeiter haben möchte und es immer Mitarbeiter im Unternehmen gibt, deren Leistung unterhalb des gewünschten Leistungsniveaus liegt. Sie würden also einen Platz für diesen Bewerber finden und damit die gesamte Leistung des Unternehmens verbessern können.

Das bedeutet im Umkehrschluss jedoch, dass auch wenn man gerade nicht dringend neue Mitarbeiter sucht, man nicht nur darauf warten sollte, ob sich jemand proaktiv bewirbt, sondern kontinuierlich dafür sorgen sollte, dass sich Mitarbeiter bewerben.

Bevor wir jedoch die einzelnen Rekrutierungsmaßnahmen näher betrachten können, sollte daher eingehend geprüft werden, welche konkreten Voraussetzungen notwendig sind, damit Ihr Unternehmen jederzeit ausreichend qualifizierte Bewerber zur Verfügung hat. Das Ziel ist ja letztendlich, einen immer ausreichend gefüllten Bewerberpool zu haben, damit Sie jederzeit frei werdende Stellen qualifiziert und schnell besetzen können.

Als wesentliche Voraussetzungen sollen folgende Themen näher betrachtet werden:
- die aktuelle Außenwirkung und das Image des Unternehmens in der Zielgruppe der möglichen Bewerber,
- die aktuelle Zufriedenheit Ihrer bestehenden Mitarbeiter,
- die aktiv gelebte »Willkommenskultur« für neue Bewerber,
- ein strukturierter Rekrutierungsprozess.

Die aktuelle Außenwirkung und das Image des Unternehmens in der Zielgruppe der möglichen Bewerber

Ein ausschlaggebender Faktor für den Erfolg des gesamten Bereichs Mitarbeitergewinnung ist die aktuelle Außenwirkung und das Image des Unternehmens bei der Zielgruppe potenzieller Bewerber. Welchen Eindruck gewinnt also ein potenzieller Bewerber von Ihrem Unternehmen, bevor er sich bei Ihnen überhaupt vorgestellt hat oder Sie irgendeinen Kontakt zu ihm gehabt haben? Es geht hier, wie bereits weiter vorne angesprochen, um die »Momente der Wahrheit«, die den ersten Eindruck Ihres Unternehmens auf einen potenziellen Bewerber ausmachen.

Ernsthafte Bewerber erkundigen sich im Vorfeld einer Bewerbung über ein Unternehmen. Hierbei spielt heutzutage insbesondere das Erscheinungsbild in allen digitalen Kanälen eine große Rolle. Das Unternehmen wird also »digital« durchleuchtet. Es werden alle Dinge, die über das Unternehmen im Internet oder den sozialen Netzwerken gefunden werden, analysiert und es entsteht ein erster Eindruck vom neuen Arbeitgeber.

Folgerichtig ist es für Ihr Unternehmen notwendig, selbst regelmäßig, auf Grund der oftmals raschen Veränderungen der Suchalgorithmen der Suchmaschinen, wenn möglich monatlich, eine Kurzanalyse Ihrer digitalen Präsenz zu analysieren.

Diese Analyse sollte folgende Bestandteile haben:

Welche Einträge bzw. Seiten von Ihrem Unternehmen werden bei einer Google-Suche oder anderen Suche sichtbar?

Hierzu empfiehlt es sich eine feste Liste von für Ihr Unternehmen relevanten Schlüsselworten regelmäßig in die Suchmaschinen einzugeben und die Ergebnisse zu dokumentieren. Als Anhaltspunkt hier einige mögliche Suchworte bzw. Suchwortkombinationen:

- Ihr Unternehmensname
- Unternehmensname Erfahrungen
- Unternehmensname Berichte
- Unternehmensname Kritik
- Unternehmensname Produkte
- Unternehmensname Bewertungen
- Unternehmensname Mitarbeiter
- Unternehmensname Arbeitgeberbewertung

Es empfiehlt sich zusätzlich, falls Ihr Unternehmensname aus mehreren Begriffen und Bezeichnungen besteht, diese in unterschiedlicher Reihe und sowohl zusammengeschrieben als auch getrennt geschrieben, zu suchen. Auch Ihr rechtlicher Zusatz GmbH, AG oder KG sollte geprüft werden.

Die Suchergebnisse sollten anschließend regelmäßig analysiert werden. Wenn Sie feststellen, dass Sie negative oder missverständliche Einträge finden, sollten Sie eine aktive Kampagne starten, um diese durch eigene Einträge und Beiträge zu entschärfen, zu korrigieren oder zu ergänzen. Letztendlich müssen Sie sich nach der Analyse der Suchergebnisse die Frage stellen, welches Bild Sie sich als Bewerber machen würden, wenn Sie diese Ergebnisse bekommen würden und was Sie als Unternehmen machen können, damit das Bild möglichst nah an dem tatsächlichen Stand Ihres Unternehmens liegt.

Außerdem sollten im gleichen Turnus die aktuell wichtigen Unternehmens- und Arbeitgeber-Bewertungsportale für Mitarbeiter wie Kununu, meinchef.de, XING und jobvote.de, um nur einige zu nennen, analysiert werden.

Falls hier negative Einträge gefunden werden, sollten diese aktiv angegangen werden, indem man den kritischen Beitrag kommentiert und den Verfasser zu einem klärenden Gespräch einlädt. Alternativ kann man auch die bestehenden Mitarbeiter bitten, einen negativen Kommentar mit ihren positiven Erfahrungen im Unternehmen zu kommentieren und somit alternative Einträge aufbauen, die die negative Aussage relativieren. Zeigt sich der Verfasser des kritischen Beitrags als unbeirrbar und will nur polemisieren, ohne dass ein wahrer Grund dahinter liegt, ist es auch möglich, sich direkt an den Portalbetreiber zu wenden und den Beitrag entfernen zu lassen. Erfahrungsgemäß ist hier die Unterstützung eines erfahrenen Medienanwalts sinnvoll und zielführend.

Wichtig ist vor allem, dass die unterschiedlichen Medien ein einheitliches Bild ihres Unternehmens transportieren. Das bedeutet, dass Ihr Auftritt in den verschiedenen Kanälen das gleiche Image transportiert – durch Texte und Grafik. Achten Sie auch darauf, dass Stellenanzeigen für die gleiche Position in unterschiedlichen Medien nicht widersprüchlich sind. Natürlich können die Länge des Textes, der Detaillierungsgrad und die graphische Aufbereitung in unterschiedlichen Medien variieren, nicht aber der Gesamteindruck und die wesentlichen Inhalte der Position.

Viele Unternehmen nutzen heute auch die Möglichkeit sogenannte Arbeitgeber-Auszeichnungen zu bekommen. Diese Siegel, wie zum Beispiel »Ausgezeichneter Arbeitgeber«, »Top Employer«, »Great Place to Work« oder »Top Company«, um nur einige zu nennen, dienen dazu, dem Bewerber zu zeigen, dass das Unternehmen sich aktiv für die interne Entwicklung seiner Mitarbeiter interessiert. Die Anzahl dieser Zertifikate ist in den letzten Jahren enorm gestiegen und laut eines Artikels der *Wirtschaftswoche* vom 16.04.2016 gibt es mittlerweile rund 200 verschiedene Auszeichnungen und Siegel. Die Kosten für diese Siegel liegen je nach Unternehmensgröße zwischen Euro 4500 und Euro 12000. Sollten Sie also eine solche Auszeichnung anstreben, dann ist es nicht nur wichtig, das Siegel im Arbeitgeber-Marketing aktiv einzusetzen, sondern auch nachvollziehbar zu erläutern, was genau geprüft wurde und für welche Bereiche Sie diese Auszeichnung erhalten haben. Dies erhöht die Wirksamkeit der Auszeichnung um ein Vielfaches und zeigt Ihrem potenziellen Bewerber, dass Sie diese Auszeichnung nicht nur käuflich erworben haben, sondern auch wesentliche Themen ausgezeichnet in Ihrem Unternehmen umsetzen.

Praxistipp:

Arbeitgeber-Siegel sind sinnvoll, aber es sollte immer transparent gemacht werden, für was Ihr Unternehmen das Siegel bekommen hat.

Die aktuelle Zufriedenheit Ihrer bestehenden Mitarbeiter

Auch den Bereich Zufriedenheit der bestehenden Mitarbeiter habe ich in das Modul Rekrutierung integriert. Entstanden ist dies im Wesentlichen dadurch, dass die persönliche Empfehlung oder Ablehnung eines Produktes oder einer Dienstleistung heute stark an Gewicht gewonnen hat. Die Ursache dieser Entwicklung liegt in den stark angestiegenen Werbe- und Marketingmaßnahmen aller Werbetreibenden. Die Glaubwürdigkeit von Werbung ist bei vielen Menschen in den letzten Jahren erheblich gesunken und deshalb verlässt man sich lieber auf die Erfahrungen und Aussagen von Menschen, die man kennt und deren Einschätzung man als glaubwürdig ansieht.

Diese Folgen gelten auch für den Arbeitsmarkt, das heißt Bewerber glauben oftmals dem bestehenden Mitarbeiter eines Unternehmens mehr als den Versprechungen der im Bewerbermarketing gemachten Aussagen.

Wenn also bestehende Mitarbeiter des Unternehmens von Familie, Freunden und Bekannten gefragt werden, was sie von ihrem Arbeitgeber und ihrer Tätigkeit halten, entscheidet deren Antwort maßgeblich über das Image des Unternehmens. Ein positiver Kommentar auf diese Frage führt dazu, dass dieser Kommentar im Netzwerk des Bewerbers weitergetragen und diese Information an wechselwillige Menschen herangetragen wird. Dies kann zu Initiativbewerbungen führen, deren Wert nicht hoch genug eingeschätzt werden sollte. Außerdem entstehen für diese Bewerbungen keine Kosten. Im Gegenzug werden aber auch negative Kommentare dazu sehr schnell die Runde machen und eine Bewerbung bei dem entsprechenden Unternehmen als nicht empfehlenswert erscheinen lassen. Die Zufriedenheit der bestehenden Mitarbeiter und deren Aussagen sind also ein wesentlicher Erfolgs- und Kostenfaktor bei einer erfolgreichen Rekrutierungs-Strategie. Insbesondere deshalb, weil laut der oben bereits zitierten IAB-Studie im Jahr 2015 fast jede dritte Stelle über persönliche Kontakte besetzt wurde.

Zufriedenheit entsteht dann, wenn die wichtigen Erwartungshaltungen an eine Tätigkeit und deren Rahmenbedingungen erfüllt wird. Also ist es wesentlich, die Erwartungshaltung der einzelnen Mitarbeiter des Unternehmens zu kennen und diese zu adressieren. Auch wenn diese nicht immer erfüllt werden können, ist es besonders wichtig, dies mit dem Mitarbeiter zu besprechen und offen mit den Themen umzugehen. Menschen akzeptieren grundsätzlich eher, dass nicht immer alles möglich ist, wenn das Thema angesprochen wird und die Hintergründe verständlich gemacht werden.

Die Erwartungshaltungen des jeweiligen Mitarbeiters zu kennen und mit diesen umzugehen, ist Aufgabe der direkten Führungskraft. Hierzu sollte die Führungskraft über die notwendige Methoden-Kompetenz verfügen, um sie zu ermitteln, und sich regelmäßig ausreichend Zeit für ihre Mitarbeiter nehmen.

Parallel dazu ist es empfehlenswert, dass die Unternehmensleitung jährlich anonyme Mitarbeiterbefragungen durchführt, um Fehlentwicklungen zu erkennen und notwendige Maßnahmen zu ergreifen. Wenn mehr als 90 Prozent Ihrer bestehenden Mitarbeiter auf die Frage: »Würden Sie Ihren jetzigen Arbeitgeber an Freunde und Bekannte empfehlen« mit »Ja« antworten, ist dies ein sehr guter Wert, den Sie aktiv mit in Ihr Arbeitgeber-Marketing integrieren können. Liegt er darunter, ist dies ein Hinweis darauf, dass hier Handlungsbedarf besteht. Die Ergebnisse von regelmäßigen Mitarbeiterbefragungen genießen bei den Bewerbern meist auch eine höhere Glaubwürdigkeit als Arbeitgebersiegel und zeigen diesen, dass es dem Unternehmen wichtig ist, wie wohl sich die Mitarbeiter im Unternehmen fühlen. Aber Achtung: Wenn Sie Mitarbeiterbefragungen durchführen, müssen Sie deren Ergebnisse nicht nur veröffentlichen und adressieren, sondern bei aufgedeckter Unzufriedenheit auch Maßnahmen ergreifen, um sie zu senken. Tun Sie das nicht – oder erläutern Sie nicht mindestens, warum eine Veränderung an der einen oder anderen Stelle nicht möglich oder sinnvoll ist –, erhöhen Sie die Unzufriedenheit der Mitarbeiter sogar. Sie fühlen sich dann nämlich nicht ernst genommen und das ist schlimmer, als gar nicht gefragt zu werden.

Praxistipp:

Die Zufriedenheit der bestehenden Mitarbeiter und deren Aussagen gegenüber möglichen Bewerbern sind ein wesentlicher Erfolgs- und Kostenfaktor bei einer erfolgreichen Rekrutierungs-Strategie.

Die aktiv gelebte »Willkommenskultur« für neue Bewerber

Für den ersten Eindruck gibt es keine zweite Chance! Dies gilt nicht nur für den End-Kunden eines Unternehmens, sondern auch für den neuen Mitarbeiter.

Erst wenn der Bewerber durch das Bewerbermarketing und seine eigenen Recherchen einen positiven Eindruck von Ihrem Unternehmen gewonnen hat, entscheidet er sich, eine Bewerbung abzugeben. Wesentlich ist nun, wie mit dieser Bewerbung umgegangen wird. In vielen Unternehmen warten Bewerber Wochen auf ein Feedback und falls sie eine Absage bekommen, ist diese oftmals sehr unpersönlich und ohne Wertschätzung verfasst. Dies spricht nicht für eine aktiv gelebte »Willkommenskultur« und sorgt dafür, dass der Bewerber sich in Zukunft nicht sehr positiv über das Unternehmen äußern wird. Viele Unternehmen unterschätzen diese Wirkung. Vielleicht ist einer der besten Freunde des Bewerbers, dem Sie gerade unpersönlich abgesagt haben, genau der passende Mitarbeiter für Ihr Unternehmen. Dieser wird sicherlich dann von einer eigenen Bewerbung absehen, da er aufgrund der Art und Weise, wie die Absage kommuniziert wurde, auf die Einstellung des gesamten Unternehmens schließen wird. Wie gesagt, für den ersten Eindruck gibt es keine zweite Chance. Es empfiehlt sich also einige Grundregeln einzuführen und diese, speziell in einem Arbeitnehmer-Markt, unbedingt einzuhalten.

Ein Bewerber sollte möglichst noch am gleichen Tag ein Feedback erhalten, dass man seine Bewerbung erhalten hat und man sich für seine Bewerbung bedankt. Außerdem sollte ein konkreter Zeitpunkt genannt werden, wann und welche nächsten Schritte erfolgen. Dieser Antwortprozess kann natürlich auch automatisiert werden, jedoch ist darauf zu achten, dass das Schreiben trotz aller Automatisierung eine persönliche Ansprache an den Bewerber richtet. Die Anrede »lieber Bewerber/liebe Bewerberin« fühlt sich nicht gut an! Anschließend hat das Unternehmen ein bis zwei Tage Zeit ein personalisiertes Schreiben zu verfassen, dadurch fühlt sich der Bewerber ernstgenommen und auch wertgeschätzt. Selbst wenn in diesem ersten personalisierten Schreiben dann vorerst nur der Zeitplan und das weitere Verfahren beschrieben werden, zeigt dies dem Bewerber, dass Sie seine Bewerbung ernsthaft wahrgenommen haben.

Diese umgehende Reaktion Ihres Unternehmens ist in der heutigen Zeit notwendig geworden, damit Sie die Erwartungshaltung ihrer Bewerber erfüllen. Durch die in den letzten Jahren veränderten Marktbedingungen sind wir es gewohnt, dass Anfragen oder Buchungen innerhalb von Minuten bestätigt werden. Ganz gleich, ob es sich um die Buchung eines Fluges, der Kauf eines Buches oder die Reservierung eines Tisches in einem Restaurant handelt. Das Internet und seine automatisierten Prozesse haben dazu geführt, dass der Verbraucher, also Ihr Bewerber, eine völlig andere Erwartungshaltung hat. Und wenn Sie sich selber schon einmal beobachtet haben, dass Sie unruhig werden, wenn Sie nach fünf Minuten noch keine Bestätigung auf Ihre Buchung erhalten haben, verstehen Sie dies sicherlich sehr gut.

Ich empfehle außerdem, dass alle weiteren Schreiben an den Bewerber immer persönlich adressiert und unterzeichnet sein sollten. Im Falle, dass Sie sich zu einer Absage entscheiden, falls der Bewerber in keiner Weise auf das Stellenprofil passen sollte, sollten Sie dies immer mit einer kurzen Begründung und einer persönlichen Note verfassen. Dies kann in Form von Textbausteinen auch vereinfacht durchgeführt werden. Da Sie nie wissen, ob Sie diesen Bewerber in der Zukunft eventuell an anderer Position für Ihr Unternehmen gewinnen wollen, können Sie ihn auch aktiv fragen, ob Sie seine Daten für die Zukunft speichern dürfen und, falls eine passende Position in Ihrem Unternehmen frei wird, wieder kontaktieren dürfen.

Wenn Sie sich entscheiden, einen Bewerber für ein Gespräch einzuladen, können folgende Kleinigkeiten zu einem guten ersten Eindruck beitragen und einen positiven Einfluss auf den gesamten Bewerbungsprozess haben.

Bringen Sie ein kleines Schild mit dem Namen des Bewerbers im Eingangsbereich Ihres Unternehmens an. Dies kann auch ein normales Namensschild sein. Die Erstellung kostet nicht sehr viel Aufwand. Ein Text wie »Wir freuen uns heute Herrn Schmidt bei uns im Unternehmen begrüßen zu dürfen« wirkt Wunder und zeigt dem Bewerber eine Vielzahl von Dingen: Er oder sie fühlt sich nicht nur willkommen geheißen, sondern es zeigt auch, dass Ihr Unternehmen gut organisiert ist und der Bewerber Ihnen wichtig ist. In vielen Unternehmen habe ich erlebt, dass die Person am Empfang erst einmal unsicher reagiert, sobald ein Bewerber erscheint, da sie nicht im Vorfeld informiert wurde.

Der Bewerber wird dann erst einmal in einem Besuchersessel »geparkt« und mit den Worten vertröstet: »Ich werde einmal nachfragen, wer für Sie zuständig ist. Bitte nehmen Sie erst einmal Platz.« Wie würden Sie sich denn in einer solchen Situation fühlen? Sicherlich nicht so, als wären Sie erwartet und willkommen. Wenn jedoch die erste Person im Unternehmen, die Sie als Bewerber zu Gesicht bekommen, Sie mit Namen anspricht, aufsteht, auf Sie zugeht, sich vorstellt und Sie mit einem freundlichen Handschlag begrüßt, verspreche ich Ihnen, würden Sie sich wesentlich wohler fühlen. Wenn danach als zweite Ansprache folgende Worte kommen: »Herr Schulz, der das Gespräch mit Ihnen führen wird, freut sich schon, Sie persönlich kennen zu lernen. Er wird sofort kommen und Sie in Empfang nehmen. Darf ich Ihnen inzwischen ein Getränk anbieten?«

Zusätzlich könnten Sie noch ein kleines personalisiertes Begrüßungspaket mit Unternehmensinformationen und eventuell kleinen Werbegeschenken für den Bewerber vorbereitet haben und dieses würde dann direkt am Empfang für den Bewerber bereitliegen. Dies kostet natürlich etwas Geld, Zeit und Aufwand, aber dieser macht sich hundertfach wieder bezahlt, wenn Sie den hervorragenden Bewerber für Ihr Unternehmen gewinnen können und dieser nicht zum Mitbewerber geht.

Natürlich führt eine perfekte Begrüßung und ein Willkommensgeschenk alleine noch nicht zu einer erfolgreichen Einstellung eines Bewerbers. Bitte bedenken Sie trotzdem, dass, wie im Endkundenmarkt, jeder einzelne Schritt im Beziehungsaufbau wesentlich ist und über das gewünschte Endergebnis mitentscheiden wird.

Des Weiteren sollten Sie unbedingt darauf achten, dass der Bewerbungstermin pünktlich beginnt. Dieser Termin ist genauso wichtig, vielleicht sogar noch wichtiger, als ein Termin mit einem externen Kunden. Lassen Sie den Bewerber nicht warten und sorgen Sie für einen pünktlichen Beginn des Gespräches. Außerdem sollten Sie den vereinbarten Zeitrahmen und den Ablaufplan einhalten. Gehen Sie respektvoll mit der Zeit Ihres Bewerbers um, zeigt dies viel über Ihre Einstellung und die Bedeutung, die Sie dem Gespräch beimessen. Speziell manche Unternehmenslenker neigen dazu, etwas unstrukturiert Bewerbungsgespräche zu führen und sind oftmals nur schlecht vorbereitet. Wenn der Bewerber den Eindruck bekommt, dass Sie sich erst beim Termin seine Unterlagen das erste Mal ansehen und Sie mehrmals nach seinem Namen fragen müssen, wird er oder sie keinen guten ersten Eindruck von Ihnen und Ihrem Unternehmen bekommen.

Da in der Vergangenheit die Menge an Bewerbern pro Stelle weit größer war, konnten sich viele Arbeitgeber diese Verhaltensweise leisten. Diese Zeiten sind entweder schon vorbei oder werden auch in Ihrer Branche bald vorbei sein.

Matthias ist in seinem Unternehmen schon längst an dem Punkt angekommen, an dem die Mitarbeitersuche sein Wachstum limitiert. Zahlreiche interessante Bewerber haben sich für andere Unternehmen entschieden, obwohl Matthias überdurchschnittliche Gehälter zahlt. In Gesprächen mit seinen Freunden stellt sich heraus, dass Matthias Bewerbungsgespräche meist allein führt. Dabei kommt es vor, dass er sich ablenken lässt, den Anruf eines Kunden durchstellen lässt, kurz Nachrichten auf seinem Smartphone registriert oder auch von Mitarbeitern unterbrochen wird, die nur schnell eine Information oder eine Freigabe für ein Projekt von ihn benötigen. Wenn Sie glauben, dass Matthias eine unrühmliche Ausnahme ist, muss ich Ihnen leider mitteilen, dass eines oder mehrere dieser Dinge aus unserer Erfahrung bei mehr als 80 Prozent der Bewerbungsgespräche stattfinden. Ich empfehle Ihnen daher, dass es während des Bewerbungsgespräches keine Unterbrechungen geben darf.

Interessanterweise entgegnet Matthias auf die Frage »Würden Sie diese Störungen zulassen, wenn ein sehr wichtiger Kunde zu einer Besprechung mit Ihnen zusammensitzen würde?« immer mit einem entschlossenen »Nein«. Wenn es sich aber »nur« um ein Bewerbungsgespräch handelt, verhält er sich ganz anders und bringt dabei folgendes Argument: »Da sieht der Bewerber doch gleich, dass bei uns viel los ist und das Unternehmen gut läuft.«

Ich kann an dieser Stelle nur hinterfragen, wie er sich denn fühlen würde, wenn er sich auf eine Position bewerben würde und sein Bewerbungsgespräch würde andauert unterbrochen werden. Wie viele meiner Kunden reagiert nun auch Matthias mit großem Unbehagen und reflektiert sein Verhalten.

> **Praxistipp:**
>
> Behandeln Sie jeden Bewerber, den Sie zu einem Gespräch einladen, wie Ihren besten externen Kunden und geben Sie ihm das Gefühl, wirklich willkommen zu sein.

Ein strukturierter Rekrutierungs-Prozess

Leider stelle ich immer wieder fest, dass der eigentliche Einstellungsprozess in vielen Unternehmen sehr unterschiedlich vonstattengeht. Einige Unternehmen, die die Zeichen der Zeit erkannt haben, arbeiten mit festen Prozessen und einem klaren Ablauf für den gesamten Einstellungsprozess. Sie haben verstanden, dass der Aufwand, gute Bewerber überhaupt an den Tisch zu bekommen, weit teurer und schwieriger geworden ist, als noch vor einigen Jahren.

Jedoch verhalten sich viele andere Unternehmen in Einstellungsgesprächen immer noch so, als hätten sie dem Bewerber die »Gnade eines Termins gewährt«. Genauso läuft dann der gesamte Einstellungsprozess auch ab. Der Bewerber wird nicht wirklich willkommen geheißen, wartet auf seinen Gesprächspartner und dieser ist dann auch noch unkonzentriert und schlecht vorbereitet. Wie auch bei anderen Themen gibt es sicherlich verschiedene Methoden, wie man einen Einstellungsprozess strukturieren kann. Unsere Mandanten haben die besten Erfahrungen gemacht, wenn sie intern gewisse Abläufe und Prozesse festgelegt haben und diese dann auch unternehmensweit befolgen. Folgende Schritte haben sich in den letzten Jahren – auch speziell in Arbeitnehmer-Märkten – als erfolgreich herausgestellt:

Grundsätzlich sollte der Einstellungsprozess aus zwei separaten Gesprächen bestehen und dies sollte dem Bewerber von vornherein auch so kommuniziert werden. Die Priorität des ersten Gespräches sollte zum einen auf der persönlichen Beziehung zwischen dem Bewerber und der Person liegen, die für das Unternehmen das Gespräch führt und den gegenseitigen Motivationen. Also geht es in erster Linie darum, sich kennenzulernen und die Bedürfnisse und Wünsche der anderen Seite zu verstehen. Der Bewerber möchte letztendlich wissen, für was das Unternehmen steht, ob die Branche bzw. das Marktsegment, in dem sich das Unternehmen befindet, eine Zukunft und Perspektive hat. Natürlich auch, was das Unternehmen in der Vergangenheit erreicht hat, wie es heute unterwegs ist und welche kurz- und mittelfristigen Ziele das Unternehmen anstrebt. Das Unternehmen will auf der anderen Seite die Einstellungen, die Motivation, das Arbeitsverhalten, die Fähigkeiten und die Erwartungshaltungen des Bewerbers näher kennen und verstehen lernen. Dies sollten primär auch die Inhalte des ersten Gespräches sein und das sollte dem Bewerber auch am Anfang des Gesprächs nochmals kommuniziert werden. Hilfreich für ein solches Erstgespräch ist es, dem Bewerber konkrete Fragen zu seinen Arbeitsmethoden in der Vergangenheit zu stellen. Außerdem kann ein Talenttest, den der Bewerber ausfüllt, von Vorteil sein. Es gibt verschiedene Talent- und Persönlichkeitstests, die ein Unternehmen verwenden kann, wichtig ist vor allem, dass sie sinnvoll und praktikabel in den Einstellungsprozess integriert werden können und Hinweise auf die Fähigkeiten der Bewerber geben, die aus den übrigen Unterlagen in der Regel nicht deutlich hervorgehen.

Außerdem sollte die verantwortliche Person, die das Einstellungsgespräch führt, auf Fragen vorbereitet sein – besser noch, diese proaktiv selber ansprechen, wie welche Gründe für das Unternehmen sprechen und welche Vorteile der Bewerber haben wird, wenn er sich für eine Tätigkeit in diesem Unternehmen entscheidet. Einige Geschäftsführer wundern sich immer noch, dass die neuen Bewerber aus ihrer Sicht ganz seltsame Fragen stellen. »Da hat mich doch ein junger Bewerber gefragt, warum er denn in meinem Unternehmen anfangen soll? Können Sie sich das vorstellen? Ich habe mich gefühlt, als müsse ich mich beim Bewerber bewerben und nicht wie früher er bei mir ... so jemanden gebe ich doch keinen Job ...«

Solche Aussagen habe ich in den letzten Jahren nicht nur einmal gehört und sie zeigen ganz eindeutig, dass viele Unternehmenslenker die aktuellen Marktveränderungen nicht wirklich verstanden bzw. verinnerlicht haben. Insbesondere die Bewerber der Generation Y (vgl. auch Kap 1.6.) haben nicht nur erkannt, dass sie sich häufig in einer guten Verhandlungsposition befinden, weil sie eine »rare Ressource« sind, sondern haben auch eine völlig andere Werthaltung als ihre Vorgänger. Diese kann man seltsam finden und ablehnen – aber es wird nichts daran ändern, dass sie weit verbreitet ist und einen Einfluss darauf hat, ob und welche Bewerber ihr Unternehmen in Zukunft gewinnen wird.

Am Ende des ersten Gespräches sollten beide Parteien offen besprechen, ob sie einen weiteren Termin durchführen möchten. Inhalte dieses zweiten Termins sollten dann die genaue Arbeitssituation und die Funktionen des Bewerbers sein.

Natürlich sollte auch über die konkreten Ziele der geplanten Stelle, die Aufgaben und die Pflichten, die damit verbunden sind, offen gesprochen werden. Auf der anderen Seite sollten die finanziellen und vertraglichen Vereinbarungen, die sonstigen Rahmenbedingungen und Leistungen des Unternehmens dem Bewerber transparent vorgestellt werden.

Außerdem ist es sinnvoll, dem Bewerber etwas über die bestehenden Mitarbeiter, die Unternehmens- und die Führungskultur zu erläutern. Wenn sich dies dann mit der Erwartungshaltung Ihres Bewerbers zum großen Teil deckt und Sie auch mit seinem Verhalten, seinen Erläuterungen und seinem gesamten Auftreten zufrieden sind, haben Sie optimale Voraussetzungen, einen neuen und erfolgreichen Mitarbeiter für Ihr Unternehmen gefunden zu haben.

Der Einstellungsprozess hat sich letztendlich in den letzten Jahren immer mehr zu einem Gespräch und Entscheidungsprozess unter Menschen auf gleicher Augenhöhe entwickelt. Der Bewerber sollte nicht um eine Stelle bitten müssen und Sie als Unternehmen sollten auch nicht um einen Bewerber betteln.

Drei kleine Tipps möchte ich Ihnen noch mit auf den Weg geben. Fragen Sie den Bewerber nach zwei bis drei persönlichen Referenzen, also Personen, die ihn gut kennen und die Sie zu ihm befragen dürfen. Sie werden überrascht sein, wie viele wertvolle Informationen diese telefonischen Gespräche mit den genannten Referenzen Ihnen bringen werden.

Machen Sie sich konkrete Checklisten für den gesamten Einstellungsprozess mit den Fragen, die Sie stellen wollen und den Dingen, die Sie in den beiden Gesprächen erzählen wollen. Dies gibt Ihnen später die Möglichkeit, Kandidaten fair zu vergleichen und bringt Ihnen zusätzliche Sicherheit und Selbstvertrauen für die Gespräche. Außerdem sorgt es dafür, dass alle Einstellungsprozesse im gesamten Unternehmen inhaltlich ähnlich verlaufen und dass somit, falls mehrere Personen aus Ihrem Unternehmen in den Prozess involviert sind, alle wissen, was erklärt wurde und es nicht zu Wiederholungen und eventuell widersprüchlichen Aussagen kommt.

Falls der Mitarbeiter später von einer Ihrer Führungskräfte direkt geführt wird, sollte diese Führungskraft die ersten Gespräche alleine führen und Sie dann als Unternehmensleitung erst bei den zweiten Gesprächen mit anwesend sein. Sie bekommen also nur die Kandidaten zu Gesicht, die wirklich in die engere Wahl gekommen sind, mit denen sich Ihre Führungskraft eine Zusammenarbeit vorstellen kann und die wiederum an einer Tätigkeit in Ihrem Unternehmen grundsätzlich interessiert sind. Falls Sie eine Personalentwicklungsabteilung haben, wird jemand davon sicherlich bei den Erstgesprächen mit anwesend sein.

> **Praxistipp:**
>
> Fragen Sie den Bewerber nach persönlichen Referenzen, nutzen Sie Checklisten im Einstellungsprozess und stellen Sie nicht ein, ohne sich ein konkretes Bild von den Arbeitsgewohnheiten des Bewerbers gemacht zu haben.

Allgemeine Rekrutierungsmaßahmen

Nun wollen wir uns dem Thema Rekrutierungsmaßnahmen zuwenden. Sie finden dazu weitreichende Literatur und Veröffentlichungen, die sich nur mit diesem Thema beschäftigen. Es ist, ähnlich eben wie im Endkunden-Marketing, ein umfassendes und unerschöpfliches Thema. Ich möchte jedoch wenigstens die wesentlichen Elemente kurz beschreiben und Ihnen somit einen groben Überblick verschaffen. Wenn Sie sich mit diesem Thema jedoch ausführlicher beschäftigen möchten, sollten Sie weiterführende Informationen zu Rate ziehen (vgl. zum Beispiel Maier et al. (2015) oder die Webseite Rekrutierungserfolg.de).

Wie im klassischen Endkunden-Marketing gibt es auch im Personalmarketing verschiedene Maßnahmen zur Gewinnung potenzieller Interessenten. Ich habe die Erfahrung gemacht, dass es sinnvoll sein kann, diese in zwei grundsätzliche Kategorien zu unterteilen. Zum einen in dauerhafte Maßnahmen, die also 12 Monate im Jahr permanent laufen und temporäre Maßnahmen, die zeitlich befristet eingesetzt werden und die dauerhaften Maßnahmen unterstützen sollen. Ähnlich wie im Endkunden-Marketing können sich nur sehr wenige große Unternehmen leisten, dauerhaft und gleichbleibend hohe Investitionen ins Marketing zu stecken. Folgende dauerhafte Maßnahmen sollte allerdings jedes Unternehmen fest einplanen und damit im Bewerbermarkt sichtbar machen, dass man an neuen Mitarbeitern aktiv interessiert ist.

Es empfiehlt sich eine separate Unterseite auf allen Unternehmens-Webseiten zum Thema Karriere- oder Job-Angebote zu platzieren. Dies ist bei sehr vielen Unternehmen mittlerweile auch zum Standard geworden. Leider sind die Inhalte der sogenannten Karriereseiten dann oftmals nicht gut gepflegt und manchmal sehr uninteressant und technisch gestaltet. In der Praxis hat sich gezeigt, dass ein kurzes Unternehmensvideo, das einen Überblick über die Bereiche und das Unternehmensprofil zeigt, ein Interview mit ein oder mehreren bestehenden Mitarbeitern, Bilder des Unternehmens und des Teams und vielleicht sogar ein speziell erstelltes Video, das sich direkt an Bewerber richtet, sehr wertvolle und sinnvolle Investitionen sein können.

Christian hat die Erfahrung gemacht, dass er mit seiner neu gestalten Karriereseite zukünftige Auszubildende und Mitarbeiter besonders gut ansprechen kann. Viele Handwerksbetriebe suchen händeringend Auszubildende, aber nur wenige präsentieren sich als attraktive Arbeitgeber für junge Menschen. Die Investition in eine ansprechende Karriereseite hat sich für ihn schon mehr als bezahlt gemacht, denn er bekommt immer wieder interessante Initiativbewerbungen auf den Tisch.

Letztendlich sollen die Inhalte Ihre potenziellen Bewerber ansprechen und diese sind je nachdem, in welcher Branche Ihr Unternehmen ist und für welche Bestandteile Sie sich für Ihr ULAKU entschieden haben, unterschiedlich. Manche Unternehmen nutzen eine eigene Karriereseite, losgelöst von ihrer normalen Unternehmens-Webseite, für die Präsentation ihrer Jobangebote. Egal, ob Sie eine Unterseite oder eine separate Seite für Ihre Jobangebote nutzen, hilft Ihnen oft ein einfaches Kontaktformular, das der Bewerber schnell ausfüllen kann, damit Ihr Unternehmen mehr Bewerber generiert. Machen Sie es Ihren zukünftigen Mitarbeitern einfach, sich bei Ihnen zu bewerben und bauen Sie künstliche Hürden ab. Sie werden dann im Laufe des Einstellungsprozesses sowieso alle notwendigen Unterlagen vom Bewerber erhalten und Ihre Karriereseite soll eben nur den ersten Kontakt möglichst einfach machen.

Zu diesem Thema habe ich auch sehr viel von der Franchise-Branche gelernt. Da die meisten Franchise-Unternehmen permanent neue Franchise-Nehmer suchen, haben viele Franchise-Geber den Prozess der Kandidatensuche stark optimiert und sehr oft professionell und ansprechend gestaltet. Auch wenn es sich beim Franchising um die Suche nach selbstständigen Unternehmern handelt, kann man von den verschiedenen Franchise-Gebern einiges lernen und Ideen für die eigene Karriere-Seite nutzen.

Andere dauerhafte Maßnahmen sind eine Unternehmensseite, die auch auf Bewerber ausgerichtet ist, auf Plattformen wie XING, Facebook oder anderen Portalen. Diese Seiten können dann auch dazu dienen, mögliche Bewerber mit einer passenden Verknüpfung auf Ihre Karriereseite zu bringen. Da der Trend immer stärker zur digitalen Bewerbung, zum Internet und zur mobilen Stellensuche geht, ist es unerlässlich, diese Medien entsprechend zu pflegen. Laut der aktuellen Studie Bewerbungspraxis 2015 verwenden 66,4 Prozent der Befragten Internet-Stellenbörsen, 37,9 Prozent Unternehmens-Webseiten und 36,5 Prozent Karrierenetzwerke für ihre aktive Stellensuche. Printmedien werden demnach immer weniger genutzt. 60 Prozent der Karriereinteressierten und Jobsuchenden begrüßen es, aktuelle Jobangebote per App durchstöbern zu können, das wiederum ermittelte die Accenture-Studie »Mobile Web Watch 2013«.

Aber auch außerhalb der digitalen Welt sind dauerhafte und bezahlbare Personalmarketing-Aktivitäten möglich. Von der professionellen Fahrzeug-Beklebung mit einem ansprechenden Slogan, einer Telefonnummer und einem QR-Code bis zum Hinweis im Warte- oder Sichtbereich Ihres Unternehmens. Manche unserer

Mandanten haben auch gute Erfahrungen damit gemacht, einen kleinen Hinweis auf ihrem Briefpapier zu vermerken, dass sie sich über eine Empfehlung für neue Mitarbeiter freuen. Auch eine interne Kampagne, »Mitarbeiter werben Mitarbeiter« kann Ihrem Unternehmen oftmals gute, neue Bewerber bringen. Der Vorteil ist, dass Sie über das persönliche Netzwerk der Mitarbeiter auch Bewerber bekommen können, die (noch) nicht aktiv auf der Suche sind und daher Ihre Stellenanzeigen gar nicht lesen würden.

Ob Sie Ihre Mitarbeiter in irgendeiner Weise für eine gute Empfehlung belohnen, liegt letztendlich in Ihrem eigenen Ermessen und hat auch etwas mit Ihrer Unternehmenskultur zu tun. Ich konnte bei meinen Mandanten keine signifikanten Unterschiede in der Anzahl der empfohlenen Bewerber durch Mitarbeiter feststellen, wenn es eine monetäre Belohnung oder einfach nur ein offizielles Dankeschön gab.

Natürlich sind zusätzlich zu den dauerhaften auch temporäre Personalmarketing-Maßnahmen nötig, um eine ausreichende Anzahl von Bewerbern zu erreichen. Diese Maßnahmen sollen meistens gezielt neue Bewerber für spezielle Bereiche des Unternehmens ansprechen. Abhängig vom Bewerber-Profil können hier unter anderem folgende Maßnahmen unternommen werden.

Diese Auflistung stellt, wie bereits erwähnt, nur eine mögliche Auswahl dar und hängt letztendlich immer vom Bewerberprofil, von dem zur Verfügung stehenden Budget, der Branche und der Region ab:

- Print- und Online-Anzeigen in den regionalen Tageszeitungen,
- Print- und Online-Anzeigen in regionalen Wochenblättern/Anzeigenblättern,
- ein separater Hinweis im eigenen Endkundenmarketing,
- Online-Anzeigen in spezialisierten Rekrutierungs-Plattformen wie zum Beispiel monster.de, stepstone.de, jobs.de usw.,
- Gezielte Jobanzeigen in sozialen Netzwerken wie XING, Linkedin usw.,
- Stellenanzeigen in spezialisierten Fach- und Branchenportalen, wie zum Beispiel ictjob.de für IT-Berufe oder hotelcareer.de für Stellen in Hotellerie und Tourismus,
- Anzeigen bei der Bundesanstalt für Arbeit,
- Print- und Online-Anzeigen in Fach- und Branchenzeitschriften,
- Messestände auf Bewerbermessen,
- Aktives Campus-Recruiting vor Ort zum Beispiel an Hochschulen oder Berufsschulen.

Die Vielzahl möglicher Instrumente sowie der Rückgang bei der Zahl geeigneter Bewerber haben den Aufwand, den ein Unternehmen betreiben muss, um die gesuchten Mitarbeiter zu gewinnen, in den letzten Jahren massiv erhöht. Noch vor einigen Jahren bestand die Aufgabe der Personalabteilung in erster Linie darin, die Anforderungen der Fachabteilung in eine Stellenanzeige umzuformulieren, diese bei der örtlichen Tageszeitung zu veröffentlichen und die eingehenden Bewerbungen vorzusortieren sowie die Bewerber einzuladen.

Heute müssen die eigene Homepage sowie diverse Social-Media-Kanäle gepflegt werden, Anzeigen in den unterschiedlichen jeweils geeigneten Print- und digitalen Medien und Portalen platziert werden. Dabei gilt es, die Wünsche der Abteilungen in jeweils geeignete Ansprachen in den verschiedenen Kanälen umzusetzen. Neben dem enorm gestiegenen Arbeitsaufwand sowie der Kosten durch die Vervielfältigung gehört entsprechendes technisches Know-how dazu und eine stetige Weiterbildung über die Entstehung neuer Kanäle und ihrer bestmöglichen Nutzung. Dazu kommt die Steuerung des Bewerbungsprozesses im Hause. Da die Erwartungshaltung an die Reaktionsgeschwindigkeiten stark gestiegen ist (vgl. auch oben), muss all dies schnell und mit aktiver Rückmeldung an die Bewerber geschehen. Rekrutierung ist damit kein »Generalistenjob« mehr.

Für viele kleine und mittelständische Unternehmen würde es einen enorm gestiegenen Personalaufwand bedeuten, das alles im eigenen Unternehmen zu realisieren. Daher ist es durchaus eine Überlegung wert, externe Personalberatungen und -Vermittler unterstützend hinzuzuziehen. Diese haben den Vorteil, dass sie den Markt besser kennen und überblicken, häufig über einen eigenen Kandidatenpool verfügen sowie im Zweifelsfall auch geeignete Kandidaten in anderen Unternehmen direkt ansprechen können. Die Vermittlungskosten für einen Bewerber sind hoch, wenn man dem allerdings die Kosten gegenüberstellt, die entstehen, wenn all dies intern geleistet werden soll, sind sie dennoch häufig eine lohnende Alternative. Insbesondere in Bereichen, in denen mit herkömmlichen Methoden gar keine Bewerber mehr zu bekommen sind. Einige Dienstleister in diesem Bereich, wie zum Beispiel die QRC Group AG, gehen bei der aktiven Personalsuche für ihre Mandanten den Weg über eigene Branchenspezialisten, die nicht nur über wichtiges Branchenwissen, sondern auch über ein langjähriges Netzwerk in der jeweiligen Branche verfügen.

Egal, für welche Maßnahmen Sie sich entscheiden, wichtig ist immer, dass alle diese Maßnahmen aufeinander abgestimmt sein sollten und deren Ergebnisse regelmäßig überprüft werden. Die Ergebnismessung ist wesentlich, um über zukünftige Maßnahmen zu entscheiden und somit den besten Kosten-Nutzeneffekt zu erreichen. Auch dies ist ähnlich wie im Endkunden-Marketing und oftmals ist es notwendig, verschiedene Wege zu gehen, um so herauszufinden, was am sinnvollsten ist.

Wesentlich ist auch, dass die notwendigen zeitlichen und personellen Ressourcen zu Verfügung stehen, damit das Bewerbermanagement dann effektiv gestaltet werden kann. Nicht zu vergessen ist, dass Sie vor dem Start der einzelnen Kampagnen auch immer alle bestehenden Mitarbeiter in Ihrem Unternehmen informieren und diese so auch sensibilisieren sollten.

4.1.2 Orientierung und Eingliederung von neuen Mitarbeitern und Führungskräften

Wenn Menschen eine junge Pflanze oder einen jungen Baum einpflanzen, ist es für sie selbstverständlich, das dafür gesorgt wird, dass die Pflanze am richtigen Ort steht, die Erde frisch und mit vielen Nährstoffen versorgt ist und dass der Setzling auch regelmäßig genügend Sonne und Wasser bekommt. Der gute Hobbygärtner hat sich zudem im Vorfeld erkundigt, wie viel Sonne und Wasser für den Setzling sinnvoll sind, damit er sich auch wirklich gut entwickelt und ein starker und widerstandsfähiger Baum wird.

Wenn ich auf der anderen Seite bei Unternehmen immer wieder feststellen muss, dass ein neuer Mitarbeiter eher wie eine unerwünschte Pflanze, ja fast wie »Unkraut«, behandelt wird, verwundert mich das immer. Wenn dann auch noch von den gleichen Unternehmen moniert wird, dass sich die neuen Mitarbeiter nicht gut eingefunden haben, nicht richtig motiviert sind und unselbstständig arbeiten, dann bin ich sogar sprachlos.

Einerseits beklagen sich viele Unternehmen, dass es so schwierig ist, gute Mitarbeiter zu bekommen, andererseits gehen sie mit den wenigen guten Bewerbern dann so unbesonnen um. Mir ist natürlich bewusst, dass dies in den wenigsten Fällen vorsätzlich so gemacht wird. Meist bleibt im operativen Geschäft wenig Zeit und es gibt so viele andere wichtige Themen, so dass man froh ist, einen neuen Mitarbeiter gefunden zu haben und das Thema damit gedanklich erst mal von der Agenda streicht.

Christian hat in den letzten Jahren rund 150 Mitarbeiter neu eingestellt, ohne einen schriftlich festgelegten Plan für deren Einarbeitung zu haben. Dies führt täglich zu Missverständnissen und Fragen. Die neuen Mitarbeiter suchen nach Informationen, machen aus Unwissenheit Fehler oder treten ins Fettnäpfchen. Das sorgt für Verunsicherung und Frustration bei den neuen Mitarbeitern, aber auch für Zusatzarbeit und Ungeduld bei den bestehenden Mitarbeitern.

Die Erfahrung aller meiner Mandanten hat gezeigt, dass es sich wirklich lohnt, in eine sorgfältige Orientierung und eine strukturierte Grundausbildung der neuen Mitarbeiter und Führungskräfte zu investieren. Wenn Sie dies tun, werden Sie nachfolgende Ziele in Ihrem Unternehmen mit hoher Wahrscheinlichkeit erreichen können:

- schnelle Integration der neuen Mitarbeiter und Führungskräfte in die Gesamtorganisation,
- Einführung in alle Systeme, Prozesse, Aufgaben, Bereiche, Dienstleistungen, Rechte und Pflichten, Ausbildungsbestandteile, Fach- und IT-Wissen,
- schnelle Identifikation mit Ihrem Unternehmen und dessen Mitarbeitern,
- klare Erst-Prägung der neuen Mitarbeiter und Führungskräfte auf die wesentlichen Ziele Ihres Unternehmens,
- Aufbau einer starken Bindung zu den neuen Mitarbeitern.

Zunächst ist der erste Arbeitstag klar zu strukturieren, um die richtige »Erst-Prägung« zu erreichen. Für diese Erst-Prägung gibt es, wie der Name schon sagt, keine zweite Gelegenheit. Wenn ich auf Vorträgen und Seminaren die Frage stelle: »Wer kann sich noch an den ersten Arbeitstag bei seinem aktuellen Arbeitgeber, oder sogar bei vorherigen Arbeitgebern, erinnern?« bekomme ich von der überwiegenden Zahl der Teilnehmer eine positive Rückmeldung.

Der erste Arbeitstag ist nämlich so wichtig und einprägsam, da wir als neuer Mitarbeiter mit einer hohen Erwartungshaltung und »allen Antennen auf Empfang« ins neue Unternehmen kommen. Alles, was uns dann wiederfährt, nehmen wir besonders intensiv auf und daher bleibt uns dieser Tag besonders klar und deutlich im Gedächtnis haften.

> **Praxistipp:**
>
> Der erste Arbeitstag in einem Unternehmen prägt jeden Menschen für sehr lange Zeit und bleibt ihm ewig im Gedächtnis. Überlassen Sie diese Erst-Prägung nicht dem Zufall.

Sie können sich diese Tatsache zu Nutze machen und diesen ersten Arbeitstag Ihrer neuen Mitarbeiter sinnvoll und klar strukturiert durchführen, um eine erfolgreiche Erst-Prägung zu erreichen. Verantwortlich für die Betreuung des neuen Mitarbeiters und die Organisation am ersten Arbeitstag ist seine direkte Führungskraft. Falls eine Personalentwicklungsabteilung im Unternehmen vorhanden ist, kann diese die Führungskraft unterstützen.

Folgende wesentliche Elemente könnte der erste Arbeitstag beinhalten:

- ein kurzes persönliches Gespräch mit der Geschäftsführung über die Vision, die Ziele und die Werte des Unternehmens,
- Rechte, Pflichten und allgemeine Prozesse,
- die Ziele, die Aufgaben und die Stellenbeschreibung,
- das Mitarbeiterhandbuch.

Hier sehen Sie eine beispielhafte detaillierte Checkliste, die Sie auch auf meiner Webseite www.mitarbeiter-im-fokus.de als PDF zum Download finden.

Beispiel Checkliste für den ersten Arbeitstag:

- Namensschild zur Begrüßung des neuen Mitarbeiters
- Willkommensbrief
- Vorstellungsrunde bei den Kollegen/Innen
- Rundgang durchs Unternehmen
- Mitarbeiter-Handbuch
- Empfangsbestätigung für das Mitarbeiter-Handbuch
- Besprechung und Zusammenfassung des Handbuches

- Besprechung der Leistungen für die Mitarbeiter
  - Bonus oder Sonderzahlungen
  - Firmenfahrzeuge
  - Urlaub
  - Freizeit
  - Ausbildung
  - Vergünstigungen wie zum Beispiel freie Getränke, Kaffee etc.
- Aufgabe: Verfassen Sie Ihre Stellenbeschreibung
- Besprechung der Stellenbeschreibung
- Einführung am Arbeitsplatz
- Einführung in die IT-Systeme
- Besprechung der Arbeitsplatz-Spielregeln
  - Arbeitsplatz
  - Arbeitszeiten und Pausenregelungen
  - Kleiderordnung
  - Parkmöglichkeiten
  - Zugang, Schlüssel, Codekarten
  - Garderobe
  - Persönliche Gegenstände
  - Nebenbeschäftigungen
- Aufgabe: Erarbeiten einer Lösung für ein Thema aus dem neuen Arbeitsbereich des Mitarbeiters
- Besprechung dieser Aufgabe
- Besprechung des Budgets
- Besprechung der Grundausbildung und der Einarbeitung

Wie Sie der Auflistung entnehmen können, erwähne ich dort ein Mitarbeiter-Handbuch. Die Idee eines Handbuches für Mitarbeiter entstand aus einer Kombination von eigenen Erfahrungen und dem Lernen von anderen Branchen. Es erfüllt mehrere Zwecke, darunter die erleichterte und standardisierte Einarbeitung neuer Mitarbeiter. Der Nutzen ist in allen Branchen sehr hoch.

Perfektioniert hat das Thema Handbuch für fast alle Bereiche eines Unternehmens und dessen Prozesse sicherlich die Franchise-Branche. Da im Franchising das sogenannte Systemhandbuch alle wesentliche Abläufe, Prozesse und erfolgsrelevante Elemente dokumentiert und damit dem neuen Franchisenehmer zur Verfügung stellt, erfüllt es eine der wesentlichen Grundlagen aus dem Vertragsverhältnis zwischen dem Systemgeber und dem Franchisenehmer. Das Franchise-Handbuch ist somit der Wegbegleiter eines jeden neuen Franchisenehmers und kann natürlich sowohl in gedruckter Form als auch als Online-Handbuch genutzt werden.

Selbstverständlich müssen Sie nicht Ihr komplettes Unternehmenswissen in einem solchen Mitarbeiter-Handbuch verewigen, jedoch kann es ausgesprochen sinnvoll sein, die wesentlichen und relevanten Themen für Ihre Mitarbeiter so aufzubereiten und damit für gleiche Standards und Abläufe in Ihrem Unternehmen zu sorgen.

Die Inhalte und der Umfang eines solchen Mitarbeiter-Handbuchs können sich schrittweise entwickeln und es kann unter anderem folgende Bereiche beinhalten:

- Ihr Unternehmen im Überblick,
- Ihre Produkte und Dienstleistungen und Ihre Alleinstellungsmerkmale,
- Ihre Kunden,
- Ihre Organisationsstrukturen, Funktionsbereiche und verantwortliche Personen und Ansprechpartner,
- Arbeits- und Sozialordnung mit Rechten und Pflichten,
- Verhalten und Auftreten,
- allgemeine Regelungen, wie Arbeits- und Pausenzeiten, Urlaub, Internetnutzung und Umgang mit sozialen Medien, Verhalten bei Abwesenheiten,
- Marketing, Social Media und interne Kommunikation,
- Weiterbildungskonzept und persönliche Ausbildungsplanung,
- wesentliche IT-Systeme.

Die meisten dieser Themen sind sicherlich in Ihrem Unternehmen geregelt bzw. es gibt Verfahrensanweisungen oder interne Mitteilungen. Gerade in kleineren Unternehmen, die nicht über ein Qualitätsmanagement verfügen, sind viele der Themen aber auch nicht schriftlich geregelt und stehen für alle trotzdem als Unternehmensstandard fest. Die Erfahrungen innerhalb meiner Mandantschaft zeigen, dass die Vorteile, diese in einem Mitarbeiter-Handbuch zusammenzutragen und regelmäßig auf den neusten Stand zu bringen, größer sind als der Aufwand, das Handbuch zu entwickeln und zu pflegen.

> **Praxistipp:**
>
> Fassen Sie alle relevanten Prozesse und Abläufe in einem Mitarbeiter-Handbuch zusammen und ersparen Sie sich damit viel Zeit und Fehler.

Im nächsten Schritt sollte im Rahmen der Einarbeitung auch eine detaillierte Orientierung der neuen Mitarbeiter stattfinden. Wie oft diese oftmals mehrtägige interne Veranstaltung stattfindet, hängt letztendlich vom Wachstumstempo und der Anzahl der neuen Mitarbeiter im Unternehmen ab.

Sinnvollerweise sollte eine Orientierungsveranstaltung zwischen zwei- bis viermal jährlich sein. Dies dient zum einen dazu, dass auch ausreichend Teilnehmer zur Verfügung stehen und zum anderen hilft es natürlich, die Expansionsplanung zu unterstützen. Da die meisten Unternehmen auch davon ausgehen müssen, dass es in der Zukunft üblicher sein wird, nach nur wenigen Jahren den Arbeitgeber zu wechseln, wird dies die Anzahl der neuen Mitarbeiter, die ins Unternehmen einzuführen sind, sicherlich nochmals erhöhen.

Sollte Ihr Unternehmen aus mehreren Filialen bestehen, empfiehlt es sich natürlich, diese Veranstaltung zentral für alle Standorte durchzuführen. Wenn wir wieder einen Blick in die Franchise-Branche werfen, werden Sie feststellen, dass es durchaus üblich ist, dass alle neuen Partner und deren Mitarbeiter zentral auf das neue Geschäft eingeschult werden.

Diese Unternehmens-Orientierung sollte mindestens aus nachfolgenden Grundmodulen bestehen:

Ihr Unternehmen und:

- Geschichte und Entwicklung,
- Vision und Unternehmensziele,
- Firmen-Leitbild,
- Angebotsstruktur, Produkte und Dienstleistungen,
- Qualitätsstandards, Aufgaben, Rechte und Pflichten,
- Marketing, Social Media und interne Kommunikation,
- Ausbildungskonzept und Karriereperspektiven,
- Organisationstrukturen, Funktionsbereiche und verantwortliche Personen und Ansprechpartner,
- wesentliche IT-Systeme.

Diese Unternehmens-Orientierung sollte für alle neuen Mitarbeiter und neuen Führungskräfte verpflichtend sein und sollte durch die verschiedenen Bereichsleitungen Ihres Unternehmens durchgeführt werden. Die Inhalte sollten regelmäßig auf dem Laufenden gehalten werden und die einzelnen unternehmensinternen Referenten auf die Aufgabe vorbereitet werden.

Sehr wichtig ist, dass die ersten drei oben genannten Themen durch die Geschäftsleitung durchgeführt werden, wobei die anderen Themen durch die jeweiligen Fachbereiche abgedeckt werden können. Außerdem empfehle ich auch ein gemeinsames Mittag-oder Abendessen mit der Geschäftsleitung, um auch eine soziale Bindung herzustellen und die Identifikation mit Ihrem Unternehmen zu erreichen.

Dieser erste Teil der Unternehmens-Orientierung sollte für alle neuen Mitarbeiter konzipiert sein und gibt diesen einen allgemeinen Gesamtüberblick über alle wesentlichen Themen Ihres Unternehmens. Im Anschluss ist dann sinnvoll, dass die einzelnen Mitarbeiter, die die gleiche Funktion bekleiden werden, noch individuell in weitere Bereiche ihres zukünftigen Arbeitsfeldes eingeführt werden. Diese Aufgabe hat dann die jeweilige verantwortliche Führungskraft. Themen für die individuelle Orientierung können sein:

- spezielle IT-Ausbildung,
- spezielle Fachthemen,
- bereichsbezogene Dokumentationsthemen,
- interne Abläufe wie Urlaubsplanung, Sicherheitsstandards etc.,
- persönliche Zeit- und Einsatzplanung,
- persönliche Einarbeitungs- und persönliche Ausbildungsplanung.

Natürlich wäre es optimal, wenn Sie es in Ihrem Unternehmen so organisieren können, dass nach dem ersten Arbeitstag direkt die Unternehmensorientierung stattfindet oder Sie die beiden Elemente sogar zusammenführen können. Dies würde zu optimalen Startbedingungen für Ihre neuen Mitarbeiter und Führungskräfte führen. Aus diesem Grund haben einige unserer Mandanten mittlerweile alle zwei Monate eine zweitägige Unternehmens-Orientierung immer beginnend am Anfang des Monats für alle neuen Mitarbeiter. Es sind sogenannte Starttermine und es werden neue Mitarbeiter auch nur zu diesen Terminen ins Unternehmen eingeführt.

Zunächst hatten einige Mandanten stark damit gehadert, da es doch jeweils zwei Tage für die verschiedenen Bereiche des Unternehmens an Zeit und Aufwand bedeutet. Es hat sich dann aber in der Praxis herausgestellt, dass die neuen Mitarbeiter, die die Unternehmens-Orientierung durchlaufen haben, anschließend wesentlich weniger Fragen an die verschiedenen Bereiche des Unternehmens hatten und viel schneller selbstständig ihren Arbeitsbereich erfüllen konnten. Auch die Fehlerquote konnte stark reduziert worden und die Quote der Ausscheider in der Probezeit wurde ebenfalls signifikant verringert.

> **Praxistipp:**
>
> Behandeln Sie Ihren neuen Mitarbeiter wie einen wertvollen Setzling und sorgen Sie durch eine professionelle Unternehmens-Orientierung, dass er sich optimal in Ihrem Unternehmen entwickeln und wachsen kann.

4.1.3 Einarbeitung und Grundausbildung von neuen Mitarbeitern und Führungskräften

Nach der Teilnahme an der Unternehmens-Orientierung geht es nun darum, den neuen Mitarbeiter bezüglich seiner bisherigen Qualifikation sinnvoll einzustufen. Diese Grundeinstufung sollte bereits innerhalb der Orientierung während des individuellen Teils stattfinden.

Im Wesentlichen ist hierbei die bestehende Funktionsbeschreibung bzw. Stellenbeschreibung mit den jeweiligen Anforderungen in fachlicher Hinsicht mit den bestehenden fachlichen Fähigkeiten des neuen Mitarbeiters zu betrachten und die jeweiligen Defizite zu identifizieren. Dies bezieht sich sowohl auf den Bereich IT, Fachwissen und Produktwissen als auch auf sonstige Kenntnisse wie wesentliche Themen im Bereich Fähigkeiten und Fertigkeiten, die der Mitarbeiter für die Erfüllung seiner Aufgaben und Erreichung seiner Ziele benötigt.

Auf Basis dieser Analyse wird mit dem neuen Mitarbeiter ein konkreter Einarbeitungs- und Ausbildungsplan für die ersten drei bis sechs Monate erstellt. Ein solcher Einarbeitungsplan besteht im Wesentlichen aus nachfolgenden Elementen:

- allgemeine Ziele für die Einarbeitungsphase,
- wichtige Hinweise für die Führungskraft,
- Gesamtübersicht mit folgender Gliederung:
  - zu erlernende Aufgaben,
  - notwendiges Training und Einweisungen,
  - Verantwortlichkeit,
  - Zeitrahmen, bis die Aufgabe erfüllt sein soll.

Die allgemeinen Ziele für die Einarbeitungsphase sind im Detail folgende:

- Der neue Mitarbeiter soll lernen, die ihm übertragenen Aufgaben selbstständig und erfolgreich zu erledigen.
- Rekrutierungsfehler können rechtzeitig erkannt und behoben werden.
- Gute Arbeitsgewohnheiten können etabliert und schlechte Arbeitsgewohnheiten frühzeitig erkannt werden.

Folgende wichtige Hinweise für die Führungskraft sind sinnvoll und sollten unbedingt eingehalten werden, damit die Einarbeitung erfolgreich verläuft:

1. Legen Sie den Zeitpunkt fest, bis wann die Aufgabe erlernt werden soll. Besprechen Sie die Vorgehensweise für weiteres Training und Möglichkeiten der persönlichen Entwicklung.
2. Definieren Sie die Ergebnisse, die Sie erwarten.
3. Wählen Sie geeignete Verantwortungsbereiche aus und legen Sie diese fest. Welche Kenntnisse müssen vermittelt werden, damit die festgelegten Ergebnisse erzielt werden können?
4. Nehmen Sie sich während der ersten drei Monate täglich etwa 5 Minuten (egal ob persönlich oder telefonisch) Zeit, um folgende Fragen zu klären:
   a) Wie war es gestern?
   b) Was haben Sie heute vor?
   c) Was haben Sie gelernt?
   d) Haben Sie noch Fragen?
5. Vereinbaren Sie einmal in der Woche ein persönliches Mitarbeitergespräch. Dauer ca. 30 Minuten.

Der Einarbeitungsplan sollte dann in Wochen aufgeteilt werden und folgende Bereiche genau definiert, mit dem neuen Mitarbeiter besprochen und ihm ausgehändigt werden.

- Auflistung der detaillierten Ziele für die Woche,
- Aufgaben für die Woche, die sich aus den Zielen ableiten lassen,
- Ergebnisse, die erreicht werden sollen und die beide Seiten erwarten,
- benötigter zeitlicher Aufwand der einzelnen Aufgaben.

Dieser Einarbeitungsplan sollte mit dem neuen Mitarbeiter detailliert durchgesprochen und ihm dann in Kopie ausgehändigt werden.

Nach 90 Tagen sollte die Führungskraft dann einen ausführlichen Termin mit seinem neuen Mitarbeiter durchführen. Ziele dieses Termins sind:

- korrigierend einzugreifen, sollte es in den ersten Monaten zu Fehlentwicklungen gekommen sein,
- unterstützend einzugreifen, falls es noch Unklarheiten und Unsicherheiten geben sollte,
- lobend den neuen Mitarbeiter in seiner positiven Entwicklung zu bestärken und ihn weiterhin zu fördern.
- Weiterhin ist es auch immer wieder notwendig, die Umsetzung der neu erlernten Fähigkeiten zu prüfen und mögliche elementare Elemente sukzessive zu wiederholen und zu vertiefen.

Der zweite Bereich der Grundausbildung besteht aus den notwendigen Trainingseinheiten, die der Mitarbeiter während seiner Einarbeitungsphase besuchen sollte.

Oftmals besteht bei vielen Unternehmen ein interner Konflikt zwischen zwei gegensätzlichen Ansichten. Einige Unternehmen scheuen sich, Zeit und Geld in die Ausbildung und in Trainings während der Probezeit eines neuen Mitarbeiters zu investieren, da sie sich noch nicht sicher sind, ob sie den Mitarbeiter langfristig ins Unternehmen übernehmen wollen. Dies ist selbstverständlich sehr wohl nachzuvollziehen und auf den ersten Blick betriebswirtschaftlich sinnvoll gedacht.

Andere Unternehmen hingegen sind der Meinung, dass der neue Mitarbeiter es sehr schwer haben wird, erfolgreich seine Aufgaben im Unternehmen zu erledigen und seine gesetzten Ziele zu erreichen, wenn er nicht trainiert wird. Dies kostet natürlich erst einmal mehr Zeit und Geld, doch die Wahrscheinlichkeit, dass der Mitarbeiter sich erfolgreich in Ihr Unternehmen integriert und Sie ihn gerne übernehmen wollen, erhöht sich um ein Vielfaches. Beide Seiten und Ansichten sind nachvollziehbar und haben natürlich ihre Berechtigung. Ich habe in den letzten Jahren eine Art Zwischenlösung kreiert, die sich gut in der Praxis umsetzen lässt und die den Großteil beider Ansichten miteinander verbindet.

Ein Teil der Kosten für die Ausbildung und das Training werden indirekt durch den neuen Mitarbeiter finanziert, da dieser in den ersten drei Monaten noch ein geringeres Gehalt bekommt, als sein Zielgehalt nach erfolgreicher Probezeit. Konkret heißt das, dass bereits im Einstellungsprozess dem neuen Mitarbeiter vorgestellt wird, welche Ausbildung und welches Training er in den ersten drei bis sechs Monaten in Ihrem Unternehmen erhalten wird und welche Investition in seine Person dies bedeutet. Aus diesem Grund bekommt er in den ersten drei Monaten ein etwas reduziertes Gehalt, dann ab dem vierten Monat eine weitere Annäherung an das Zielgehalt und ab dem siebten Monat sein Zielgehalt.

Manche unserer Mandanten geben dem neuen Mitarbeiter sogar etwas mehr Gehalt ab dem siebten Monat, als die Gehalts-Vorstellung des neuen Mitarbeiters war. Dies hat bei einigen Mitarbeitern zu einem echten Motivationsschub geführt und die Leistungsbereitschaft sichtbar erhöht. Die Unternehmen können dies deshalb machen, da sie wissen, dass sie den neuen Mitarbeiter eben nur dann übernehmen, wenn er sich in den ersten sechs Monaten in Richtung eines Leistungsträgers entwickelt hat.

Diese Regelung, wenn sie dem neuen Mitarbeiter nachvollziehbar im Einstellungsprozess erklärt wird und auch der Nutzen der Ausbildung und des Trainings vermittelt wird, funktioniert in der Praxis hervorragend. Sie haben damit einmal ein reduziertes finanzielles Risiko als Unternehmen und können mit den Minderkosten ein Teil der Ausbildungs- und Trainingskosten refinanzieren. Auf der anderen Seite können Sie dem neuen Mitarbeiter eine gute Ausbildung und Training zukommen lassen und dies erhöht eben auch die Chance, dass er sich erfolgreich in seine Aufgaben einarbeitet und Ihnen als erfolgreicher Mitarbeiter auch langfristig erhalten bleibt.

Die relevanten Trainings und Ausbildungsmodule, die der neue Mitarbeiter in seiner Einarbeitungsphase absolvieren sollte, beziehen sich sowohl auf den Bereich IT, Fachwissen und Produktwissen als auch sonstige Kenntnisse wie wesentliche Themen im Bereich Fähigkeiten und Fertigkeiten, die der Mitarbeiter für die Erfüllung seiner Aufgaben und Erreichung seiner Ziele benötigt.

Die Inhalte und Themen sind natürlich stark abhängig vom Arbeitsbereich des neuen Mitarbeiters und können daher stark variieren. Inwieweit Sie alle notwendigen Module intern oder diese mit Lieferanten und externen Diensteistern abdecken können, ist natürlich stark abhängig von der Größe und den personellen Ressourcen Ihres Unternehmens. Unabhängig davon, wie Sie das Thema lösen wollen, empfehle ich immer, bei der Nutzung von externen Dienstleistern, dass Sie diese durch einen Qualitätscheck im Vorfeld prüfen und darauf unbedingt achten, dass das vermittelte Wissen sowohl fachlich als auch inhaltlich zu Ihrer Unternehmenskultur und Ihren Unternehmensprozessen passt. Es darf in keiner Weise Ihren internen Vorgaben und Prozessen widersprechen, da es ansonsten bei den neuen Mitarbeitern zu Verwirrung und manchmal auch zur Orientierungslosigkeit führen kann.

In jedem Fall sollte die direkte Führungskraft nach jedem Trainingsbesuch ihres Mitarbeiters folgende Themen mit diesem direkt im Anschluss besprechen:

- Welche Inhalte hat der neue Mitarbeiter im Training aufgenommen?
- Was davon wird er in den nächsten Tagen konkret umsetzen?
- Welche offenen Fragen hat er noch zu den Inhalten?

Diese Gespräche nach den Trainingseinheiten sind sehr wichtig, damit sichergestellt wird, dass das erlernte Wissen auch in die Praxis umgesetzt wird und mögliche Missverständnisse frühzeitig erkannt und behoben werden können.

Die Einarbeitung und Entwicklung einer neuen Führungskraft ist von höchster Bedeutung, da diese letztendlich der wesentliche Kontaktpunkt und den ersten

Ansprechpartner für Ihre Mitarbeiter darstellen wird und darüber hinaus auch oftmals der operative Kontakt zum Kunden sein kann.

Nach dem Besuch der Unternehmens-Orientierung geht es nun darum, die neue Führungskraft bezüglich ihrer bisherigen Qualifikation sinnvoll einzustufen. Diese Grundeinstufung sollte ebenfalls bereits innerhalb der Orientierung stattfinden.

Außer der fachlichen Kompetenz, wie zum Beispiel:

- Budgetplanung und Budgetkontrolle,
- Kostenrechnung und Kostenstellen,
- Personalplanung,
- Organisation der gesamten Abteilung,
- Reporting und Controlling,
- Vertragswesen,
- IT-Systeme,

und der Erfahrung als Führungskraft sollte ein besonderes Augenmerk auf die notwendigen sogenannten weichen Führungsfähigkeiten gelegt werden.

Hierbei können unter anderen folgende Fähigkeiten- und Methodenkompetenzen eine wichtige Rolle spielen:

- Organisationsfähigkeit,
- Planungsfähigkeit,
- Delegationsfähigkeit,
- Kommunikationsfähigkeit,
- Führungsmethoden,
- Trainingsmethoden,
- professionelle Methoden für die Durchführung von Projekt-, Team- und Kundenmeetings,
- Methoden für die Durchführung von proaktiven Mitarbeitergesprächen,
- Konfliktlösungskompetenz,
- Methodenkompetenz im Bereich Verkaufs- und Verhandlungstechnik.

Oftmals haben Führungskräfte keine formale Ausbildung im Bereich Führung erhalten. Viele von ihnen wurden deshalb zur Führungskraft befördert, da sie in ihrem Fachbereich eine sehr gute Leistung gebracht haben. Ich erlebe immer wieder, dass der beste Verkäufer zum Verkaufsleiter, der beste Techniker zum technischen Leiter, der beste Facharbeiter zum Leiter der Fachabteilung befördert wird.

Ob nun der Beste seines Bereiches auch eine gute und effektive Führungskraft wird, stellt sich dann erst meist in der Praxis heraus.

Stefan kennt diese Situation nur zu gut. Seine besten Ingenieure hat er schon mehrfach zu Bereichsleitern befördert und sich dann gewundert, dass ihre Leistungen nachließen, sie den Spaß an der Arbeit verloren haben und das Unternehmen verließen. Warum nur?

Leider ist nicht jede gute Fachkraft für eine Führungsaufgabe geeignet, bzw. vorbereitet und dies kreiert dann eine große Menge an Problemen, für das Unternehmen und für die neue Führungskraft.

Manchmal werden diese Probleme auch noch verstärkt, da die Geschäftsleitung die gleichen Ergebnisse wie vorher als Facharbeiter oder Verkäufer erwartet und zusätzlich eben noch die Führungsarbeit und die neue Führungskraft auch keine zusätzliche Ausbildung für den Bereich Führung erhält.

Wenn die beförderte Führungskraft dann nach einigen Monaten feststellt, dass sie sich mit der zusätzlichen Arbeit als Führungskraft unwohl und unsicher fühlt, die Anzahl der Arbeitsstunden und der Verantwortung stark gewachsen ist, besteht ein großes Risiko für eine dauerhafte Unzufriedenheit. Deshalb sollte auch bei neuen Führungskräften, die in Ihr Unternehmen eintreten, sichergestellt werden, dass diese die notwendigen Fähigkeiten und Fertigkeiten besitzen oder sich möglichst schnell aneignen, damit sie ihre Führungsaufgabe auch aktiv annehmen und effektiv ausführen können. Weitere Details zu diesem Thema finden Sie auch im Kapitel Fachkarriere und Führungskarriere (Kap. 4.1.10).

4.1.4 Unternehmensstrukturen, interne Abläufe und Prozesse

Je nach Unternehmensgröße und -entwicklung ergeben sich im Lauf der Zeit durch Veränderungen innerhalb des Unternehmens, durch schnelles Wachstum, durch Veränderungen des Produkt- oder Angebotsumfanges, durch Veränderung der Kundengruppen oder durch andere Ursachen strukturelle Veränderungen. Diese Veränderungen führen meist eher schleichend zu einer Veränderung von Zuständigkeiten und Verantwortungsbereichen. Speziell bei kleineren Organisationen stelle ich immer wieder fest, dass die Strukturen zwar in den Köpfen der verantwortlichen Unternehmenslenker und manchmal auch bei den Führungskräften vorhanden sind, aber nicht klar an die Mitarbeiter kommuniziert werden.

Bei Organisationen wie der von Christian, die in kürzester Zeit rasch gewachsen sind, ist dies sehr häufig der Fall.

Manchmal bemerken die Unternehmensleitung und ich bei einer genauen Analyse, dass unterschiedliche Vorstellung bestehen und dies führt natürlich immer wieder zu Irritationen und Missverständnissen, die Unzufriedenheit und Fehler zur Folge haben. Oftmals wird dann von den Mitarbeitern von mangelnder Kommunikation gesprochen und sie fühlen sich nicht gut und ausreichend informiert.

In diesem Fall ist es wichtig, das Thema als wesentliches Element im Mitarbeiter-Marketing aufzugreifen und der Unzufriedenheit aktiv entgegenzuwirken.

Folgende Themen fallen darunter:

- klar strukturiertes Organigramm mit Zuständigkeiten,
- klare Funktionsbeschreibungen der einzelnen Mitarbeiter,
- wichtige interne Prozesse und Abläufe.

Auch wenn es sich um eine kleine Organisation oder Firma handelt, ist es wichtig, die Zuständigkeiten und Verantwortlichkeiten in einem Organigramm schriftlich festzuhalten und den Mitarbeitern zugänglich zu machen. Es mag zwar der Unternehmensleitung nicht wichtig sein, den Mitarbeitern jedoch schon. Oftmals findet dies in kleineren Organisationen nicht statt, da viele der Mitarbeiter mehrere Funktionen besetzen. Ich verwende daher lieber die Bezeichnung Funktionsbeschreibung oder Verantwortungsbereich, als den Begriff Stellenbeschreibung. Dies entstand aus der Erfahrung, dass in wachsenden Unternehmen Mitarbeiter oftmals mehrere Funktionen erfüllen, die aber im Laufe der Zeit an neue Mitarbeiter abgegeben werden. Damit man nicht permanent alles ändern muss, ist es daher einfacher, Funktionen oder Verantwortungsbereiche zu definieren, die eher stabil bleiben.

Die klassische Stellenbeschreibung geht oftmals von der Person aus und beschreibt, was dieser Mitarbeiter alles an Aufgaben hat. Wenn aber dieser Mitarbeiter geht, ist es manchmal schwierig, wieder jemanden zu finden, der alle diese Aufgaben in sich vereinen kann.

Um dies noch klarer zu machen, können wir Carolins IT-Unternehmen heranziehen. Carolin und Frank haben letztes Jahr eine neue Niederlassung eröffnet. Der Niederlassungsleiter begann, diese gemeinsam mit einem Mitarbeiter im kaufmännischen Bereich und einen Servicetechniker zu führen. Zu Beginn erfüllten die drei Personen aber nicht nur ihre klassische Funktion, sondern bedienten auch das Telefon, kümmerten sich um Kundenaufträge, akquirierten gemeinsam neue Kunden und schrieben Angebote. Das heißt, sie erfüllten die Funktionen und Verantwortungsbereiche von vielleicht acht bis zehn Personen. Wenn man jetzt eine Stellenbeschreibung für diesen Niederlassungsleiter schreiben würde, wäre diese nicht nur sehr ausführlich und lang, sondern würde nur die momentane temporäre Situation widerspiegeln.

Sie würde sich dann also permanent ändern, sobald ein neuer Mitarbeiter in der Niederlassung hinzukommt und Aufgaben des Niederlassungsleiters übernimmt. Wenn man jedoch die acht bis zehn Funktionsbeschreibungen für die Niederlassung einmal erstellt und diese sozusagen temporär dem zuweist, der sie gerade erfüllt, kann man die Inhalte der Funktionsbeschreibungen beibehalten.

Sobald dann eben ein neuer Mitarbeiter gesucht wird, zum Beispiel im Vertrieb, könnte man die erstellte Funktionsbeschreibung für das Personalmarketing für den Einstellungs- und Einarbeitungsprozess verwenden, ohne sie erneut erstellen zu müssen. Sobald dann die Funktion durch den neuen Verkäufer bekleidet wird, kann diese beim Niederlassungsleiter wegfallen und er hat nur noch vier Funktionen.

Nach meiner Erfahrung wird das Thema Funktionsbeschreibung oder Stellenbeschreibung in vielen Unternehmen stark vernachlässigt. Ich habe schon Arbeitsverträge gesehen, in denen darauf hingewiesen wird, dass die Stellenbeschreibung nachgeliefert wird und dies ist nach mehreren Jahren nie geschehen. Oder man verlässt sich auf Berufsbeschreibungen von Verbänden oder Kammern, die dann zwar vorhanden sind, aber nicht auf den tatsächlichen Bedarf des Unternehmens zugeschnitten sind und auch nicht in der täglichen Praxis gelebt werden.

Manche Unternehmer von kleineren Unternehmen haben mir auch gesagt, dass sie keine Stellenbeschreibung möchten, weil sie Bedenken haben, dass der Mitarbeiter dann nur noch das als seine Aufgabe ansieht, was in seiner Stellenbeschreibung steht und nicht mehr bereit ist, auch andere Dinge im Unternehmen zu übernehmen.

Wer nun glaubt, dass dieses Nichtvorhandensein nur bei kleinen Unternehmen besteht, den muss ich leider enttäuschen. Auch bei größeren Unternehmen mit hunderten von Mitarbeitern gibt es vielleicht ein Dokument, das den Namen trägt, es entspricht aber oft nicht den gelebten Tatsachen.

Auf meine Frage, wie sie denn einen neuen Mitarbeiter suchen, wenn sie nicht wissen, was er denn genau im Unternehmen erledigen soll, kommen dann meist ausweichende Antworten. Natürlich gibt es Aufgabenbereiche, die eher einen eindeutigen Charakter haben, aber es hat sich doch in der Praxis gezeigt, dass jedes Unternehmen und seine Unternehmensführung ihre Besonderheiten haben und unterschiedliche Prioritäten setzen.

In meinen Vorträgen stelle ich an Führungskräfte oder Unternehmer oftmals folgende Frage: »Sie suchen einen neuen Assistenten oder Assistentin. Bitte schreiben Sie die fünf wichtigsten Aufgaben auf, die diese Person für Sie leisten soll.«

Was glauben Sie, was diese Fragen an Antworten bringt? Glauben Sie, dass alle die gleiche Erwartungshaltung an diese Person haben? Natürlich nicht. Wenn ich die Antworten von fünf Führungskräften aufgenommen haben, kommen meist mehr als 15 verschieden Themen zu Tage. Von »mir den Rücken freihalten« über »eigene Projekte abwickeln« bis »meine Kundentermine koordinieren« ist alles Mögliche dabei.

Dies muss jedoch so sein, da jede Führungskraft eben unterschiedliche Fähigkeiten und Präferenzen hat und deshalb eine unterschiedliche Erwartungshaltung an die Person haben wird. Jedoch suchen alle im Personalmarketing eine Assistenz der Geschäfts- oder Bereichsleitung und wundern sich dann, dass die Trefferquote sehr gering ist.

Nehmen wir ein Beispiel aus einem anderen Berufsfeld: Selbst bei vermeintlich eindeutigen Funktionen, wie einer Pharmazeutisch-Technischen Assistentin in einer Apotheke, kann es von Unternehmen zu Unternehmen wesentliche Unterschiede geben.

Abhängig davon, welche Antworten sie zum Beispiel auf folgende Fragen bekommen würden, würde sich die Funktionsbeschreibung ändern:

- Welche Kunden hat die Apotheke?
- Werden auch Krankenhäuser beliefert?
- Hat die Apotheke irgendwelche Spezialbereiche?
- Ist es ein kleines oder großes Team?
- Hat das Unternehmen mehrere Filialen und wird erwartet, dass ich auch in anderen Filialen mitarbeite?
- Wie viele Stunden pro Woche bin ich im Labor?

Diese und weitere Fragen können den tatsächlichen Arbeitsbereich stark beeinflussen und ziehen natürlich eine andere Funktionsbeschreibung nach sich, die genau zu diesem Unternehmen passt, die dann auch gelebt wird und auf die sich alle Bereiche im Unternehmen verlassen können.

Nachfolgende Elemente sollte eine Funktionsbeschreibung aus meiner Erfahrung beinhalten und ich empfehle, diese gemeinsam mit Ihrem Führungsteam zu erstellen. Sicherlich kann man sich auch externe Hilfe für ein solches Thema holen, jedoch sollte diese Unterstützung als Begleiter und Unterstützer genutzt werden. Die eigentliche Erstellung muss intern stattfinden, da die Funktionsbeschreibungen ansonsten nicht vollständig akzeptiert, gelebt und umgesetzt werden.

Mögliche Elemente einer Funktionsbeschreibung:

- Benennung der Funktion:
  Sollte ein Mitarbeiter nur eine Funktion im Unternehmen innehaben, dann ist dies auch seine offizielle Stellenbezeichnung. Also beispielsweise Fachmonteur Elektrotechnik oder Abteilungsleiter Logistik. Sollte der Mitarbeiter jedoch noch eine zweite oder dritte Funktion bekleiden, wird die Stellenbezeichnung gewählt, die er mehrheitlich ausfüllt oder die er langfristig als einzige Funktion ausüben wird.
- Einsatzbereich im Unternehmen:
  Hier wird beschrieben, welchem Teilbereich des Unternehmens diese Funktion zugewiesen ist. Dies kann beispielsweise auch eine geographische Zuordnung sein.
- Zuständige Führungskraft:
  Wer ist die direkte verantwortliche Führungskraft der Funktion? Mit wem führt der Mitarbeiter seine Mitarbeitergespräche und wer ist sein erster Ansprechpartner für alle seine Belange?
- Zielsetzung der Funktion: Am besten ist es, wenn diese Zielsetzung in einem Satz konkret formuliert wird und damit die Funktion eindeutig definiert. Dies schafft sehr viel Transparenz und verhindert Missverständnisse.

- Zugangsvoraussetzungen:
Die Zugangsvoraussetzungen definieren sogenannte Muss-Faktoren für die Funktion. Es gibt Berufsbereiche, die eine abgeschlossene fachliche Ausbildung oder eine Zertifizierung erfordern, ohne die man die Funktion nicht ausführen darf. Dies beginnt bei Themen wie einem speziellen Führerschein über ein einwandfreies Führungszeugnis bis hin zu einem mehrjährigen Studium mit Abschluss.
- Fachqualifikation:
Fachqualifikation kann ein Mitarbeiter bereits mitbringen oder er kann sie im Laufe seines Werdegangs erwerben. Natürlich sehen es die Unternehmen gerne, wenn diese bereits vorhanden sind, jedoch ändern sich mittlerweile viele Berufsbilder sehr schnell, so dass fachliche Kompetenzen kontinuierlich erworben oder erweitert werden müssen.
- Sonstige Qualifikation:
Darunter fallen Themen wie Berufs- und Branchenerfahrung, aber auch andere Qualifikationen, die notwendig sind, damit die Funktion erfolgreich ausgeführt werden kann.
- Persönliche Fähigkeiten:
Hier werden die wesentlichen Fähigkeiten und Fertigkeiten aufgelistet, die für diese Funktion notwendig sind. Dies können Themen sein wie zum Beispiel analytisches Denken und strukturiertes Arbeiten bis hin zu Organisations- und Planungskompetenz oder Führungsfähigkeiten.
- Aufgaben / Tätigkeiten:
In diesem Bereich folgen nun detailliert alle wichtigen Aufgaben und Tätigkeitsbereiche, die der Funktionsinhaber zu erfüllen hat. Es ist sinnvoll, diese detailliert aufzulisten und klar und eindeutig zu formulieren. Sicherlich kann auch noch der Satz »und alle Aufgaben, die im Rahmen der Unternehmensentwicklung notwendig sind« hinzugefügt werden, um den oben genannten Befürchtungen entgegenzuwirken, dass Mitarbeiter sonst ausschließlich die aufgelisteten Aufgaben erledigen.
- Entscheidungskompetenzen und Vollmacht:
Welche Dinge darf der Funktionsinhaber eigenständig entscheiden? Welche Beträge darf er ohne Genehmigung für das Unternehmen ausgeben? Welche Dokumente darf er eigenverantwortlich unterzeichnen?
- Schnittstellen:
Mit welchen Funktionen oder Abteilungen arbeitet der Funktionsinhaber zusammen?
- Vertretungsregelung:
Wer übernimmt bei Abwesenheit die Aufgaben und Verantwortlichkeiten des Funktionsinhabers? Wen muss er gegebenenfalls vertreten?

Letztendlich ist es immer wichtig, dass, wenn Sie sich dazu entscheiden und die Funktionsbeschreibungen in Ihrem Unternehmen neu aufsetzen, mit jedem einzelnen Mitarbeiter ein persönliches Gespräch geführt und seine Funktionsbeschreibung mit ihm durchgesprochen wird. Dies ist kein Thema für ein Gruppenmeeting, sondern definitiv ein Thema für ein Einzelgespräch zwischen direkter Führungskraft und Mitarbeiter. Falls es eine Personalentwicklungsabteilung in Ihrem Unternehmen gibt, sollte diese dabei unterstützen und gegebenenfalls die Führungskraft bei den Gesprächen begleiten.

> **Praxistipp:**
>
> Eine Funktionsbeschreibung ist dann ein effektives Führungsinstrument, wenn diese auf die individuellen Bedürfnisse des Unternehmens abgestimmt ist, gemeinsam mit dem Team entwickelt wurde und individuell mit jedem Mitarbeiter besprochen wurde.

Wichtige interne Prozesse und Abläufe werden oftmals dank Qualitäts-Management-Prozessen in vielen Unternehmen gut abgebildet. In den letzten Jahren haben viele Unternehmen ISO-Zertifizierungen erworben und die meisten internen Abläufe werden dadurch ordnungsgemäß und nachvollziehbar dokumentiert. Falls dies für Ihr Unternehmen nicht der Fall ist, heißt das nicht, dass man unbedingt seine Prozesse zertifizieren lassen muss, sondern vielmehr ist es wichtig, dass immer wieder vorkommende Prozesse und Abläufe einmal durchdacht werden und dann für alle Mitarbeiter nachvollziehbar dokumentiert werden sollten. Dies können so einfache Themen sein wie die Beantragungsverfahren von Urlaub, das Genehmigungsverfahren für notwendige Anschaffungen oder der Ablaufprozess, wie Interessenten- und Kundeninformationen gespeichert und im Unternehmen verteilt werden müssen.

Falls Sie solche Ablaufprozesse einführen wollen, muss dies nicht alles auf einmal geschehen, sondern kann auch sukzessive entwickelt werden, indem eine Person im Unternehmen als Sammelstelle dafür verantwortlich gemacht wird. An diese Person werden dann von allen Mitarbeiter die Themen weitergegeben, die immer wieder anfallen. Regelmäßig einmal pro Monat werden diese Themen dann im Führungskreis durchgesprochen und ein sinnvoller Ablaufprozess bestimmt. Dies dauert zwar etwas länger, ist jedoch neben dem Tagesgeschäft auch für kleinere Unternehmen umsetzbar.

Damit Sie im Laufe der Zeit keinen unübersichtlichen Wirrwarr an Dokumenten und Anweisungen haben und keiner im Unternehmen mehr nachvollziehen kann, welche Prozessbeschreibung die aktuellste ist und wo diese zu finden ist, empfehle ich Ihnen zu Beginn einige wichtige Voraussetzungen zu schaffen:

- Wie in einem Ordnersystem ist es sinnvoll, die einzelnen Prozesse von Anfang vorher definierten Unternehmensbereichen zuzuordnen.
- Dann sollten Sie ein System mit aussagekräftigen Schlagworten festlegen, die Sie jedem Prozess oder Dokument zuweisen. Das erleichtert es, das jeweilige Dokument später wiederzufinden.

- Außerdem ist es sinnvoll, Ihr System mit Versionsnummern und Datum zu versehen, damit ihr Team immer weiß, was der aktuelle Prozess ist.
- Wenn Sie die Prozesse digital verwalten, was mittlerweile fast alle Unternehmen machen, empfiehlt sich ein gemeinsamer Ordner, zu dem alle berechtigten Mitarbeiter Zugang haben, in dem aber nur eine verantwortliche Person etwas austauschen oder erneuern darf.
- Sie sollten Ihr Team dazu anhalten, die Dokumente immer nur aus dem gemeinsamen öffentlichen Ordner zu verwenden und niemals eine Version bei sich abspeichern. Dies verhindert, dass veraltete Prozesse und Dokumente im Umlauf sind.

Auch wenn das alles für Sie wie selbstverständlich klingt, möchte ich Ihnen dazu von einer Unterredung mit einem hochrangigen Manager eines internationalen deutschen Technologiekonzernes erzählen, den ich ganz gut kenne. Im Rahmen einer privaten Veranstaltung sind wir eher zufällig auf das Thema Personalentwicklung und die dazu notwendige Dokumentation wie Stellenbeschreibungen, Bewertungsbögen und Checklisten für Mitarbeitergespräche gekommen. Ich habe etwas darüber geklagt, dass viele kleine und mittelständische Unternehmen in diesem Bereich noch stark dem internationalen Standard hinterherhinken und die Investition in die Entwicklung Ihrer Mitarbeiter eher als Kosten denn als eine sinnvolle Investition sehen. Und dann habe ich ihm gesagt, dass ich ihn beneide, da er ja in seinem Unternehmen sicherlich einfachen Zugriff auf alle möglichen Dokumente und Prozesse haben und sich darum ja zum Glück nicht kümmern müsste. Er blickte mich eher überrascht an und sagte Folgendes zu mir: »Andreas, natürlich haben wir irgendwo bei uns im Intranet alle diese Dokumente. Leider ist es jedoch so, dass ich so viel Zeit benötige, die richtigen Dokumente zu finden, dass ich bzw. einer meiner Mitarbeiter sie lieber gleich selber neu erstellt.«

Sie können sich mein völlig verwundertes Gesicht vorstellen und auf meine erneute Nachfrage bekam ich die Antwort: »Wir haben kein transparentes System für unsere Verschlagwortung am Anfang im Konzern installiert und nun sind mehrere hunderttausend Dokumente in den Datenbanken und leider findet keiner das, was er wirklich braucht oder es ist eine veraltete Version.«

Dies war vor über zehn Jahren und ich habe mir dies für mein Unternehmen und meine Mandanten zu Herzen genommen. Sicherlich hat der Konzern dies mittlerweile geändert und ein verbessertes System eingeführt.

Ich bin ihm noch heute dankbar für dieses Gespräch und wie ein sehr guter Mandant und mittlerweile Freund immer gerne sagt: »Das Leben ist zu kurz, um alle Fehler selber zu machen.«

> **Praxistipp:**
>
> Ein Dokumenten- und Prozessmanagement braucht von Anfang an eine durchdachte Struktur und klare Spielregeln, damit es Ihrem Unternehmen langfristig wirklich von Nutzen ist.

4.1.5 Laufende Ausbildung in den Bereichen Produkt-, Fach- und IT- Kenntnisse

In den vergangenen Jahren konnte ich bei unseren Mandanten immer wieder feststellen, dass speziell im deutschsprachigen Raum die Bereiche Fach-, IT- und Produktausbildungen meist sehr gut organisiert und strukturiert sind. Bedingt durch unsere duale Ausbildung und die starke Präsenz von Kammern und Verbänden gibt es in Deutschland hier einen hohen Standard. Fachliche Zugangsvoraussetzungen zu den verschiedensten Berufsbereichen und ein hohes Selbstverständnis, was fachliche Qualität und Genauigkeit angeht, zeichnen viele Unternehmen aus. In vielen Branchen sind Zertifikate und Ausbildungsnachweise Grundvoraussetzung, um Dienstleistungen anbieten und durchführen zu dürfen. Auch verlangen Kundenunternehmen häufig den Nachweis von Lieferanten, dass die Mitarbeiter gewisse Zertifizierungen haben, damit sie überhaupt ein Angebot abgeben dürfen bzw. an einer Ausschreibung teilnehmen können.

Hinzu kommt, dass auch viele Lieferanten fachliche Ausbildungen für die Anwendungen ihrer Produkte anbieten, oftmals kostengünstig oder auch kostenfrei. Diese werden von den Unternehmen genutzt und sind in allen mir bekannten Unternehmen ein fester Bestandteil und eine Selbstverständlichkeit in der Mitarbeiterentwicklung. Meist wird diese Entwicklung von den Unternehmen sehr begrüßt und finanziell unterstützt, da sie oftmals die notwendige Voraussetzung für die Erbringung der eigenen Dienstleistungen darstellt.

Alle unsere fünf Freunde konnten diese Erfahrungen aus ihren unterschiedlichen Branchen bestätigen. Software-Schulungen und Produktschulungen gehören in allen Unternehmen zum Pflichtprogramm für die Mitarbeiter.

In den letzten Jahrzehnten ist zur klassischen Fachausbildung auch der Bereich IT als fester Bestandteile hinzugekommen. Firmeneigene Softwarelösungen, CRM-, ERP- und CMS-Systeme und auch Standardsoftware gehören heute in jedem Unternehmen dazu und die Ausbildung in diesen Bereichen wird zwar nicht immer mit Freude und Enthusiasmus von den Mitarbeitern besucht, doch keiner zweifelt an deren Notwendigkeit.

Sicherlich gibt es in manchen Bereichen immer Verbesserungspotenziale, was die Nutzung von Software anbelangt und sollten Sie mit diesem Bereich nicht zufrieden sein oder ein größeres Augenmerk auf diesen Bereich legen wollen, dann empfiehlt es sich, dies aktiv in Ihr Mitarbeiter-Marketing-Konzept zu integrieren und damit den Fokus stärker darauf zu lenken.

Zum Bereich Fachwissen zählen nach meiner Kategorisierung auch die Bereiche Sprachkenntnisse und interkulturelle Kenntnisse. Beides ist natürlich nur zu betrachten und in eine Konzeption zu integrieren, wenn auch ein Bedarf aufgrund von internationalen Kundenstrukturen oder internationalen Lieferanten vorhanden ist.

Falls dies nicht der Fall ist und Sie trotzdem Ihren Mitarbeitern einen regelmäßigen Sprachkurs in international häufig verwendeter Sprachen wie Englisch, Spanisch oder Chinesisch anbieten, kann dies Ihre Attraktivität als Arbeitgeber stark erhöhen und eventuell sogar die Voraussetzungen für Ihr Unternehmen schaffen, langfristig neue Märkte zu erschließen und neue Kundengruppen für Ihr Unternehmen zu gewinnen.

4.1.6 Laufende Ausbildung in den Bereichen Fertigkeiten und Fähigkeiten

Im Gegensatz zum gerade beschriebenen Bereich Fach-, Produkt- und IT-Wissen wird in sehr vielen deutschen Unternehmen die Entwicklung der Mitarbeiter in den Bereichen Fähigkeiten und Fertigkeiten eher stiefmütterlich behandelt. Folgende Äußerungen illustrieren die Haltung vieler Führungskräfte:

- »Der Mitarbeiter muss die Fähigkeiten und das Talent für den Job schon mitbringen, sonst kann er ihn eben nicht machen!«
- »Training in diesen Bereichen bringt doch sowieso nichts und ist doch eher als eine Belohnung zu sehen und zu Motivationszwecken.«
- »Ich habe das auch nicht gebraucht, habe es zu etwas gebracht und meine Mitarbeiter schaffen das auch so.«
- »Man ist eben entweder als Führungskraft oder als Verkäufer geboren, oder eben nicht.«
- »Führung lernt man nur durch eigene Erfahrungen, da hilft kein Training.«

Ich kann manche dieser Meinungen natürlich nachvollziehen und leider gibt es auch diverse Trainingsmaßnahmen, die wirklich nichts an der Verhaltensweise der Mitarbeiter verändert haben und deshalb eher als nutzlose Ausgabe denn als sinnvolle Investition zu sehen sind.

Matthias erzählte seinen Freunden am Abend von Seminarveranstaltungen, die den Charakter einer Kaffeefahrt hatten, von Trainern, denen ihr eigenes Ego wichtiger war als die Erfolge der Teilnehmer. Carolin wusste von Workshops zu berichten, bei denen die Teilnehmer vor der Gruppe bloßgestellt wurden.

Die fehlenden Qualitätsstandards in der Weiterbildungsbranche führen leider dazu, dass es viele semi-professionelle Anbieter und Angebote gibt und verunsichern Unternehmer bei der Suche nach hochwertiger, effektiver Weiterbildung.

Auf der anderen Seite beklagen sich die gleichen Menschen, die Weiterbildung im Bereich Fähigkeiten für nutzlos halten, darüber, dass ihre Mitarbeiter sich nicht schnell genug an neue Prozesse anpassen, Schwierigkeiten mit Veränderungen haben, zu wenig unternehmerisch denken und zu wenig Verantwortung übernehmen, keine Entscheidungen treffen und viele andere Dinge mehr. Dass jedoch genau die Methode Training diese Herausforderungen beheben kann, wird nicht in Erwägung gezogen, da die Meinung »Training funktioniert nicht« stark verbreitet ist.

Zusätzlich habe ich manchmal das Gefühl, dass, wenn Mitarbeiter sich um eine fachliche Weiterqualifikation bemühen, dies in den meisten Unternehmen wohlwollend und als sinnvoll angesehen wird und somit auch begrüßt und unterstützt wird. Will der Mitarbeiter sich jedoch im Bereich Fertigkeiten und Fähigkeiten, also zu Themen wie Führungsmethoden, Gesprächstechniken, Kommunikationsmethoden oder Eigenorganisation, auch People Skills genannt, weiterbilden, wird dies mancherorts als Eingeständnis für ein Defizit gewertet, weil er diese Fähigkeiten nicht schon von sich aus mitbringt. In vielen Unternehmen muss man sich komisch anschauen lassen, wenn man an seinen People Skills etwas verbessern will.

Aus diesen oben aufgeführten Gründen, und bevor wir uns mit den möglichen Themen für eine weiterführende Ausbildung beschäftigen, möchte ich erst einmal näher erläutern, welche Voraussetzung

- im Vorfeld einer Trainings-Maßnahme,
- während einer Trainings-Maßnahme und
- nach der Trainings-Maßnahme erfolgen müssen,

damit diese auch das gewünschte Ergebnis, sprich eine Veränderung der Verhaltensweise, bringen kann.

Grundsätzlich gilt ja, dass es die Verantwortung eines Mitarbeiters ist, die ihm übertragenen Ziele, Aufgaben und Tätigkeiten selbstständig, eigenverantwortlich und unabhängig im Sinne des Unternehmens erfolgreich umzusetzen und auszuführen.

Um dies für Ihr Unternehmen auch wirklich erreichen zu können, bedarf es eben außer der fachlichen auch der persönlichen Kompetenzen, also der sogenannten People Skills. Da sich die meisten Menschen jedoch eher schwertun, bestehende Verhaltens- und Arbeitsweisen zu ändern – da dies bedeutet, dass wir uns aus unserer gewohnten Komfortzone herausbewegen müssen –, müssen verschiedene Voraussetzungen im Vorfeld einer Trainingsmaßnahme geprüft und geklärt werden.

Voraussetzung für erfolgreiches Lernen

Speziell in den letzten 20 Jahren haben die Ergebnisse der modernen Hirnforschung enorm viel dazu beigetragen, Lernprozesse zu verstehen und entsprechend beeinflussen zu können. Herausragende Köpfe wie der Nobelpreisträger Eric Kandel oder auch andere Wissenschaftler (vgl. zum Beispiel Roth 2011, Spitzer 2009, Herrmann 2012) konnten, sehr vereinfacht zusammengefasst, nachweisen, dass bestimmte Voraussetzungen erfüllt sein müssen, um erfolgreiches Lernen zu ermöglichen.

Die Schritte zum erfolgreichen Lernen kann man vereinfacht so wie in Abbildung 4.2 darstellen.

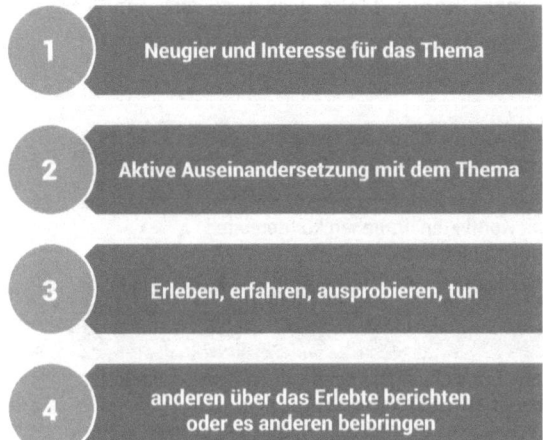

Abbildung 4.2: Die 4 Schritte des erfolgreichen Lernens

Dazu eine kleine Anekdote am Rande: Diese Ergebnisse haben uns, eine Gruppe von 15 Eltern, letztendlich auch dazu bewogen, im Jahre 2010 das Jenaplan-Gymnasium Nürnberg aus der Taufe zu heben und eben nach diesen Grundsätzen eine private Schule zu gründen. Wir waren davon überzeugt, dass Lernen und Schule so gestaltet werden können, dass Kindern nicht der natürliche Antrieb und die Freude am Lernen genommen wird, sondern dass ein Umfeld geschaffen wird, in dem sie sich selbst entwickeln können und ihre Talente gefördert werden. Es geht letztendlich darum, das Umfeld für die Kinder anders zu gestalten, als es eben in vielen Regelschulen heute noch üblich ist. Nach nunmehr fast sieben Jahren scheint es uns gelungen zu sein und vieles davon wurde im Jenaplan-Gymnasium umgesetzt. Heute können wir uns darüber freuen, dass der erste Abiturjahrgang 2016 erfolgreich das staatliche Bayrische Abitur abgelegt und bestanden hat.

Voraussetzungen für Training

Aber zurück zur Erwachsenenbildung:

Damit eine Trainingsmaßnahme überhaupt Sinn macht und die gewünschten Ergebnisse erzielen kann, müssen einige grundsätzliche Voraussetzungen vor dem Training geklärt werden.

Zunächst muss der erste Schritt des erfolgreichen Lernens, die Neugier bzw. das Interesse, vorhanden sein, da ansonsten die restlichen weiteren Schritte keinen Sinn machen werden.

Praxistipp:

Ohne Neugier oder Interesse wird kein Lernprozess erfolgreich in Gang gesetzt.

Die Voraussetzungen dafür finden Sie in Abbildung 4.3.

Wenn alle diese vier Voraussetzungen vor der Trainingsmaßnahme geprüft werden und gegeben sind, ist zu einem hohen Maße gesichert, dass ein Veränderungsprozess stattfinden wird. Oder anders gesagt, wenn diese erfüllt sind, wird der Mitarbeiter mit Interesse und Neugier zum Training kommen.

> **Die grundsätzliche Bereitschaft des Menschen zur Veränderung in einem spezifischen Bereich.**

z.B. Man möchte gerne sicherer mit Konflikten umgehen können oder selbstbewußter in ein Mitarbeitergespräch gehen

> **Der richtige Zeitpunkt für die Trainingsmaßnahme.**

Menschen durchlaufen verschiedene Entwicklungs-Phasen, auch Zyklen genannt, und sind nur zu gewissen Zeiten bereit etwas Neues aufzunehmen

> **Die richtigen Themen, für die der Mensch gerade offen ist.**

das Thema muss aktuell relevant sein

> **Der Mensch muss selbst entscheiden dürfen und freiwillig daran teilnehmen wollen.**

nur ein freiwilliger Teilnehmer bringt eine grundsätzliche Bereitschaft zur Weiterentwicklung mit

Abbildung 4.3: 4 Voraussetzungen für erfolgreiches People-Skills-Training

Wenn sie nicht gegeben sind, der Mitarbeiter also von jemandem zum Training »geschickt« wurde, besteht immer die Gefahr, dass er das Training nur »absitzt«. Und es ist dann auch egal, wie interessant und abwechslungsreich das Training ist oder wie innovativ das Trainingskonzept ist. Wenn der Mitarbeiter kein Interesse am Thema hat, wird er auch nichts davon für sich annehmen und es wird sich nichts verändern. Denn niemand kann uns gegen unseren eigenen Willen zwingen, uns zu verändern. Und wer selber eigene Kinder hat und erziehen darf, weiß noch besser, was ich damit meine.

Praxistipp:

Nur wir selber sind in der Lage, uns zu verbessern und zu verändern, niemand anderes kann dies für uns tun oder uns dazu gegen unseren eigenen Willen zwingen.

Es bedarf also in Ihrem Unternehmen eines Prozesses, der sicherstellt, dass die Mitarbeiter freiwillig auf das Training gehen wollen, da sich ansonsten oftmals nicht die gewünschten Veränderungen und Verbesserungen einstellen.

In den letzten 20 Jahren habe ich diesen Ansatz sehr pragmatisch in meinem Unternehmen und bei meinen Mandanten umgesetzt. Wir verlangen von jedem Mitarbeiter, dass er sich in irgendeiner Weise an den Ausgaben für das Training beteiligt. Dies kann in Form von einem kleinen Teil der Kosten, dem Einsatz eines Urlaubstages, der Verrechnung von Überstunden oder etwas Ähnlichem sein. Wesentlich hierbei ist nur, dass wir festgestellt haben, dass Menschen, die etwas von sich aus beitragen müssen, also selbst in sich investieren, dies nur dann tun, wenn die oberen vier Voraussetzungen gegeben sind.

Dies gilt natürlich, zumindest aus meiner Sicht, nur für die Maßnahmen, die den Mitarbeiter in seinen persönlichen Fähigkeiten weiterentwickeln und die er sozusagen für sein gesamtes weiteres Berufsleben mitnehmen kann. Und es ist auch sehr wichtig, dass der Mitarbeiter im Vorfeld die Gelegenheit bekommt, sich ausführlich und eingehend mit der geplanten Maßnahme auseinandersetzen zu können und somit selber einschätzen kann, ob er diese wirklich machen möchte.

Trainingsteilnahme

Wenn also die Voraussetzungen gegeben sind und der Mitarbeiter oder die Führungskraft an einem Training teilnimmt, egal ob dies intern oder extern stattfindet, sollte darauf geachtet werden, dass das Training die notwenigen Methodenkompetenzen vermittelt und dem Teilnehmer dabei hilft, sein Selbstvertrauen auf- oder auszubauen. Eine Veränderung oder Verbesserung nach dem Training wird nur dann stattfinden, wenn der Teilnehmer mit gestärktem Selbstvertrauen und mit einer »Ich kann das«-Einstellung wieder zurück in die Praxis kommt. Sinnvoll ist es in diesem Zusammenhang auch, dass das Training in kleineren Intervallen – also modularen Trainingseinheiten von ein bis maximal zwei Tagen – stattfindet, damit das Erlernte sofort nach dem Training in der Praxis umgesetzt werden kann. Wie schon oben in den vier Schritten zum natürlichen Lernen beschrieben, ist es von großer Bedeutung, dass der Mitarbeiter die Chance hat, möglichst direkt nach dem Training sein neu erworbenes Wissen und seine neu erworbenen Methoden zu testen und damit ein neues Verhalten zu etablieren.

In den darauffolgenden Trainingsmodulen sollte Raum für den gemeinsamen Erfahrungsaustausch in der Trainingsgruppe sein. Dies hilft sowohl den Teilnehmern, die von ihrer erfolgreichen Umsetzung berichten können und damit ihr Selbstbild und neue Verhaltensweisen vertiefen, als auch den Teilnehmern, die noch nicht zufrieden mit ihrer Umsetzung sind, da sie dadurch erkennen, dass eine Veränderung möglich und erreichbar ist. Außerdem sollte auch in allen weiteren Modulen Zeit für Wiederholung, Vertiefung, Übungen und Fragen vorgesehen werden. Der alte Spruch »Übung macht den Meister« hat noch immer Bestand und Wiederholungen sorgen dafür, dass das Erlernte besser behalten wird und schaffen somit eine höhere Wahrscheinlichkeit, dass es verinnerlicht wird.

Nachbereitung zur Sicherung der Trainingsergebnisse

Nach jeder Weiterbildungsmaßnahme sollte die Führungskraft in einer Nachbesprechung prüfen, ob die Inhalte verstanden wurden, offene Fragen klären und sicherstellen, dass der Mitarbeiter die neuen Erkenntnisse auch in die Praxis umsetzen will und kann. Dabei sollte das Verständnis geprüft, Missverständnisse geklärt und Unsicherheiten beseitigt werden. Es hat sich in der Praxis bewährt, sich einige der Schlüsselelemente, die Inhalt der Ausbildung waren, erklären oder demonstrieren zu lassen. Wenn man anderen Leuten etwas erklärt, ist es meistens leichter herauszufinden, ob alles klar verstanden wurde. Außerdem finden Sie so heraus, auf welchem Niveau der Mitarbeiter ein Verständnis entwickelt hat und inwieweit er sich verpflichtet fühlt, die Inhalte anzuwenden.

Nachdem ich nun die wesentlichen Faktoren vor, während und nach dem Training behandelt habe, werden wir nun das Thema auch unter dem Gesichtspunkt der aktiven Mitarbeiterführung betrachten. Es gehört zu den wesentlichen Aufgaben einer (direkten) Führungskraft, gemeinsam mit dem Mitarbeiter das Thema Training permanent im Auge zu haben und damit dem Mitarbeiter die notwendige Unterstützung für den Ausbau seiner Fähigkeiten zu geben.

Leistungsschwankungen erkennen und beheben

Das oberste Ziel von Training im Bereich Fähigkeiten und Fertigkeiten, auch People-Skills-Training genannt, ist, Selbstvertrauen in die eigenen Fähigkeiten aufzubauen. Dazu muss eine Führungskraft zunächst verstehen, dass Menschen nicht immer auf dem gleichen Leistungsniveau arbeiten können. Menschen durchlaufen Leistungszyklen und brauchen in den unterschiedlichen Phasen des Leistungszyklus unterschiedliche Unterstützung. Sehen wir uns einen solchen Leistungszyklus einmal an, so findet man drei Phasen (siehe Abbildung 4.4).

In der Einarbeitungsphase ist der Mitarbeiter in der Regel motiviert, erbringt gute Leistungen, erreicht Ziele und wird täglich besser und sicherer. Sollte dies nicht der Fall sein, muss man von einer Fehlentscheidung bei der Einstellung des Mitarbeiters ausgehen. Eine Führungskraft sollte in diesem Fall den Mut haben, sich diesen Fehler einzugestehen, darauf zu reagieren und ihn zu korrigieren. Ich habe in der Praxis immer wieder feststellen müssen, dass sich Einstellungsfehler nicht durch Training beheben lassen. Wenn sich der Mitarbeiter in der Funktion oder dem Unternehmensumfeld nicht wohlfühlt, andere Erwartungen oder Vorstellung an die Tätigkeit hatte, wird er nicht die Leistungen erbringen können, die das Unternehmen von ihm erwartet.

Ansonsten ist die Einarbeitungsphase die Zeit für regelmäßige Unterstützung des Mitarbeiters durch Gespräche, Mentoring und Coaching mit bzw. durch seine

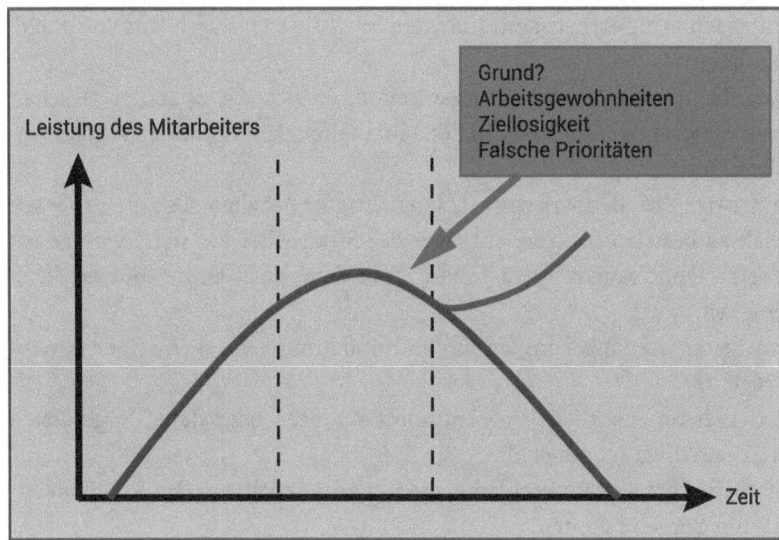

Abbildung 4.4: Der Leistungszyklus von Mitarbeitern

Führungskraft oder andere erfahrene Mitarbeiter. Dieses Thema habe ich im Bereich Orientierung und Einarbeitung ausführlich behandelt.

In der zweiten Phase erreicht der Mitarbeiter sein höchstes Leistungsniveau. Er denkt in dieser Phase oft, jetzt alles zu wissen und zu können. Er arbeitet eigenständig, ist selbstbewusst, erzielt gute Ergebnisse und ist von sich überzeugt. Er hat seine Einarbeitungsphase erfolgreich bestanden und ist nun ein anerkanntes und wertvolles Mitglied Ihres Unternehmens geworden. Dieser Zeitpunkt ist abhängig von der Tätigkeit und der Erfahrung des Mitarbeiters häufig nach ungefähr fünf bis sieben Monaten erreicht.

Wenn Sie versuchen, Ihren Mitarbeiter zu diesem Zeitpunkt zum Training zu schicken, dann wird er sich häufig widersetzen und dies als reine Zeitverschwendung ansehen. Er wird eher denken: »Was will man mir noch beibringen, ich bin doch sowieso schon gut.« In dieser Phase ist es also wichtig, dem Mitarbeiter die entsprechende Anerkennung für seine Leistungen zukommen zu lassen und so seine Motivation zu stärken. Lob, Aufmerksamkeit und Anerkennung sind in dieser Phase die besseren Methoden zur Leistungserhaltung und -steigerung als Training.

Jedoch ist auch die zweite Phase nicht von ewiger Dauer und in der dritten Phase beginnt er, Selbstvertrauen zu verlieren. Warum ist das so und was können hierfür mögliche Ursachen sein?

Das Ergebnis, dass das Selbstvertrauen schwindet und die Leistungen schlechter werden, ist zwar immer das gleiche, jedoch können die Ursachen hierfür sehr vielschichtig und unterschiedlich sein. Folgende, sehr verschiedene Ursachen sind denkbar:

- Es könnten schlechte Arbeitsgewohnheiten sein, die sich durch Routine eingeschlichen haben.
- Es gibt Probleme mit der Arbeitsorganisation, da sich das operative Geschäft sukzessive weiterentwickelt hat und der Mitarbeiter sich mit den falschen Prioritäten beschäftigt.
- Das kurzfristige Ziel, den Arbeitsplatz langfristig zu behalten, also die Probezeit erfolgreich zu bestehen, ist erreicht, aber der Mitarbeiter hat sich keine neuen Ziele gesetzt. Ohne konkretes Ziel mangelt es dann auch an der notwendigen Zielstrebigkeit.
- Der Mitarbeiter war länger im Urlaub und findet nur schwer in seinen Rhythmus zurück.
- Es gibt zwischenmenschliche Probleme mit Kollegen oder dem Vorgesetzten oder das Teamklima ist schlecht.
- Der Mitarbeiter hat private Probleme, die ihn gedanklich von der Arbeit ablenken und ihm Sorgen bereiten.
- Die Aufgaben werden eintönig und der Mitarbeiter fühlt sich unterfordert, arbeitet dadurch unkonzentrierter und macht mehr Fehler als gewohnt.
- Der Arbeitsmenge ist so groß, dass der Mitarbeiter das Gefühlt bekommt, dass er es nie schaffen kann und resigniert.
- Der Mitarbeiter bekommt, weil er erfolgreich ist, immer mehr Aufgaben, die er auch gerne annimmt und ist irgendwann überarbeitet und gestresst. In der Folge macht er Fehler, aufgrund fehlender Konzentration und Aufmerksamkeit.

Wenn nun nichts an der Situation geändert wird, also durch die beschriebenen Ursachen das Selbstvertrauen des Mitarbeiters sinkt und damit auch seine Leistungsfähigkeit, wird es immer mehr zu einem Leistungsrückgang kommen. Dies kann im schlimmsten Fall dazu führen, dass der Mitarbeiter in eine Art »Negativspirale« gerät und dies führt dann immer schneller zu weniger Leistungen und Ergebnissen.

Vielleicht kennen Sie aus Ihrem eigenen Berufsleben solche Phasen, wo man selber das Gefühl hat, dass einem einfach nichts gelingen will und übertrieben gesagt »alle sind gegen einen« sind. Man sieht in solchen Phasen auch nur noch das, was nicht gelingt, und nimmt die Erfolge nicht so wahr. Dies wird in der Psychologie auch als »selbsterfüllende Prophezeiung« bezeichnet. Wir gehen also davon aus, dass es passieren wird und verhalten uns unbewusst auch so, dass es dann tatsächlich eintritt. Wir nehmen nur die Dinge wahr, die wir erwarten, meist unbewusst, und verhalten uns dann auch so, damit das erwartete Ergebnis eintritt.

Da ich oft in meinem Leben mit Verkäufern arbeiten durfte und sich diese Entwicklung bei ihrer Tätigkeit leichter messen und erkennen lässt, als in anderen Bereichen, möchte ich eine typische Begebenheit aus dem Bereich zur Veranschaulichung darstellen.

Ein bereits jahrelang erfolgreicher Verkäufer für Investitionsgüter sollte für sein Unternehmen ein neues Produkt am Markt platzieren. Der Verkäufer war jedoch von dem neuen Produkt nicht nur nicht überzeugt, empfand es zudem zu teuer und die Mitbewerber hatten aktuell, aus seiner Sicht, ein besseres Produkt am Markt.

In den ersten Wochen ging er seiner Arbeit nach und verkaufte kein einziges Produkt, obwohl er wie gewohnt fleißig Kunden besuchte und sich aus seiner Sicht nicht anders verhielt als vorher. Nach acht Wochen ohne konkreten Vertrag oder überhaupt nur einen potenziellen Vertragsabschluss war er völlig frustriert, da er ansonsten in so einem Zeitraum mindestens vier bis sechs Kunden abschließen konnte.

Zu diesem Zeitpunkt trafen wir uns. Er monierte das unverkäufliche neue Produkt, dass er bei allen Gesprächen mit potenziellen Interessenten immer die gleichen Einwände bekam, nämlich, dass das Produkt zu teuer sei und die Mitbewerber momentan ein besseres Produkt hätten.

Sie haben wahrscheinlich schon gemerkt, was hier das Problem war? Während er vorher bei seinen Verkaufsgesprächen zielgerichtet argumentierte und die Nachteile seiner Firma bezüglich der Mitbewerber ins Verhältnis zu den Vorteilen seiner Produkte und seiner persönlichen Serviceleistungen setzte und so zu Vertragsabschlüssen kam, hatte er in den letzten acht Wochen durch seine eigene Einstellung regelrecht die Einwände der Kunden herausgelockt. Er war in alle Gespräche mit den oben genannten Gedanken hineingegangen und hatte schon vorher befürchtet, dass genau diese Einwände vom Kunden kommen würden. So hat er sich unbewusst so verhalten, dass die potenziellen Kunden genau diese Einwände brachten. Als diese dann kamen, fühlte er sich auch in seiner eigenen Meinung bestätigt und war nicht in der Lage, diese Einwände argumentativ zu entkräften.

Da er bereits über mehrere Jahre als Verkäufer tätig war, kannte er zwar die Tatsache, dass er manche Woche keinen Vertrag hatte, aber acht Wochen waren für ihn eine echte Katastrophe und auch finanziell nicht sehr erfreulich.

Er berichtete mir also seine Erfahrungen der letzten acht Wochen und dass er immer die gleichen Einwände von seinem potenziellen Kunden bekommen würde.

Nach ungefähr zwanzig Minuten Nachfragen und Hinterfragen meinerseits habe ich ihm folgende direkte Frage gestellt: »Hast du ernsthaft Interesse daran, deine aktuelle Situation zu verändern oder willst du lieber deinen Job hinschmeißen?«

Da er mich schon etwas kannte, war er nicht völlig verblüfft von meiner sehr direkten Frage und antwortete: »Natürlich will ich nicht hinschmeißen! Ich weiß nur nicht, wie ich das wieder in den Griff bekommen kann.« Da stellte ich eine weitere Frage: »Was ist es dir denn wert, dein Problem zu lösen?« Erneut schaute er etwas ungläubig und antwortete: »Viel!«. Darauf fragte ich: »Wie viel ist es dir wert, wenn du wieder deine vier bis fünf Verträge im Monat abschließt?« Er überlegte kurz und meinte: »5 000 Euro mindestens und wenn es sein muss, auch noch mehr.«

Er investierte am Ende knapp 1 200 Euro in ein gutes Verkaufstraining, wo er sowohl neue Methoden erlernen konnte als auch alte, vergessene wiederauffrischen konnte. Außer den Kosten investierte er die Zeit für das Training, nämlich zweimal einen Tag, und nach 10 Wochen, als ich ihn wieder sprach, verkaufte er mittlerweile mehr als er je zuvor verkauft hatte.

Auf dem Training wurde ihm bewusst, dass es an seiner eigenen Einstellung gelegen hatte. Dank des sehr praxisorientierten Trainings mit vielen hilfreichen Methoden und vielen Übungen und Simulationen baute er wieder das notwendige Selbstvertrauen auf, um zu seiner alten Form beim Kunden zurückzukehren. Da er nur ein relativ kurzes Tief hatte, konnte er sich nicht nur wieder auf das vorhergehende Niveau zurückbringen, sondern er steigerte seine eigene Leistung und erreichte somit ein neues, höheres Leistungsniveau.

Er hatte sich somit seinen eigenen neuen Standard geschaffen. Wichtig war, dass er selber erkannt hat, dass er etwas ändern muss und dass ihm selber sein Verhalten bewusstwurde. Diese Erkenntnis wird er die nächsten Jahre für seine Verkäuferkarriere mitnehmen und wenn ihm wieder so eine ähnliche Situation passiert, ist er in der Lage, sich selber zu coachen, und selbstständig die Situation verändern.

> **Praxistipp:**
>
> Wenn die notwendige Bereitschaft zur Veränderung vorhanden ist, kann Training eine ausgezeichnete Methode sein, dem Menschen dabei zu helfen, diese auch erfolgreich zu realisieren.

Einmal angenommen, dieser Verkäufer hätte weiter vor sich hingearbeitet und hätte keine Unterstützung durch seine Führungskraft oder durch ein passendes Training erhalten, wäre die Chance sehr groß gewesen, dass er nach weiteren erfolglosen zwei Monaten das Handtuch geworfen hätte und die Firma verlassen hätte. Dies wäre für alle Beteiligten eine nicht sehr schöne Entwicklung gewesen. Die Firma hätte einen über mehrere Jahre erfolgreichen und eingearbeiteten Verkäufer verloren und der Verkäufer hätte mit gesenktem Kopf das Unternehmen verlassen, einen Misserfolg verarbeiten und sich wieder einen neuen Job besorgen müssen.

Das wäre die schlechteste aller Auswirkungen eines solchen Leistungstiefs gewesen und dies kommt leider öfter vor, als wir uns das alle wünschen würden.

Falls Sie in Ihrem Leben schon öfter Bewerbungsunterlagen gesichtet haben, ist Ihnen vielleicht einmal aufgefallen, dass sehr viele Menschen, egal welche Branche oder welche Tätigkeit, oftmals nach nur zwölf bis fünfzehn Monaten das Unternehmen wieder verlassen und sich einen neuen Job gesucht haben. Die Ursache für diese relativ schnellen Wechsel liegt oft an diesem beschriebenen Leistungszyklus und dem Leistungstief, das nicht erkannt und behoben wird.

Oftmals passiert in solchen Situationen sogar noch das Gegenteil, da der direkten Führungskraft dieser Leistungszyklus nicht immer bewusst ist. Deshalb kann es passieren, dass die Führungskraft in einer Situation wie oben mit dem Verkäufer nach vier Wochen ohne Vertragsabschluss den Druck erhöht und den Verkäufer zur Rede stellt. Sie können sich diese Situation sicherlich vorstellen.

Es kommt zu einer nicht zielführenden Diskussion über das Produkt und den Preis. Dann wird der Manager argumentieren, dass der Verkäufer eben mehr tun müsste und seine Schlagzahl an Kundenterminen erhöhen muss. Wenn dieses Gespräch so tatsächlich abläuft, kann es sogar passieren, dass der Verkäufer bereits nach acht Wochen das Unternehmen verlässt.

Praxistipp:

Jährlich wiederkehrende Leistungsschwankungen können zu verstärkter Fluktuation guter Mitarbeiter führen, wenn man diese nicht ordnungsgemäß behebt.

Natürlich ist die nächste wesentliche Frage die, wie die Führungskraft ein mögliches aufkommendes Leistungstief bei ihren Mitarbeitern frühzeitig erkennen kann und nicht erst, wenn dieses Leistungstief bereits sichtbar geworden ist und damit wertvolle Zeit und Energie verschwendet wurde und die Ergebnisse sich bereits verschlechtert haben. Daran schließt sich logischerweise eine weitere Frage an: Was kann die Führungskraft unternehmen, um dem Mitarbeiter wieder aus der Situation herauszuhelfen?

Oft wird ein Leistungsrückgang erst bemerkt, wenn sich eine Verschlechterung der Ergebnisse abzeichnet. Dies können, je nach Branche und Aufgabenbereich, Probleme sein wie zum Beispiel:

- Umsatzrückgänge,
- steigende Kundenreklamationen,
- höhere Fehlerquote,
- Unzuverlässigkeit,
- Projekte, die nicht im geplanten Zeitraum fertig werden.

Da dann bereits die schlechteren Ergebnisse eingetreten sind, kann es zu spät sein, um das Erreichen der geplanten Unternehmensziele noch sicherzustellen.

Die Ergebnismessung ist natürlich wichtig, aber Mitarbeiterentwicklung für ein rechtzeitiges Eingreifen und Gegensteuern ist im Hinblick auf die Mitarbeiterentwicklung meistens bereits zu spät. Um möglichst frühzeitig Tendenzen eines Leistungsrückgangs von Mitarbeitern erkennen und sie rechtzeitig unterstützen zu können, sollte die Führungskraft die notwendigen vorgelagerten Aktivitäten, die die Mitarbeiter in ihren Arbeitsbereichen unternehmen und die dann zu den gewünschten Ergebnissen führen sollen, auch messen.

Es bedarf in der Mitarbeiterentwicklung einer Art Frühwarnsystems, das ich als Aktivitäten-Management bezeichne.

Ganz am Anfang meines Berufslebens habe ich meine ersten Sporen im Außendienst verdient. Mein damaliger Chef, ein sehr fairer und gleichzeitig strenger Chef, hat mir einen Satz permanent vorgebetet: »Deine Ergebnisse sind ein Abfallprodukt deiner Aktivitäten!« Dieser Satz ist mir bis heute im Gedächtnis geblieben und er ist auch für die Mitarbeiterentwicklung sehr nützlich.

> **Praxistipp:**
> Frühzeitig die entstehenden Probleme und Herausforderungen seiner Mitarbeiter zu erkennen und sie dabei zu unterstützen, die Ursachen für diese zu beheben, macht eine gute Führungskraft aus.

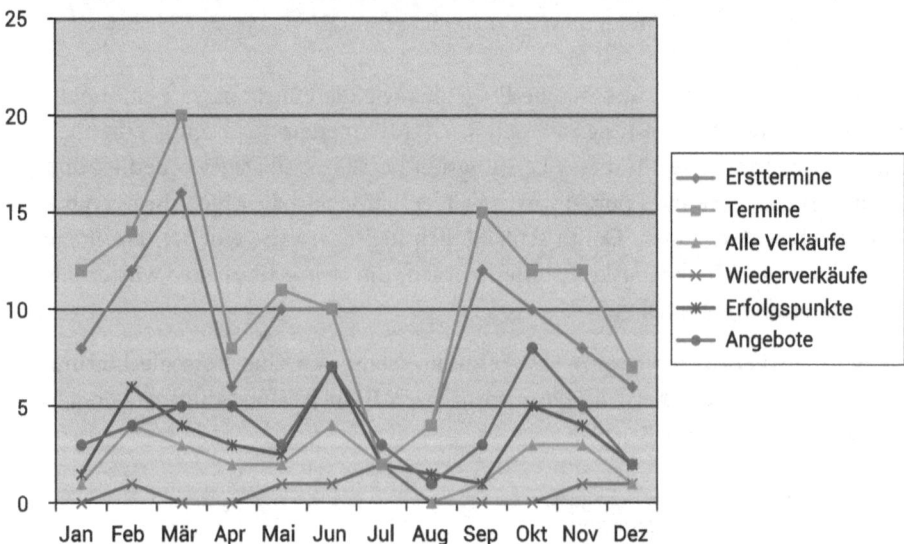

Abbildung 4.5: Aktivitäten-Diagramm am Beispiel eines Vertriebsmitarbeiters

Aus diesem Grund ist eine laufende und strukturierte Überprüfung der Mitarbeiter-Aktivitäten im Zuge regelmäßiger Mitarbeitergespräche zwischen Führungskraft und Mitarbeiter essenziell wichtig. Einmal im Monat sollte so ein Mitarbeitergespräch stattfinden und als eine Grundlage für dieses Monatsgespräch dient eben auch die Auswertung der monatlichen Aktivitäten.

Es empfiehlt sich, die Ergebnisse aus diesen regelmäßigen Überprüfungen in einem Aktivitäten-Diagramm zu dokumentieren, um einerseits einen Trend ablesen zu können und andererseits einen möglichen Weiterbildungsbedarf oder einen anderen Handlungsbedarf zeitnah erkennen zu können. Ferner signalisiert eine negative Entwicklung der Aktivitäten einen Motivations- und Leistungsabfall des Mitarbeiters, dem rasch gegengesteuert werden kann.

Je nach Tätigkeitsbereich des Mitarbeiters sind unterschiedliche Aktivitäten festzuhalten. Diese sollten nicht zu komplex gewählt werden. Zwei bis drei wesentliche Aktivitäten und ein bis zwei Ergebniswerte, die zu den Hauptaufgaben des Mitarbeiters gehören, reichen meist aus. Diese sind in einem Quotienten in Verbindung zu bringen und bilden dann eine gute Grundlage zu einer laufenden Beurteilung.

Des Weiteren ist es essenziell, auch im Zuge eines individuellen Jahresgesprächs durch die Führungskraft gemeinsam mit den Mitarbeitern die persönliche Entwicklung – sowohl fachlicher als auch persönlicher Natur – zu erörtern, und mögliche Talente und Entwicklungspotenziale auszuloten.

Wenn ein Leistungsabfall aufgrund von rückläufigen Aktivitäten zu erwarten ist, ist es die Aufgabe der Führungskraft, die Ursachen dieser Veränderung zu hinterfragen.

In dem persönlichen Monatsgespräch kann die Führungskraft gemeinsam mit dem Mitarbeiter die Daten durchsprechen und Unterstützung anbieten. Diese Unterstützung kann manchmal nur ein offenes Gespräch sein, wenn den Mitarbeiter irgendetwas beschäftigt und er deshalb abgelenkt war. Auch ein individuelles Coaching durch die Führungskraft könnte eine mögliche Lösung bei der Beseitigung des Problems des Mitarbeiters sein. Oftmals kann auch das richtige Training die richtige Maßnahme sein, um sich an bereits früher erfolgreich praktizierte Methoden wieder zu erinnern oder sich neue Fähigkeiten anzueignen. Die jeweils geeignete Maßnahme ist abhängig von den Gründen für den Leistungsrückgang. Wie oben erwähnt, können diese sehr vielfältig sein. Und es ist offensichtlich, dass bei einem Leistungsrückgang aufgrund von Überlastung andere Maßnahmen vonnöten sind, als bei persönlichen Problemen als Ursache oder Schwierigkeiten, nach einer Auszeit wieder zum gewohnten Leistungsniveau zurückzufinden.

Egal welche Maßnahme zu diesem Zeitpunkt gewählt wird, wesentlich ist, dass dadurch der Leistungsabfall frühzeitig gestoppt werden kann. Wenn dieser rechtzeitig erkannt und die richtige Maßnahme gewählt wurde, ist es nur ein kurzer Zeitrahmen, in dem der Mitarbeiter weniger Leistung erbracht hat und oftmals schafft er es anschließend sogar dauerhaft, ein höheres Leistungsniveau zu erreichen und zu halten.

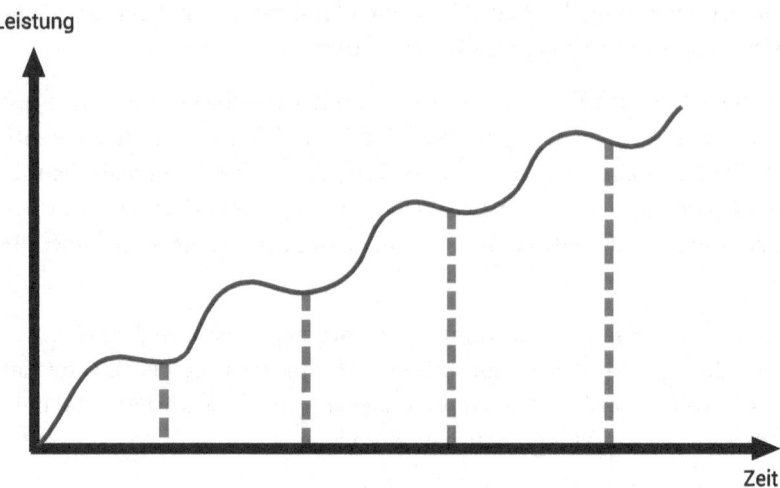

Abbildung 4.6: Leistungszyklus eines Mitarbeiters über mehrere Jahre

Schafft der Mitarbeiter es nämlich, den Abwärtstrend im Leistungsniveau durch den Erwerb und Einsatz neuer Kenntnisse zu stoppen, umzukehren und dann ein höheres Leistungsniveau zu erreichen, wird er Selbstvertrauen und Sicherheit gewinnen. Wer Selbstvertrauen hat, übernimmt auch Verantwortung für seine Leistungen und arbeitet motiviert und produktiv. Die Führungskraft wird dann oftmals mit den Erfolgen des Mitarbeiters in Verbindung gebracht und dies stärkt die Beziehung und schafft eine höhere Bindung an das Unternehmen.

Ein hervorragendes Beispiel für die erfolgreiche Umsetzung dieses Prozesses ist ein Unternehmen aus Österreich, das ich seit 1999 zu unseren Kunden zählen darf und das eine außergewöhnlich erfolgreiche Entwicklung vollzogen hat. Es ist ein echtes Familienunternehmen, das der Seniorchef, Herr Alois Reikersdorfer, gemeinsam mit seinen Söhnen Bernhard und Peter und einem Großteil seiner Familie aufgebaut hat. Herr Reikersdorfer hat das Masterfranchise für das international sehr erfolgreiche Immobilienmakler-Unternehmen RE/MAX 1999 für Österreich erworben und wurde in der Branche von den bestehenden Marktplayern für sein Vorhaben eher belächelt. Im Jahr 2008 wurde RE/MAX in Österreich Marktführer und konnte diese Position in den darauffolgenden Jahren ständig ausbauen. Mit aktuell 110 Bürostandorten und über 520 Maklern macht das Unternehmen den mit Abstand höchsten Umsatz unter den österreichischen Marktteilnehmern und ist die unangefochtene Nummer eins. Mittlerweile ist RE/MAX in Österreich auch die bekannteste Immobilienmarke.

Dies ist unter anderen deshalb möglich, weil die Inhaber von Anfang an die Problematik des Leistungszyklus erkannt hatten und ihre Mitarbeiter ausgezeichnet ausbilden und fördern. Zahlreiche Auszeichnungen wie zum Beispiel »Franchise-

System des Jahres«, der »F&C Award« in Gold für höchste Partnerzufriedenheit, sowie die zahlreichen Ehrungen für eine sehr hohe Kundenzufriedenheit (GOLDENER IMMY, FindMyHome Qualitätsmakler, ImmoNym) bestätigen den eingeschlagenen Weg. Auch die durchschnittlichen Provisionsumsätze eines Österreichischen RE/MAX-Maklers sind im Verhältnis zu den meisten Marktteilnehmern überdurchschnittlich hoch.

Kompetenzraster

Ein weiteres sinnvolles Instrument, um den laufenden Ausbildungsbedarf des einzelnen Mitarbeiters und der Führungskraft zu ermitteln, ist die Nutzung eines Kompetenzrasters. Um ein solches System einführen zu können, eignet sich eine strukturierte Bewertung von individuellen Parametern, die die Anforderungen der jeweiligen Funktionsbeschreibung widerspiegeln. Diese individuellen Parameter können aus verschiedenen Teilbereichen bestehen, wie zum Beispiel »Persönliche Merkmale«, »Sach- bzw. Fachkompetenz« und »Soziale Kompetenz«.

Es gilt zuerst alle Parameter der jeweiligen Funktionsbeschreibung zu identifizieren und mit einem Wert zwischen 1 und 10 (1 = unwichtig, 10 = sehr wichtig) zu bewerten. Falls Parameter keine Relevanz für diese Funktion haben, werden diese mit Null bewertet.

Diese Sollbewertung der einzelnen Parameter der jeweiligen Funktion obliegt der Geschäftsleitung gemeinsam mit dem Führungsteam. Letztendlich sollten diese gemeinsam entscheiden, welche Schwerpunkte ihnen von höchster Bedeutung sind für den Erfolg des Mitarbeiters und damit des gesamten Unternehmens.

Das Kompetenzraster sollte nun so eingesetzt werden, dass die direkte Führungskraft monatlich die Werte für die einzelnen Mitarbeiter vergibt. Der Aufwand ist ungefähr zehn Minuten pro Mitarbeiter und hat den positiven Nebeneffekt, dass sich die Führungskraft damit jeden Monat einmal mit den erlebten Kompetenzen des Mitarbeiters auseinandersetzt. Die Werte sollten durch das System automatisch summiert werden. Damit erhält die Führungskraft gleichzeitig eine valide Bewertung für das Mitarbeiter-Jahresgespräch. Der Vorteil der monatlichen Bewertung durch die Führungskraft, anstatt einer einmaligen Jahresbewertung, liegt in der Tatsache, dass mögliche monatliche Ausreißer sichtbar werden und die Ergebnisse so möglichst objektiv aus der Gesamtjahresbetrachtung hervorgehen.

Im Jahresgespräch hat der Mitarbeiter die Gelegenheit, eine Selbsteinschätzung für die jeweiligen Parameter abzugeben. Daraus entstehen drei verschiedene Sichtweisen auf die Werte der ausgewählten Parameter, die die Anforderungen der jeweiligen Funktionsbeschreibung widerspiegeln. Der Soll-Wert des Unternehmens, die Sichtweise des Mitarbeiters und Sichtweise der Führungskraft.

Auf Basis dieser Informationen können ein sehr strukturiertes, zielgerichtetes Mitarbeitergespräch geführt, mögliche unterschiedliche Sichtweisen diskutiert und daraus Maßnahmen und Ziele zur Mitarbeiterentwicklung abgeleitet werden.

4 Zusammensetzung des unternehmensbezogenen Mitarbeiter-Marketings

Max Mustermann

Persönliche Merkmale	SOLL	IST Jan 15	ABW.	IST gesamt 2015	ABW.	persönliche Einschätzung Mitarbeiter	Abweichung zu Einschätzung Vorgesetzer
Selbstzufriedenheit/Souveränität	8	7	-1	7	-1		
positive Einstellung	7	7	0	7	0		
Respekt	9	9	0	9	0		
Aufgeschlossenheit (offen für Neues)	7	8	1	8	1		
Äußere Erscheinung / gepflegt sein	9	9	0	9	0		
Begeisterungsfähigkeit	6	7	1	7	1		
Organisationstalent	9	9	0	9	0		
Engagement	9	8	-1	8	-1		
Praxisorientierung (Pragmatismus)	8	7	-1	7	-1		
Menschenkenntnis	8	8	0	8	0		
analytische Fähigkeiten	9	8	-1	8	-1		
Konzentrationsfähigkeit	9	9	0	9	0		
Pünktlichkeit / Termintreue	9	10	1	10	1		
Ordnung	9	8	-1	8	-1		
Zielorientierung	10	10	0	10	0		
Beharrlichkeit	8	8	0	8	0		
Flexibilität	7	6	-1	6	-1		
Lernbereitschaft	7	8	1	8	1		
Sorgfalt	9	8	-1	8	-1		
Belastbarkeit	10	10	0	10	0		
Summe persönliche K.	167	164,0	-3	164,0	-3		

Fach- bzw. Sachkompetenz	SOLL	IST Jan 15	ABW.	IST gesamt 2015	ABW.	persönliche Einschätzung Mitarbeiter	Abweichung zu Einschätzung Vorgesetzer
Zahlenverständnis	9	8	-1	8	-1		
Methodenkompetenz	8	9	1	9	1		
Fähigkeiten zu strukturiertem Arbeiten	9	9	0	9	0		
Priorisierungsfähigkeit	9	8	-1	8	-1		
Planungskompetenz	9	10	1	10	1		
Verhandlungskompetenz	9	8	-1	8	-1		
Kostenbewusstsein	9	9	0	9	0		
Verkaufsfähigkeiten	9	7	-2	7	-2		
Mitdenken bei der Arbeit	9	10	1	10	1		
Summe fachliche K.	80	78,0	-2	78,0	-2		

soziale Kompetenz	SOLL	IST Jan 15	ABW.	IST gesamt 2015	ABW.	persönliche Einschätzung Mitarbeiter	Abweichung zu Einschätzung Vorgesetzer
Eingliederungsfähigkeit / Teamfähigkeit	7	9	2	9	2		
Zuverlässigkeit / Verlässlichkeit	10	10	0	10	0		
Kritikfähigkeit	7	6	-1	6	-1		
Einfühlungsvermögen (Empathie)	7	8	1	8	1		
Kommunikationsfähigkeit	9	8	-1	8	-1		
Summe soziale K.	40	41,0	1	41,0	1		

Abbildung 4.7: Kompetenzraster

> **Praxistipp:**
>
> Sorgen Sie mit einem Kompetenzraster für mehr Transparenz in der Zusammenarbeit mit Ihrem Team und schaffen Sie damit die Basis für die gezielte Entwicklung des Einzelnen.

Inhalte der laufenden Ausbildung in Bereich Fertigkeiten und Fähigkeiten

Zu guter Letzt sollen in diesem Modul sämtliche Inhalte und Themen aufgeführt werden, die Ihre Mitarbeiter und Führungskräfte für eine hohe Leistungsfähigkeit benötigen.

Die zu schulenden Inhalte hängen dabei sowohl von der Branche, dem spezifischen Unternehmen und der Tätigkeit des jeweiligen Mitarbeiters ab.

Folgende Themen sind jedoch bei fast allen Unternehmen relevante Bereiche:

- Führungskompetenz und Führungsfähigkeiten,
- Gesprächsführung und Verhandlungstechnik,
- Verkaufs- und Präsentationstechniken,
- Trainings zu den Themen Kundenorientierung, professioneller Umgang am Telefon und mit Beschwerden,
- Eigenorganisation und Zeitmanagement,
- Delegationsfähigkeit und Organisationsmethoden,
- Mediation und Konfliktbehandlung,
- Teamentwicklung und Gruppendynamik,
- Fragetechniken und Rhetorik,
- Präsentationsfähigkeiten,
- Projektmanagement
- usw.

Zusammenfassend möchte ich festhalten, dass das Thema Entwicklung der Fähigkeiten und Fertigkeiten aus einer Vielzahl von einzelnen Elementen besteht, die zu beachten sind, um gute Ergebnisse zu erzielen und damit sich die Investition in diesen Bereich sowohl für Ihr Unternehmen als auch für Ihre Mitarbeiter lohnt. Außerdem ist der Einsatz von Hilfsmitteln sinnvoll, um die Entwicklung in diesem Bereich erfolgreich zu steuern und dauerhaft valide messen zu können.

Da wir alle jedoch unsere Tätigkeiten in sich stark verändernden Umfeld-Bedingungen ausüben dürfen, ist gerade in diesem Bereich eine strukturierte und transparente Entwicklung ausgesprochen wichtig.

4.1.7 Interne Unternehmenskommunikation und Wissensmanagement

Ein weiterer wesentlicher Bestandteil einer erfolgreichen Organisation ist eine strukturierte, einfache und effektive interne Unternehmenskommunikation. Das Ziel hierbei ist es sicherzustellen, dass alle relevanten Informationen zum richtigen Zeitpunkt für die jeweiligen Mitarbeiter des Unternehmens zeitnah zur Verfügung stehen und es zu möglichst wenig doppelten Abstimmungen bzw. Missverständnissen kommt.

Interner Newsletter bzw. Unternehmenszeitung

Gut geeignet für die strukturierte Information und sehr effektiv ist ein monatlicher oder zweimonatlicher interner Newsletter, der an alle Mitarbeiter geht. Die Struktur dieses internen Newsletters sollte immer eine ähnliche und in feste Themengebiete aufgeteilt sein, um und somit einen stets nachvollziehbaren Inhalt zu erhalten. Bei größeren Organisationen wird dies oftmals auch durch eine interne Mitarbeiterzeitung umgesetzt, die heute meist in elektronischer Form oder als Intranet-Lösung verteilt wird.

Eine hilfreiche Orientierung für die Leser ist es, wenn die einzelnen Themen nach Wichtigkeiten kategorisiert sind, also zum Beispiel ein »Ampel System« enthalten, das dem Leser sofort klarmacht, welche Bedeutung die Information hat (rot ist wichtig für alle, grün weniger).

Als Inhaltsstruktur könnten folgende Themen sinnvoll sein:

- allgemeine Neuigkeiten aus dem Unternehmen,
- neue Kundenprojekte,
- erfolgreich abgeschlossene Kundenaufträge,
- allgemeine Unternehmensneuerungen, zum Beispiel neue Lieferanten, neue Dienstleistungen etc.,
- organisatorische Veränderungen,
- Ausbildungen und erfolgreiche Abschlüsse,
- neue Mitarbeiter,
- Veranstaltungen und Termine,
- Presse- oder Marketingthemen,
- Mitarbeiter News wie Geburtstage, Hochzeiten, Elternzeiten etc.

Um diese Informationen zeitgerecht zu sammeln, wird der jeweiligen Abteilung und Niederlassung ein Formblatt zur Verfügung gestellt, damit diese bis zu einem festen Stichtag die Informationen an die Zentrale melden. Die Informationen werden zentral geprüft, redigiert und zusammengefasst und zu einem festen Termin an alle Mitarbeiter zum Beispiel als PDF per E-Mail versandt.

Alternativ könnte der Newsletter auch in einem Intranet veröffentlicht werden, jedoch zeigt die bestehende Erfahrungen aus anderen Organisationen, dass dies oft zur Folge hat, dass die Mitarbeiter die Informationen nicht lesen.

Aus diesem Grund nutzen viele Unternehmen beide Systeme parallel und erreichen damit die Mehrzahl der Mitarbeiter am besten.

Manche unserer Mandanten haben zusätzlich noch einen internen Marketing-Newsletter eingeführt. Dieser wird meistens monatlich zusammengestellt und beinhaltet spezielle Informationen zu den Themen Kundenaktionen, Sonderaktionen, Kundenevents, aktuelle Marketing-Aktionen usw.

> **Praxistipp:**
>
> Besser informierte Mitarbeiter fühlen sich wertgeschätzt und sicherer.

Interne Mitarbeiterbefragung

Jährlich wiederkehrende Mitarbeiterbefragungen sind mittlerweile ein bewährtes und sinnvolles Instrument, um eine gute Unternehmenskommunikation zu gewährleisten. Allen Mitarbeitern die Möglichkeit zu geben, anonym ihre Meinungen, ihre Zufriedenheit oder auch Unzufriedenheit zu äußern, zeigt den Mitarbeitern, dass vonseiten der Unternehmensleitung echtes Interesse an deren Wohlbefinden und deren Meinung besteht.

Diese Befragungen sollten jährlich stattfinden, wenn möglich immer die gleichen Fragen behandeln und die Ergebnisse den Mitarbeitern anschließend auch offen zugänglich gemacht werden. Wenn dies der Fall ist, kann nach einigen Jahren sehr gut eine Entwicklung abgelesen, Schwerpunkte für Verbesserungen identifiziert und Handlungen initiiert werden.

Viele Unternehmen scheuen sich vor einer derartigen Befragung, da sie befürchten, dass die Ergebnisse nicht das hervorbringen, was sie gerne sehen und lesen möchten. Dies ist aber eher eine »Vogel Strauß Politik« und es ist meines Erachtens immer noch besser, wenn die Mitarbeiter ihrer Unzufriedenheit in einer internen Befragung Luft machen können, als dies nach außen zu tragen. Nur wenn ich nachfrage, erfahre ich die Gründe für Unzufriedenheit und habe damit überhaupt erst die Chance, etwas dagegen zu unternehmen.

Jedoch sollten Sie auf Folgendes achten, damit eine Befragung auch einen positiven Effekt hat und nicht ungewollte Dinge auslöst oder sogar einen negativen Effekt nach sich zieht.

Anonym heißt auch wirklich anonym. Es kann nicht sein, dass eine Führungskraft einen Mitarbeiter auf Antworten aus der Befragung anspricht, die er an sich nicht wissen kann. Wenn dies einmal passiert, ist das Vertrauen sowohl in die Befragung dahin als auch im schlimmsten Fall in die Geschäftsleitung des Unternehmens. Falls Sie also wissen wollen, was der einzelne Mitarbeiter geantwortet hat, dann müssen Sie ihn entweder direkt fragen oder die Befragung gleich als nicht anonym kennzeichnen.

Achten Sie auch darauf, dass Sie nicht durch eine ungünstige Fragestellung eine Erwartungshaltung kreieren, die Sie dann nicht erfüllen können oder wollen.

Einmal angenommen, dass kein Mitarbeiter bis dato einen Firmenwagen besitzt und Sie fragen in der Befragung, ob der Mitarbeiter Interesse an einem Firmenwagen hätte. Diese Frage wird sicherlich zu Nachfragen und Irritationen führen, was Sie sicherlich nicht bewirken wollten.

Ich empfehle Ihnen in diesem Bereich auf die externe Hilfe eines Dienstleisters zurückzugreifen, wenn Sie intern niemanden haben, der sich mit dem Instrument Mitarbeiterbefragung gut auskennt, damit zum einen die Fragestellungen sinnvoll und zum anderen die Auswertung anschließend aussagekräftig werden. Außerdem erhöht die Befragung durch einen externen Dritten die Glaubwürdigkeit bezüglich der Anonymität und Sicherung des Datenschutzes.

Auch ich war früher eher gegen solche Befragungen eingestellt und war der Ansicht, dass wir eine offene Unternehmenskommunikation haben und so etwas nicht brauchen. Ich habe meine Meinung dazu in den letzten Jahren revidiert und habe das Glück, dass ich eine langjährige und sehr gute Mitarbeiterin im eigenen Unternehmen habe, die einen Berufshintergrund im Bereich Kunden-, Mitarbeiter- und Marktbefragungen hat. Seitdem führen wir nicht nur im eigenen Netzwerk, sondern auch für einige Mandanten Mitarbeiter- und Kundenbefragungen durch und die konkrete Arbeit mit den Ergebnissen hat uns und unsere Mandanten immer positiv vorwärtsgebracht.

> **Praxistipp:**
>
> Nur wenn ich weiß, was zu verbessern ist, habe ich eine konkrete Chance, dies zu tun. Denn wer das Problem nicht kennt, kann es auch nicht lösen.

Eine Mitarbeiterbefragung setzt sich in der Regel aus Fragen aus den folgenden Bereichen zusammen:

- Fragen zum Unternehmen und zu seinem Arbeitgeber-Image,
- Fragen zur Bedeutung von Zufriedenheitsfaktoren,
- Fragen zum Arbeitsplatz und den Aufgaben,
- Fragen zum Verhältnis zu den Vorgesetzten,
- Fragen zum Verhältnis zu Kollegen,
- statistische Fragen.

Es empfiehlt sich eine Mischung aus offenen und geschlossenen Fragen. Durch geschlossene Fragen lassen sich bei einer wiederholten Befragung sehr schnell Trends erkennen. Offene Fragen geben oft Aspekte wieder, die überraschend und aufschlussreich sind und die man im Vorfeld nicht erwartet hat, weswegen sie in geschlossenen Fragen nicht berücksichtigt werden.

An dieser Stelle ist es nicht möglich, für alle genannten Bereiche Beispielfragen zu nennen. Eine umfangreiche Aufstellung finden Sie jedoch auf der Homepage www.mitarbeiter-im-fokus.de. Beispielhaft finden Sie in der Abbildung 4.8 Fragen zum Arbeitsplatz und zu den Aufgaben. Sie sind unverzichtbarer Bestandteil einer Befragung.

4.1 Wesentliche Elemente, aus denen Mitarbeiter-Marketing-Konzepte bestehen können

Bitte nehmen Sie zu folgenden Fragen Stellung:

	Ja, sehr	Ja, meistens	Im Großen und Ganzen	Nein, meistens nicht	Nein, überhaupt nicht
Macht Ihre Tätigkeit Ihnen Spaß?					
Ist Ihre Tätigkeit abwechlungsreich?					
Kommen bei dieser Arbeit Ihre Fähigkeiten und Neigungen zum Zuge?					
Fühlen Sie sich den gestellten Anforderungen gewachsen?					
Sind Sie stolz darauf, diese Arbeit zu machen?					
Wächst Ihnen die Arbeit manchmal über den Kopf?					
Empfinden Sie Ihre Arbeit als sinnvoll und befriedigend?					
Erlaubt Ihre Tätigkeit Ihnen, eigene Entscheidungen zu treffen?					
Sind Sie insgesamt mit Ihrer Tätigkeit zufrieden?					
Würden Sie lieber eine andere Arbeit ausüben?					
Können Sie sich Ihre Arbeit selbstständig einteilen und planen?					
Ist das geforderte Arbeitstempo angemessen?					

Abbildung 4.8: Beispielfragen für eine Mitarbeiterbefragung

Wie beurteilen Sie Ihre Möglichkeiten, an Ihrem Arbeitsplatz Vorschläge einbringen zu können?
Bitte wählen Sie eine der folgenden Antworten:

- ☐ Sehr gut
- ☐ Gut
- ☐ Befriedigend
- ☐ Schlecht
- ☐ Nicht vorhanden

Würden Sie innerhalb des Unternehmens gerne andere Aufgaben übernehmen?
Bitte wählen Sie eine der folgenden Antworten:

- ☐ Nein
- ☐ Ja
- ☐ Vielleicht
- ☐ Keine Antwort

Bitte geben Sie Ihren Kommentar ab:
_____
_____
_____

Angenommen, Sie hätten die Möglichkeit, an Ihrem Arbeitsbereich etwas zu ändern. Was würden Sie sich wünschen?
_____
_____
_____

Haben Sie Interesse, an einer Schulung teilzunehmen? Wenn Sie konkrete Vorstellungen haben, nutzen Sie bitte das Kommentarfeld.
Bitte wählen Sie eine der folgenden Antworten:

- ☐ Ja, sehr sogar
- ☐ Ja, wenn möglich
- ☐ Nein
- ☐ Keine Antwort

Bitte geben Sie Ihren Kommentar ab:
_____
_____
_____

Wissensmanagement

Um sicherzustellen, dass das über Jahre hinweg entstandene Wissen der Mitarbeiter nicht durch deren Weggang oder Pensionierung verloren geht, ist der Aufbau eines Wissensmanagements unerlässlich.

Dieses Wissensmanagement sollte effektiv und klar strukturiert sein und sich immer den aktuellen Erfahrungen und Entwicklungen anpassen. Um dies zu erreichen, empfiehlt sich die Entwicklung eines Unternehmenshandbuchs. In diesem Unternehmenshandbuch können langfristig alle wichtigen Prozesse, Erfahrungen und Entwicklungen zusammengefasst werden und somit dem Unternehmen und den Mitarbeitern jederzeit zur Verfügung stehen. Je nach Umfang und Art des zu bewahrenden Wissens sind unterschiedliche Medien zur Dokumentation geeignet. Dies reicht von klassischen Ordnern oder Handbüchern, die von einigen Mitarbeitern immer noch bevorzugt werden, zu elektronischen Datenbanken, Blogs oder Intranet-Lösungen.

Der Inhalt dieses Unternehmenshandbuches sollte alle wesentlichen Bereiche des täglichen Betriebs beinhalten und als permanentes Nachschlagewerk allen Mitarbeitern zur Verfügung stehen.

Die beste Vorgehensweise, ein solches Handbuch zu entwickeln und es auch zum Teil des gelebten Unternehmensalltags zu machen, ist es, dieses durch die bestehenden Mitarbeiter sukzessive mit den relevanten Inhalten füllen zu lassen.

Die Geschäftsleitung initiiert diesen Prozess am besten, indem sie den Mitarbeitern die Möglichkeit gibt, sich intern zu bewerben, an diesem Projekt mitzuarbeiten. Es gibt immer einige Mitarbeiter, die sich gerne an einem solchen Projekt beteiligen und sich als »Autor« im Unternehmen verewigen möchten.

Zum Aufbau von Wissensmanagementsystemen in Unternehmen gibt es detaillierte Fachliteratur, das Thema würde jedoch den Rahmen des vorliegenden Buches sprengen (vgl. zum Beispiel Gries 2013, Rosenbaum 2013 oder Kohl/Mertins/Seidel (Hrsg.) 2016). An dieser Stelle möchte ich daher nur einen kurzen Hinweis zur Vorgehensweise geben.

Der Prozess der Entwicklung sollte folgende Phasen durchlaufen:

- Ausschreibung und Auswahl von geeigneten Mitarbeitern,
- gemeinsames Meeting mit der Geschäftsleitung, Festlegung der Themenbereiche und der Meilensteine und Bestimmung eines Projektverantwortlichen,
- Festlegung des Formats und einheitlicher Standards durch den Projektleiter in Abstimmung mit der Unternehmensleitung,
- Beginn der Ausarbeitung mit regelmäßigen Terminen zur Überprüfung der Entwicklungsschritte.

Die Veröffentlichung, auch schon von fertigen Teilbereichen, sollte immer bei einem Jahrestreffen stattfinden und es ist sehr wichtig, dass alle Mit-Autoren durch die Geschäftsleitung für ihre Mitarbeit belobigt werden.

Die Erfahrung aus anderen Unternehmen hat gezeigt, dass viele Mitarbeiter, die an einem solchen Projekt freiwillig mitwirken, gerne auch in ihrer Freizeit an diesem Projekt weiterarbeiten. Trotzdem empfehle ich einen gewissen Bonus oder ein freies Zeitkontingent, das den Mitarbeitern für das Projekt zur Verfügung gestellt wird.

Das Unternehmenshandbuch eignet sich dann nicht nur für bestehende Mitarbeiter, sondern erleichtert auch die Einarbeitung und Orientierung von neuen Mitarbeitern und unterstützt so auch weitere angedachte Expansionspläne.

Vorschlagssystem, Verbesserungssystem oder Ideenmanagement

Um die Erfahrungen und Ideen Ihrer Mitarbeiter zu nutzen, sollten Sie auch über die Einführung eines sogenannten Vorschlagssystems in Ihrem Unternehmen nachdenken. Der Grundgedanke ist, dass durch die permanente Veränderung in den verschiedenen Arbeitsbereichen bestehende Abläufe oftmals nicht mehr passend und effektiv sind und verbessert werden könnten. Diese Verbesserungen können nur von kleinster Natur sein, jedoch die Abläufe Ihres Unternehmens um ein Vielfaches verbessern. Hinzu kommt auch die Wirkung auf den betroffenen Mitarbeiter. Der Mitarbeiter weiß oft sehr genau, wie es besser und effektiver funktionieren könnte. Wenn seine Lösung nicht einmal angehört wird oder zwar angehört, aber nicht weiterverfolgt wird, wirkt sich das negativ auf seine Motivation und sein Engagement aus. »Mir glaubt ja ohnehin niemand« oder »Mich fragt ja sowieso keiner«, sind Sätze, die bei Mitarbeitern dann fallen.

Wesentlich bei der Einführung und praktischen Umsetzung eines solchen Systems ist jedoch die richtige Vorgehensweise. Nur wenn dieser Prozess und der Umgang mit den eingereichten Ideen und Verbesserungsvorschlägen der Mitarbeiter mit der notwendigen Wertschätzung und Transparenz durchgeführt wird und die Ideen, die tatsächlich zur Umsetzung kommen, belohnt und gelobt werden, wird die Einführung auch den erwünschten Erfolg bringen.

Einen erfolgreichen Prozess hat ein Mandant meines Unternehmens, die Firma Heidolph Instruments sukzessive installieren können und bekommt dadurch mittlerweile aus den Reihen seiner Mitarbeiter regelmäßig gute und umsetzbare Verbesserungsvorschläge.

Folgende Dinge sind hierbei zu beachten:

- Es darf nur eine Person für die Erfassung der Ideen verantwortlich sein. Dies kann ganz pragmatisch über einen eigens dafür angeschafften Briefkasten, der »Ideenkasten« genannt wird, geschehen. Der Begriff »Idee« wird erfahrungsgemäß positiver wahrgenommen als der Begriff »Verbesserung«.
- Diese verantwortliche Person nimmt die jeweiligen Ideen auf, setzt sie auf eine Liste, die öffentlich für alle Mitarbeiter aushängt, mit dem Hinweis »eingereicht« mit den Angaben von wem, was und wann.
- Die Person informiert den Mitarbeiter regelmäßig, welchen Bearbeitungsstatus seine Idee hat. Der Bearbeitungstand könnte zum Beispiel wie folgt benannt werden und ist am Aushang dann auch öffentlich kenntlich zu machen:
  - »eingereicht«,
  - »In Prüfung im Fachbereich«,
  - »zur Vorlage bei der Geschäftsführung«.
- Alle Ideen werden mit der jeweiligen Führungskraft der Fachabteilung besprochen und dann anschließend zur Entscheidung der Geschäftsleitung vorgelegt.
- Falls die Idee angenommen und umgesetzt wird, wird dies offiziell bekannt gegeben und der Mitarbeiter bekommt eine Prämie wie zum Beispiel einen Tank-

gutschein oder Ähnliches. Die Höhe der Prämie hängt letztendlich von Ihrer Unternehmensstruktur und Größe ab.
- Falls die Idee nicht umgesetzt wird, wird dies auch offiziell in der Liste notiert. Die direkte Führungskraft klärt direkt im Anschluss mit dem Mitarbeiter in einem persönlichen Einzelgespräch, warum sich die Geschäftsleitung gegen eine Umsetzung entschieden hat. Dieses persönliche Gespräch ist ausgesprochen wichtig, damit der Mitarbeiter weiterhin interessiert und motiviert ist, neue Ideen einzureichen.

Wenn Sie diese Schritte einhalten, werden Sie überrascht sein, wie viele kleine und größere Ideen Ihre Mitarbeiter einbringen. Manchmal sind es nur Kleinigkeiten, jedoch schafft der wertschätzende Umgang mit gerade diesen Kleinigkeiten, dass der Mitarbeiter seine Ideen überhaupt einbringt, wodurch sein Engagement und die Bindung zu Ihrem Unternehmen zunehmen.

> **Praxistipp:**
>
> Nutzen Sie die Ideen und Verbesserungsvorschläge Ihrer operativen Mitarbeiter zum Nutzen Ihres Unternehmens und schenken Sie dadurch Ihren Mitarbeitern die angemessene Wertschätzung.

4.1.8 Erfahrungsaustausch, Veranstaltungs- und Meeting-Management

Viele Ihre Mitarbeiter verfügen über einen enormen Erfahrungsschatz und diesen »Schatz« sollten Sie in Ihrem Unternehmen nutzen. Diese Erfahrungen, die dem gesamten Unternehmen nutzen könnten, gehen oftmals im Tagesgeschäft unter und stehen damit dem Unternehmen nicht zur Verfügung.

Um die Erfahrungen aller Mitarbeiter aktiv zu nutzen, kann Ihr Unternehmen verschiedene einfache regelmäßige Maßnahmen einführen.

Erfahrungsaustausch

Tag der Unternehmensbereiche

Eine mögliche Option ist der Tag der Unternehmensbereiche. An einem festen Tag pro Jahr entsteht eine Art interner Tag der offenen Tür. Konkret bedeutet dies, dass sich an diesem Tag alle Unternehmensbereiche intern vorstellen.

Der Ablauf so eines Tages könnte folgendermaßen strukturiert sein:

Am Morgen des Tages kommen alle Mitarbeiter zusammen und jeder Bereich hat maximal fünfzehn Minuten Zeit, sich vor allen anderen zu präsentieren. Das Team des Bereiches wird vorgestellt, seine Ziele und Aufgaben und seine aktuell größten Herausforderungen und Tagesthemen.

Anschließend hat jeder Mitarbeiter die Aufgabe, sich einmal jede Abteilung anzusehen und sich ein eigenes Bild von dem Bereich zu machen und mit den Kollegen ins Gespräch zu kommen. Oftmals entsteht hier in den persönlichen Gesprächen ein reger Austausch von Ideen und Erfahrungen, die der jeweilige Bereich nutzen kann. Am Ende des Tages kommen nochmals alle Mitarbeiter zusammen und die Mitarbeiter jedes Bereiches haben nun die Möglichkeit kurz zu präsentieren, welche Ideen und Vorschläge sie im Laufe des Tages erhalten haben und welche sie davon in ihrem Bereich umsetzen möchten. Sie werden positiv überrascht sein, wie viele neue Ideen und Anregungen an einem Tag in Ihrem Unternehmen entstehen und wie viel Energie und Kommunikation an einem solchen Tag zwischen Ihren Mitarbeitern stattfindet.

Nachfolgende Tipps sollten Sie bedenken, damit Sie eine hohe Beteiligung bei Ihren Mitarbeitern erreichen können:

Geben Sie jedem Mitarbeiter eine sogenannte »Punch Card«, also eine Stempelkarte, die er in jedem Bereich bis zum Ende des Tages abgestempelt haben muss. Diese »Punch-Cards« werden von den Mitarbeitern in ein großes Gefäß eingeworfen und am Ende der Veranstaltung lassen Sie von einem Mitarbeiter einige Karten ziehen, deren zugehörige Mitarbeiter dann einen kleinen Preis bekommen.

Je nach Unternehmensgröße sollten mindestens zehn oder mehr Prozent der Mitarbeiter die Chance haben, gezogen zu werden. Nehmen Sie lieber viele kleine Preise, wie zum Beispiel einen Tankgutschein, Kinokarten, alle Arten von Warengutscheinen, USB-Sticks usw.

Es geht nämlich mehr darum, etwas zu gewinnen, als um den eigentlichen Wert.

Außerdem empfehle ich immer zwei oder drei größere Preise mit auszuloben. Dies erhöht dann den Anreiz um ein Vielfaches. Die Preise sollten schon morgens auf einem schön gestalteten Tisch präsentiert werden. Dies erhöht die Motivation und die Aktivitäten.

Zusätzlich können Sie den Mitarbeitern auch die Möglichkeit geben, mehrere Karten von sich in der Lostrommel zu haben. Jedes Mal, wenn er einem Bereich eine gute Idee oder Anregung liefert, kann der Bereichsleiter dem Mitarbeiter dafür eine weitere Karte mit dem Stempel des Bereiches aushändigen. Natürlich wird die Idee auf der Karte vermerkt und wenn Sie dies möchten, können die Ideen auch kurz am Ende der Veranstaltung präsentiert werden. Dies geht jedoch nur, wenn Ihr Unternehmen nicht zu viele Mitarbeiter und Bereiche hat, da Sie, wenn Sie dies tun, immer alle Ideen vorstellen müssen, sonst fühlt sich der einzelne Mitarbeiter nicht wertgeschätzt.

Es empfiehlt sich für diese Veranstaltung einen Brückentag oder einen Freitag zu nehmen und es ist wichtig, dass der Tag bereits lange vorher den Mitarbeitern angekündigt wird und an diesem Tag kein Kundenverkehr stattfinden darf.

Außerdem sollte das Unternehmen für den Tag die Verpflegung organisieren und den Mitarbeitern bereitstellen.

So ein Tag kostet natürlich einiges an Vorbereitung und Aufwand, jedoch werden Sie feststellen, dass der Nutzen den Aufwand stark überwiegt.

Wenn Sie den Tag richtig gestalten, werden folgende Effekte eintreten:

- bessere Verständigung zwischen den verschiedenen Bereichen,
- besseres Verständnis für die Herausforderungen der anderen Bereiche,
- viele neue Ideen und Anregungen,
- die persönlichen Beziehungen untereinander werden gefördert und dies fördert immer auch die Kommunikation und Zusammenarbeit,
- Motivation und Freude über die kleinen Geschenke,
- Spaß und gute Stimmung.

Es stärkt außerdem Ihr Arbeitgeberimage, da die Mitarbeiter in Ihrem Freundeskreis darüber sprechen werden und Sie können auch in den sozialen Medien über die Veranstaltung berichten.

Wenn Sie die Veranstaltung mindestens einmal erfolgreich durchgeführt haben und somit positive Erfahrungen gemacht haben, können Sie diese auch für potenzielle Mitarbeiter nutzen und diese dazu einladen, Ihr Unternehmen kennenzulernen. Dies könnte auch Ihre Rekrutierungsaktivitäten positiv unterstützen.

Laden Sie auch unbedingt die Mitarbeiter ein, die momentan nicht anwesend sind, da sie zum Beispiel in Elternzeit sind. Sie werden eingebunden, bleiben trotz Abwesenheit auf dem Laufenden, was im Unternehmen passiert und halten die Verbindung zu den Kollegen aufrecht.

Als letzten Tipp zu dieser Veranstaltung empfehle ich noch, dass immer der neueste Mitarbeiter des jeweiligen Bereiches für die Präsentation und Organisation seines Bereiches verantwortlich ist. Diese Regelung verhindert zum einen Diskussionen darüber, wer für den Bereich verantwortlich ist und zum anderen hilft es, die Integrationszeit des neuen Mitarbeiters zu verkürzen und ihn sofort mit einer Verantwortung zu betrauen.

Frühjahrsputz

Diese Idee mag auf den ersten Blick etwas ungewöhnlich anmuten und wenn Sie dies das erste Mal vorschlagen werden, werden Sie eher überraschte Blicke und Kommentare ernten. Vertrauen Sie mir in dieser Sache, wir machen dies in meinen Unternehmen seit über zehn Jahren und es ist mittlerweile eine Tradition geworden, die wir nicht mehr missen möchten.

Der jährliche Frühjahrsputz hat den Zweck, dass alle Mitarbeiter, ohne Ausnahme und einschließlich der Geschäftsleitung, an diesem Tag Ihren Arbeitsplatz, Ihre Schränke, Ihren Rechner und auch gemeinsame Gemeinschafträume ausmisten und gründlich sortieren. Es geht also nicht um das eigentliche Putzen!

Egal, wie ordentlich Menschen sind, es sammeln sich doch im Laufe eines Jahres immer wieder Dinge an, die man eigentlich doch nicht mehr braucht.

An diesem Tag gibt es, wenn irgendwie möglich, keinen Kundenverkehr und offiziell ist das Unternehmen zu. Auch hier empfiehlt sich ein Brückentag oder Freitag.

Die Kleidung an diesem Tag ist selbstverständlich leger, das Unternehmen besorgt Pizzas oder Ähnliches zum Mittagessen und nach etwas Zurückhaltung werden sie feststellen, wie eifrig Ihre Mitarbeiter beginnen werden, alles auszumisten. Abfälle werden sich stapeln, Ordner und Dokumente werden neu sortiert und in die Altablage gebracht, Lager und Gemeinschaftsräume werden aufgeräumt und wieder schöngemacht. Wundern Sie sich nicht, wenn Sie plötzlich Bereichsleiter und Techniker mit kleinen Putzeimern und Lappen sehen, die ihren Schreibtisch abwischen. Das wird geschehen und Sie werden überrascht sein, welche enorme Motivation dieser Tag für Ihr Unternehmen bringen wird.

Alle werden am Ende des Tages erschöpft und zufrieden nach Hause gehen und stolz über ihre sichtbaren Ergebnisse sein. Diese Zufriedenheit entsteht dadurch, dass die Mitarbeiter ihre Ergebnisse sofort sehen können und nicht, wie so oft im Alltag, viele Ergebnisse nicht wirklich sichtbar sind.

Außerdem werden Ihre Mitarbeiter mit Freude am nächsten Arbeitstag in Ihr Unternehmen kommen, da sie sich auf ihren aufgeräumten und gut organisierten Arbeitsplatz freuen. Ähnlich wie wir uns als Kinder am Anfang des Schuljahres gefreut haben, wenn wir ein neues Federmäppchen mit neuen Stiften und neue Schulhefte bekommen haben. Können Sie sich daran auch noch erinnern?

Der nette Nebeneffekt für Ihr Unternehmen ist natürlich auch, dass Altlasten und Ballast beseitigt wird, sich Ihre Arbeitsorganisation verbessert, Gemeinschaftsbereiche wieder schöner aussehen, die Mitarbeiter miteinander ins Gespräch kommen und sich besser kennenlernen. Die Freude über den frisch aufgeräumten Schreibtisch oder Rechner schafft eine gute Stimmung und dies erhöht die Leistungsfähigkeit. Sie werden auch feststellen, dass, wenn einzelne Mitarbeiter mit ihrem Bereich früher fertig sind, sie meistens ihren Kollegen helfen und auch das fördert wieder die Zusammenarbeit für das Tagesgeschäft.

Ihr Aufwand ist ein Tag pro Jahr und die Tagesverpflegung der Mitarbeiter. Sie werden feststellen, dass dies eine lohnende Investition ist.

Praxistipp:

Überraschen Sie Ihre Mitarbeiter mit originellen Ideen und bringen Sie dadurch Abwechslung in den Alltag. Damit schaffen Sie ein gutes Unternehmensklima.

Veranstaltungs- und Meeting-Management

Interne Meetings und Veranstaltungen im Unternehmen sind notwendig, um unterschiedlichste Aufgaben zu erfüllen. Sie sind ein wichtiger Bestandteil, um effektive Ergebnisse und gute Leistungen zu erreichen.

In jedem Unternehmen ist es wichtig, die unterschiedlichen Themen zu erörtern, zu diskutieren und zu entscheiden. In der heutigen Arbeitswelt werden viele Themen nicht mehr nur in den Räumen der Geschäftsleitung entwickelt und entschieden, sondern es werden mehrere, in manchen Fällen auch alle Mitarbeiter aktiv in die Prozesse mit eingebunden. Diese Entwicklung zeigen auch verschiedene Studien zum Thema Mitarbeiterzufriedenheit und den Erwartungshaltungen von Mitarbeitern an ihren Job.

Für die BEITRAINING-Studie »Arbeitgeberattraktivität: Märchen oder Wirklichkeit?« wurden Arbeitgeber gefragt, welche Faktoren die Arbeitgeberattraktivität am stärksten bestimmen. Die Antwort lautet: Weder das Gehalt, noch der Standort, noch die Unternehmensgröße sind entscheidend. 70 Prozent der Befragten nennen die Führungskultur und das Betriebsklima als wichtigste Erfolgsfaktoren. »Der Fisch beginnt immer vom Kopf an zu stinken«, begründet ein Befragungsteilnehmer seine Antwort. Eine zeitgemäße Führungskultur bedeutet eben unter anderem auch, dass Mitarbeiter sich mit dem Unternehmen identifizieren können, weil sie sich in Prozesse und Entscheidungen eingebunden fühlen.

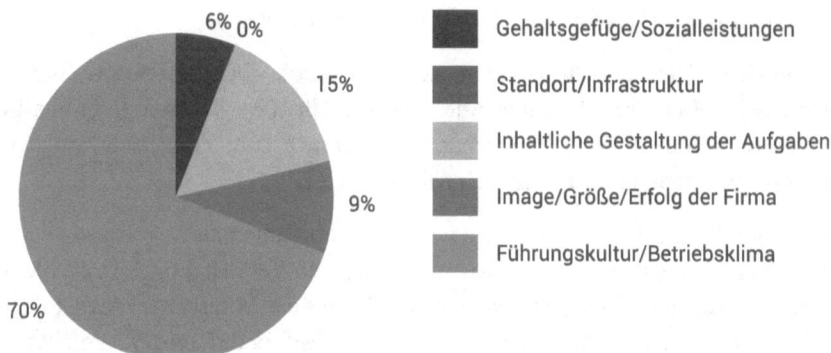

Abbildung 4.9: Was bestimmt die Arbeitgeberattraktivität am stärksten? (BEIGROUP Unternehmerbefragung 2016 Was macht ein Unternehmen zu einem attraktiven Arbeitgeber?)

Die aktive Einbindung ist nicht nur motivationsfördernd und bindet die Mitarbeiter stärker an Ihr Unternehmen, sondern Sie schaffen dadurch ein viel besseres Verständnis für notwendige Änderungen und anstehende Aufgaben. Außerdem erreichen Sie mit der Einbindung der Mitarbeiter bereits in der Entwicklungsphase später eine viel bessere Umsetzungsqualität und verlieren weniger Zeit, ihnen die Veränderungen und Entwicklungen anschließend erläutern zu müssen.

Entscheiden müssen natürlich am Ende die Geschäftsleitung oder die jeweiligen Entscheidungsträger im Unternehmen, jedoch ist ein Mitspracherecht eine sinnvolle Methode, um das Engagement der Mitarbeiter zu stärken, den Job interessanter und abwechslungsreicher zu machen und die Fähigkeiten der Mitarbeiter weiterzuentwickeln.

> **Praxistipp:**
>
> Involvieren Sie Ihre Mitarbeiter in wichtige Entwicklungen und stärken Sie damit das unternehmerische Denken.

Folgende Themen und Bereiche können durch Veranstaltungen und Meetings sinnvoll bearbeitet und gelöst werden:

- Entwicklung von Visionen und Unternehmenszielen,
- Entwicklung von Leitlinien,
- Entwicklung von Führungsgrundsätzen,
- Erarbeitung einer gemeinsamen Unternehmenskultur,
- gemeinsame Planung und Erfolgskontrolle,
- Festlegung von Richtlinien und Vorgaben,
- Festlegung von Rechten und Pflichten,
- Austausch von Informationen und deren Diskussion,
- Erfahrungs- und Meinungsaustausch,
- Organisation von Projekt- und Teamarbeit,
- gemeinsame Problemlösung und Konfliktbewältigung,
- Festlegung von Arbeitsprozessen und Ablaufprozessen.

Dies sind sicherlich nicht alle Themen, jedoch deckt die oben aufgeführte Auflistung einen Großteil der relevanten Aufgaben ab. Alle diese Themen kommen in der einen oder anderen Weise in jedem Unternehmen zum Tragen und müssen gemeinsam mit dem Team erfolgreich gelöst werden.

Und obwohl dies mittlerweile in den meisten Unternehmen auch so ist, stelle ich immer wieder fest, dass die Organisation von internen Veranstaltungen und Meetings oftmals reaktiv anstatt aktiv geplant wird, dass die Mitarbeiter klagen, dass sie viel zu viel Zeit in uneffektiven Meetings und Telefonkonferenzen verbringen und dadurch nicht zu ihrer geplanten Arbeit und zur Erledigung ihrer Aufgaben kommen.

Ein befreundeter Berater hat mir einmal scherzhaft seine Definition eines erfolgreichen Meetings in größeren Organisationen beschrieben: »Ein Meeting ist dann als erfolgreich einzustufen, wenn man sich auf einen neuen Termin geeinigt hat!« Beim ersten Mal habe ich darüber gelacht, jedoch mittlerweile zweifele ich manchmal, ob er es wirklich scherzhaft gemeint hat.

Zum Thema Meetings und Zeit, die in ineffizienten Besprechungen vergeudet wird, konnten alle fünf Freunde zahlreiche Beispiele geben. Die internen Probleme bezüglich der Meetings und Veranstaltungen sorgen in allen fünf Unternehmen für Frus-

tration und Unzufriedenheit. Bei Stefan führt dies schon dazu, dass kaum ein Ingenieur mehr Lust und oder Motivation hat, zu einer Besprechung zu kommen.

Dies ist an sich eine völlig unnötige Entwicklung und kostet die Unternehmen nicht nur Zeit und Geld, sondern verhindert das Entstehen von Motivation, reduziert die Leistungsfähigkeit und verdirbt das Unternehmensklima.

Aus der Diskussion unserer fünf Freunde finden Sie nachfolgend einige typische Aussagen zusammengefasst:

- Geplante Zeiten werden nicht eingehalten.
- Termine werden zu kurzfristig angesetzt oder verschoben.
- Benötigte Teilnehmer vergessen den Termin oder haben dringende andere Aufgaben zu erledigen.
- Teilnehmer müssen unerwartet früher gehen.
- Es werden nebenbei »dringende« E-Mails gelesen und Telefonate angenommen.
- Teilnehmer sind unvorbereitet.
- Teilnehmer in Telefonkonferenzen machen nebenbei völlig andere Dinge und sind nicht aufmerksam bei der Sache.
- Der Teilnehmerkreis ist so groß, dass ein effektives Arbeiten nicht möglich ist.
- Es sind nicht die richtigen Teilnehmer im Meeting.
- Teilnehmer vergessen wichtige Unterlagen.
- Die Meetings werden wegen wichtiger anderer Themen durch andere Mitarbeiter gestört.
- Es besteht keine klare Agenda und keine klare Zielsetzung.
- Themen werden endlos diskutiert und man kommt nicht zu einer Entscheidung.
- Am Ende rennen alle auseinander und keiner weiß verbindlich, was nun eigentlich zu tun ist.
- Verantwortlichkeiten werden nicht genau festgelegt und jeder verlässt sich auf den anderen.
- Aufgaben werden von Meeting zu Meeting neu vergeben, jedoch nie erledigt, sondern immer nur erneut verschoben.
- Keine Dokumentation über die Inhalte und Entscheidungen wird erstellt und anschließend hat jeder ein anderes Verständnis von den Entscheidungen und Ergebnissen.
- Keiner moderiert das Meeting und achtet auf die zu besprechenden Themen und die Einhaltung der Agenda.
- Einzelne Teilnehmer greifen sich gegenseitig an und werden emotional.
- Einzelne Teilnehmer werden unsachlich und kritisieren andere persönlich.
- Es wird zwar ein Protokoll erstellt, aber die Teilnehmer bekommen es erst Wochen später und es ist noch voller Fehler oder es fehlen wesentliche Themen.

Falls Ihnen eine oder mehrere Aussagen oder Situationen aus Ihrem Unternehmen bekannt sein sollten, dann ist es an der Zeit, dieses Thema unbedingt mit in Ihr Mitarbeiter-Marketing-Konzept mit aufzunehmen.

Auf den nächsten Seiten möchte ich Ihnen einige Ideen, Erfahrungen und praktische Tipps mit an die Hand geben, damit Sie einen Großteil der Aussagen in Ihrem Unternehmen in der Zukunft nicht mehr hören müssen.

Ist es möglich, alles zu lösen und das immer und jederzeit? Natürlich nein, da es immer Ausnahmen, unerwartete Probleme und besondere Situationen gibt. Ich kann Ihnen jedoch aufgrund unserer Erfahrungen mit dem eigenen Unternehmen und mit unseren Mandanten sehr wohl zusagen, dass es möglich ist, dies mit einem durchdachten System und gelebten Spielregeln in 80 Prozent oder mehr Fällen zu erreichen.

Hierzu werde ich nun folgende Themenblöcke näher ausführen:

- Grundraster für ein Veranstaltungs- und Meeting-Management,
- hilfreiche Spielregeln für interne Meetings.

Zunächst geht es darum, eine möglichst nachvollziehbare und sinnvolle Struktur von Veranstaltungen und Meetings zu installieren, die immer wiederkehrende Themen abdeckt und als Art Rahmen dienen kann.

Natürlich werde ich dann oftmals von Mandanten gefragt, wie man denn schon Monate vorher ein Jahres-Meeting planen soll, wenn die Inhalte noch nicht feststehen.

In diesem Fall stelle ich immer nur eine Frage: »Werden Sie in sechs Monaten Themen haben, die Sie dem gesamten Team mitteilen wollen und die wichtig sind für die Unternehmensentwicklung, auch wenn diese heute noch nicht final feststehen?« Und ich erhalte fast immer die gleiche Antwort: »Ja, mit großer Wahrscheinlichkeit schon.«

Frühzeitige Planung schafft mehr Kontinuität und Verlässlichkeit. Die Mitarbeiter können sich besser danach richten und ihre eigene Planung darauf abstimmen. Im Laufe der Zeit werden Sie feststellen, dass gerade diese immer wiederkehrenden festen Termine ein Teil Ihrer Unternehmenskultur geworden sind und wenn Sie diese interessant gestalten und gut organisieren, ein echtes Motivationsinstrument sein können.

Nachfolgend eine Art Grundraster für ein Veranstaltungs- und Meeting-Management und dieses sollte bereits am Anfang des Jahres eingeplant und wenn möglich fest terminiert werden. Bewusst nicht betrachtet in diesem Grundraster sind Gesellschafter- und Aufsichtsratssitzungen, Budgetplanung-Meetings, Aktionärsversammlungen oder Ähnliches, da es uns ja hier primär um das Thema Mitarbeiter-Marketing geht.

4.1 Wesentliche Elemente, aus denen Mitarbeiter-Marketing-Konzepte bestehen können

Anlass:	Unternehmens-Strategietagung mit der ersten Führungsebene
Häufigkeit:	einmal jährlich, bei schnell wachsenden Unternehmen und sich schnell verändernden Branchen auch zweimal pro Jahr
Teilnehmer:	Geschäftsleitung, Kaufmännische Leitung, technische Leitung, Personalleitung und andere Leitungsfunktionen; außerdem, falls vorhanden, die Leitungen der Niederlassungen
Ziele:	Das gesamte Führungsteam wird auf die aktuelle Strategie, die Jahresziele, die Planungen und Vorhaben eingestellt, die Prioritäten und Verantwortungsbereiche werden definiert und in Aktivitätenpläne umgesetzt.
Dauer:	je nach Größe, Alter und Branche des Unternehmens zwischen ein und drei Tagen

Anlass:	Unternehmens-Gesamtveranstaltung
Häufigkeit:	einmal jährlich, bei schnell wachsenden Unternehmen und sich schnell verändernden Branchen auch zweimal pro Jahr
Teilnehmer:	alle Mitarbeiter des Unternehmens und falls vorhanden, auch alle Mitarbeiter der Niederlassungen
Ziele:	Allen Mitarbeiter werden die aktuelle Strategie, die Ziele und Pläne des kommenden Jahres vorgestellt. Schwerpunkte und Prioritäten werden näher erläutert.
Dauer:	je nach Größe des Unternehmens von zwei Stunden bis zu zwei Tagen

Alternativ kann diese Veranstaltung auch pro Niederlassung stattfinden, falls dies aus geografischen oder Kosten-Gründen sinnvoller ist. Wichtig ist dann jedoch, dass die Geschäftsleitung gemeinsam mit der Niederlassungsleitung diese Veranstaltung durchführt.

Anlass:	Quartals-Meeting Führungskreis
Häufigkeit:	vierteljährlich
Teilnehmer:	Geschäftsleitung, Kaufmännische Leitung, technische Leitung, Personalleitung und andere Leitungsfunktionen; außerdem, falls vorhanden, die Leitungen der Niederlassungen
Ziele:	Überprüfung der erreichten Ziele des letzten Quartals, Ableitung von möglichen und notwendigen Korrekturen, Ausblick nächstes Quartal, Überprüfung Jahresziele und Planungsgrundlage, eventuell Korrekturen der Plansätze oder der Umsetzungsstrategie
Dauer:	je nach Größe des Unternehmens zwischen zwei und acht Stunden

Anlass:	Bereichsmeeting
Häufigkeit:	monatlich oder 14-tägig
Teilnehmer:	Jeder Geschäftsbereich mit seinem Team führt ein eigenständiges Meeting durch. Dies gilt auch für die Geschäftsführung mit der ersten Führungsebene.
Ziele:	Bereichsergebnisse des Vormonats werden analysiert und Maßnahmen werden daraus abgeleitet. Überprüfung der Monatsziele in Bezug auf die Jahresziele. Ziel und Planung für den kommenden Monat werden besprochen und Prioritäten werden gesetzt.

Anlass:	Team- und Abteilungsmeeting
Häufigkeit:	Wöchentlich, als Termin kann entweder der Montagmorgen oder der letzte Termin vor dem Wochenende sinnvoll sein. Dies hängt aber stark von der Branche, der Unternehmenskultur, den Marktgegebenheiten und den wiederkehrenden Teamaktivitäten ab.
Teilnehmer:	Jede Führungskraft führt mit seinem Team dieses Wochenmeeting durch.
Ziele:	Rückblick der vergangenen Woche, Analyse der Ergebnisse und der einzelnen Aktivitäten; Anpassung der Planung wenn notwendig, Festlegung der Wochenziele und Einteilung der Wochenaktivitäten

Anlass:	Individuelle Jahresgespräche mit jedem Mitarbeiter
Häufigkeit:	jährlich, meist im ersten Quartal des Jahres
Teilnehmer:	Der jeweilige Mitarbeiter mit seiner direkten Führungskraft. Falls eine Personalentwicklungsabteilung im Unternehmen vorhanden ist, kann bzw. soll diese auch am Gespräch teilnehmen. Dies ist abhängig von der Kapazität und der Unternehmenskultur.
Ziel:	Jahresrückblick und Beurteilung der Gesamtleistung des Mitarbeiters; Analyse der Kompetenzraster und Planung der Weiterbildung und Weiterentwicklung im Unternehmen; finanzielle und sonstige Rahmendaten sowie persönliche Anliegen des Mitarbeiters.

Hilfreiche Spielregeln für interne Meetings

Nun wollen wir uns den Spielregeln für Meetings zuwenden und falls Sie dafür in Ihrem Unternehmen bis dato keine offiziellen Regeln haben, könnte dies das erste Thema für Ihr nächstes Meeting sein. An sich haben fast alle Unternehmen gewisse Spielregeln für ihre Meetings, oftmals sind diese nur nicht schriftlich festgehalten.

Ich möchte Ihnen ein paar Rahmendaten für Spielregeln an die Hand geben, die sich in den letzten Jahren in der Praxis gut bewährt haben. Natürlich können Sie diese auch um weitere Regeln gemeinsam mit Ihrem Team ergänzen.

Die erste, und auch meines Erachtens wichtigste, Spielregel lautet:

- Ein interner Termin hat die gleiche Bedeutung wie ein externer Termin!

Wenn Sie nur dies beherzigen und die Einstellung Ihrer Mitarbeiter und Ihre eigene danach ausrichten, ändert sich schon sehr viel an Ihrer Meeting-Kultur.

Was genau bedeutet diese Spielregel? Eine der Ursachen für die hohe Frustration bei internen Terminen und Meeting ist die gelebte Praxis, dass diese eben nicht genauso abgehalten werden, wie wenn man einen Termin mit einem Kunden, einem wichtigen Lieferanten oder einem wertvollen Kooperationspartner hätte.

Es handelt sich also um ein Problem mit der Grundeinstellung in Unternehmen bezüglich internen und externen Terminen oder Meetings. Die Ursache dafür ist meist eher bei der Geschäftsführung und in der Führungsetage zu finden und dies wird von den Mitarbeitern übernommen. Die Vorbildfunktion bestimmt hier sehr stark die Kultur und die gelebte Verhaltensweise.

Wenn der Geschäftsführer drei Dinge gleichzeitig in einer Besprechung macht, werden die meisten Mitarbeiter nichts sagen, aber sie denken sich ihren Teil und kopieren dies dann in ihren Meetings. Wenn dann der Chef die mangelhafte Meeting-Kultur kritisiert und an die vereinbarten Spielregeln erinnert, werden die Mitarbeiter ihm offiziell natürlich Recht geben, aber insgeheim denken sie, dass er sich ja auch nie an die Spielregeln hält.

Das Schöne an der jüngeren Generation ist in diesem Zusammenhang, dass diese es nicht nur denken, sondern den Chef auch direkt darauf ansprechen. Ich finde, sie haben absolut Recht damit, da mangelnde Vorbereitung von Besprechungen, fehlendes Halten an oder gänzliches Fehlen von Agenden oder mangelnde Konzentration auf das Thema vor allem eines signalisieren: geringe Wertschätzung und sorglosen Umgang mit der (Arbeits-)Zeit der anderen Meeting-Beteiligten.

Die erste und wichtigste Spielregel also lautet vollständig und korrekt:

- Ein interner Termin hat die gleiche Bedeutung wie ein externer Termin und das gilt für alle Menschen im Unternehmen, auch für die Geschäftsführung!

Wenn Sie diese Spielregel erfolgreich eingeführt haben und dann auch einhalten, ist es einfach, alle anderen Spielregeln gemeinsam einzuführen und auch einzuhalten. Sie müssen sich und Ihrem Team nur die Frage stellen:

- Was machen wir bei einem Termin mit unserem wichtigsten Kunden?
- Wie bereiten wir uns darauf vor?
- Wie verhalten wir uns in einem solchen Termin?
- Usw.

Ich weiß, dass dies nicht immer einfach ist, aber Sie werden feststellen, dass dies eine Art Meeting-Grundphilosophie darstellt, an der sich die Mitarbeiter und die Geschäftsleitung leicht orientieren können und die eine hervorragende Grundlage für alle weiteren individuellen Spielregeln darstellt.

Praxistipp:

Letztendlich geht es immer um die Themen Wertschätzung, Aufmerksamkeit und Konzentration auf das, was wir gerade tun, wenn wir mit und für Menschen arbeiten. Und unter dem Gesichtspunkt des sich verändernden Marktes zu einem Arbeitnehmer-Markt ist der Mitarbeiter sowieso unser wichtigster Kunde.

Nun noch ein paar weitere grundlegende Tipps, damit die Besprechungen und Meetings erfolgreich und zielführend durchgeführt werden können:

- fester und regelmäßiger Zeitpunkt,
- rechtzeitige Ankündigung, um eine Vorbereitung aller Beteiligten zu ermöglichen,
- pünktlicher Start und pünktliches Ende, falls Sie nicht mit allen Themen fertig werden, setzten Sie lieber einen weiteren neuen Termin fest,
- möglichst kurze Dauer, lieber separate Termine für unterschiedliche Themen als Mamut-Meetings, optimal sind 30 bis maximal 60 Minuten,
- klare schriftliche Zielsetzung,
- im Vorfeld schriftlich festgelegter strukturierter Ablauf mit festen Themenpunkten,
- nur tatsächlich benötigte Teilnehmer einladen – lieber kurze separate Meetings zu Einzelthemen, als einen »Rundumschlag mit allen«, bei der immer nur wenige kurze Zeit beteiligt sind,
- keine anderen Ablenkungsgegenstände,
- alle notwendigen Unterlagen sind bei Beginn im Raum,
- keine Störungen,
- ein kurzes schriftliches Ergebnisprotokoll, das allen Beteiligten, nach Korrektur durch die Besprechungsleitung, zur Verfügung gestellt wird. Auch jenen, die nicht anwesend sein konnten – wobei hier tatsächlich die sprichwörtliche Würze in der Kürze liegt, dafür besteht eine Lese- und Reaktions-Verpflichtung,
- kein Ende ohne klare Zuweisung von Aufgaben und Aktivitäten,
- Kontrolle und Nachverfolgung der Aufgabenerledigung.

Wichtig ist letztendlich, dass Sie gemeinsam mit Ihren Mitarbeitern eine Meeting-Kultur entwickeln, die zu Ihrer Unternehmenskultur passt und die dann auch Teil dieser wird. Es lohnt sich in diesen Bereich zu investieren, da ein gut funktionierendes System die Produktivität, die Leistungsfähigkeit und Motivation Ihres gesamten Unternehmens enorm verbessern kann.

> **Praxistipp:**
>
> Erarbeiten Sie gemeinsam mit Ihrem Team verbindliche und für alle transparente Meeting-Spielregeln, die für alle im Unternehmen gelten.

4.1.9 Motivationsanreize, Belohnungssystem und Anreizsysteme

Das Thema Mitarbeiter-Motivation stellt einen wesentlichen Bestandteil einer erfolgreichen Mitarbeiter-Marketing-Strategie dar. Grundsätzlich sind Menschen »von Natur aus motiviert, sie können gar nicht anders« (Spitzer 2009, S. 192). Das ist zunächst positiv. Allerdings heißt das im Gegenzug auch, dass man Menschen nicht einfach von außen motivieren kann. Spitzer vergleicht es mit Hunger: Den kann man jemandem auch nicht beibringen, man kann höchstens den Appetit anregen, aber ganz ohne Hunger isst man (in der Regel) auch dann nichts, wenn der Appetit sehr stark angeregt wird. So ist es auch mit Motivation. Man kann lediglich das Umfeld schaffen, damit jemand motiviert sein kann.

In der Praxis erlebt man allerdings, dass viele Menschen in ihrem Beruf nicht motiviert sind. Die jährliche Gallup-Studie zum Thema Mitarbeiterbindung, die seit 2001 erstellt wird, hat für 2015 folgende Ergebnisse gebracht, die das widerspiegeln:

»Nur 16 Prozent der Arbeitnehmer sind mit Herz, Hand und Verstand bei der Arbeit. Die große Mehrheit, 68 Prozent der Beschäftigten, machen lediglich Dienst nach Vorschrift und 16 Prozent der Werktätigen sind emotional ungebunden und haben innerlich bereits gekündigt.« Dies sind die zentralen Ergebnisse des Engagement Index 2015 des Beratungsunternehmen Gallup (Gallup 2016).

Deshalb sollten wir uns die Grundlagen und die Vorraussetzungen für Motivation näher ansehen.

Man unterscheidet intrinsische und extrinsische Motivation. Intrinsische Motivation kommt von innen, also aus der Aufgabe selbst. Mitarbeiter mit intrinsischer Motivation genießen ihre Tätigkeit, freuen sich über ihre Ergebnisse und lassen sich auch von Rückschlägen nicht so schnell entmutigen. Diese Art der Motivation ist der Idealfall. Voraussetzung ist, dass Person, Aufgabenfeld und Umfeld zusammenpassen. Extrinsische Motivation wird von außen erzeugt, muss aber bei der Mitarbeiterführung als eine Notlösung gesehen werden, zum Beispiel für Tätigkeitsfelder, die wenig Motivationspotenzial haben. Beide Motivationsformen lassen sich jedoch nicht strikt trennen. Die US-amerikanischen Psychologen Deci, Koestner und Ryan konnten in einer Studie nachweisen, dass es eine komplizierte Wechselwirkung zwischen intrinsischer und extrinsischer Motivation gibt. So kann extrinsische Motivation, zum Beispiel in Form von Prämien, die intrinsische Motivation sogar reduzieren oder untergraben. Umgekehrt können Anreize von außen, wie das Lob eines Vorgesetzten oder die Anerkennung durch die Kollegen, die innere Motivation steigern (vgl. Deci, E., Koestner, R. & Ryan, R. M., 1999).

Aus diesem Grund ist es zum einem wichtig zu verstehen, was Motivation bewirkt bzw. was Motivation bei Menschen verhindert oder sogar zerstört und zum anderen, was getan werden kann, um Motivation freizusetzen.

Der wesentliche Grund, warum Motivation regelrecht zerstört wird, ist das Vorhandensein von sogenannten Unzufriedenheitsfaktoren. Diese Unzufriedenheitsfaktoren (in der Fachliteratur häufig auch als Hygienefaktoren bezeichnet, basierend auf der wohl am meisten verbreiteten Motivationstheorie von Herzberg, vgl. dazu zum Beispiel Rosenow 2007) sind Faktoren, die dem Mitarbeiter Energie und damit Motivation nehmen.

Des Weiteren ist es wichtig zu verstehen, dass der Mitarbeiter gewisse Erwartungshaltungen an das Unternehmen und sein Arbeitsumfeld hat. Diese Erwartungshaltungen möchte er erfüllt haben. Wenn diese nicht erfüllt werden, entsteht Unzufriedenheit (vgl. zu diesem Zusammenhang Rosenstiel, 2014).

Folgende typische Faktoren können Unzufriedenheit auslösen:

- schlechtes Teamklima,
- Gefühlte ungerechte Behandlung,
- mangelnde oder unklare Kommunikation,
- nicht eingehaltene Versprechungen oder Zusagen,
- schlechtes oder unzureichendes Arbeitsmaterial,
- zeitlicher Stress oder unklare Prioritäten,
- unklare Aufgabenbeschreibung,
- offene Kritik und wenig Fehlertoleranz,
- wenig bis keine Verantwortung,
- zu wenig Aufmerksamkeit oder Anerkennung,
- interne Termine werden nicht eingehalten,
- keine klaren Befugnisse,
- unerwartete Veränderungen,
- veraltete oder nicht funktionierende Technik,
- unklare Einsatzplanung.

Auch die BEITRAINING-Studie von 2015 zum Thema »Mitarbeiter-Motivation: Märchen oder Wirklichkeit?« kommt zu ähnlichen Ergebnissen. Die vollständige Studie, und auch andere Studien rund um das Thema Mitarbeiter, können Sie auch auf der Webseite www.people-skills.eu finden.

All diese oben genannten Faktoren führen bei den meisten Mitarbeitern zu Unzufriedenheit und verringern die Motivation maßgeblich.

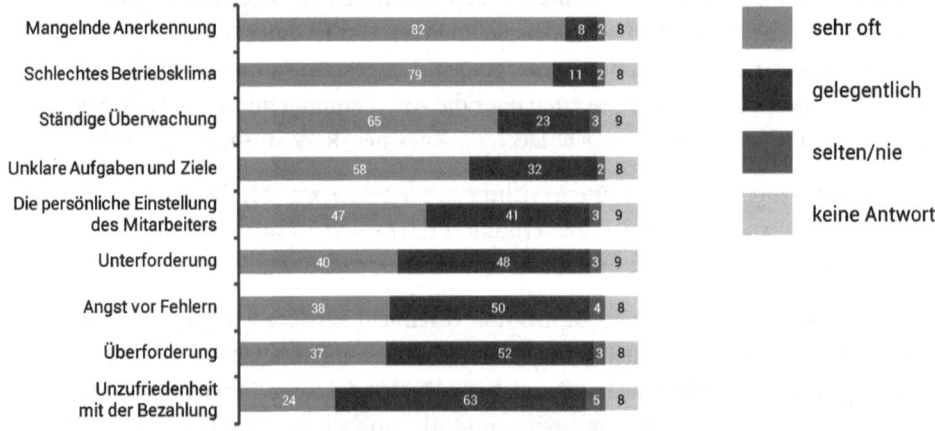

Abbildung 4.10: Welche Faktoren zerstören die Motivation von Mitarbeitern? (BEIGROUP Unternehmerbefragung 2015 *Mitarbeitermotivation: Märchen oder Wirklichkeit?*)

Aus diesem Grund ist es in erster Linie wichtig, alle internen Unzufriedenheitsfaktoren zu identifizieren und diese sukzessive abzubauen sowie permanent weitere Unzufriedenheitsfaktoren aufzudecken und zu beheben.

Um dies in die Organisation als regelmäßigen Prozess zu integrieren, ist es notwendig, dieses Thema als festen Bestandteil aller Teammeetings zu installieren und aufgedeckte Gründe für Unzufriedenheit anschließend auch konsequent abzustellen.

Eine wirksame Methode zur Identifizierung und zum strukturierten Abbau dieser Unzufriedenheitsfaktoren ist die Engpass-Analyse. Eine Engpass-Analyse ist ein Prozess, bei dem festgestellt wird, bei welchen wesentlichen Faktoren die Differenz zwischen dem Wunsch-Zustand und dem Ist-Zustand am größten ist. Als Folge daraus sinkt die Unzufriedenheit signifikant, das Engagement der Mitarbeiter wird größer und die Bindung an das Unternehmen steigt stark an.

> **Praxistipp:**
>
> Erst die Faktoren ausräumen, die zu Unzufriedenheit führen und dann erst weitere Motivationsfaktoren einführen, da diese ansonsten nicht die gewünschte Wirkung erzielen.

Erst dann ist es sinnvoll, konkret über Motivationsfaktoren nachzudenken und diese einzuführen. Dazu ist es wichtig zu erkennen, dass Menschen motiviert und trotzdem unzufrieden sein können. Erst wenn die ausschlaggebenden Unzufriedenheitsfaktoren beseitigt worden sind, wird ein Motivationssystem enorme Leistungssteigerungen bewirken und sowohl dem Mitarbeiter als auch dem Unternehmen große Vorteile bringen. Grundsätzlich führen alle Faktoren, die über der Erwartungshaltung der Mitarbeiter liegen, zur Freisetzung von zusätzlicher Motivation. Dies können zum Beispiel folgende Dinge sein:

- Klassische monetäre Motivationsfaktoren, zum Beispiel:
  - Geburtstags- und Jubiläumsgeschenke,
  - eine zusätzliche Vergütung, wie Weihnachts- und Urlaubsgeld,
  - Gehaltserhöhung,
  - Fahrzeug zur privaten Nutzung,
  - zusätzliche Ausbildung und Qualifikation,
  - gemeinsame Firmenfeiern wie Weihnachts-, Sommer- oder Neujahrsfest,
  - zusätzliche Betriebliche Altersversorgung,
  - Teambonus,
  - Unternehmens-Prämie,
  - Nutzung von technischen Geräten für den Privatgebrauch,
  - Bonus für die Einbringung von Verbesserungsvorschlägen,
  - freie Getränke und Essensgeld,
  - Gehaltszahlungen in Form von Sachbezügen,
  - kostenlose Einrichtungen wie Fitnesscenter.

Eine Möglichkeit, ein relativ kostengünstiges, einfaches und wirkungsvolles Anreizsystem in Unternehmen jeder Größe zu etablieren, ist es, den aktuell von Steuern und Abgaben befreiten Sachbezug von bis zu 44 Euro pro Monat auszunutzen. Dieser Betrag kann regelmäßig oder auch nach unternehmenseigenen Maßgaben jedem Mitarbeiter als freiwillige Leistung oder Anreiz monatlich gewährt werden. Kombiniert mit einer Guthabenkarte kann jeder Mitarbeiter den Sachbezug bedarfs- und wunschgerecht einlösen. Ein führender Anbieter auf dem Gebiet der Guthabenkarten ist die Firma Edenred. Sie bietet eine wieder aufladbare Guthabenkarte auf Maestro-Basis, die »Ticket Plus® Card« an, die mit über 18 600 Akzeptanzstellen zum Tanken, Shoppen, Online-Shopping, Essen gehen oder zur Freizeitgestaltung ausgesprochen flexibel einsetzbar ist. Christian Aubry, Geschäftsführer Edenred Deutschland, hat die Erfahrung gemacht, dass die Guthabenkarte nicht nur kleine Momente der Anerkennung und Wertschätzung bei den Mitarbeitern hervorruft, sondern dass durch die monatliche Zuwendung auch das Zugehörigkeitsgefühl zum Arbeitgeber gestärkt wird.

Grundsätzlich ist zu bedenken, dass viele Arten von monetären Motivationsfaktoren nach einer gewissen Zeit für die Mitarbeiter zur Gewohnheit werden und somit zu einer gestiegenen Erwartungshaltung führen, weshalb aus dem Motivationsfaktor mit der Zeit ein Zufriedenheitsfaktor wird. Am besten ist dies am Beispiel Weihnachts- oder Urlaubsgeld zu erkennen. Wenn das Unternehmen diese zusätzliche Vergütung über einen mehrjährigen Zeitraum gewährt hat, erwartet diese der Mitarbeiter, obwohl der Arbeitgeber den Anspruch vielleicht sogar vertraglich ausgeschlossen hat, und somit würde ein Wegfall zur Unzufriedenheit führen. Die jährliche Zahlung führt aber nach einiger Zeit im Gegenzug nicht mehr zu einer Motivation, sondern wird als normal hingenommen.

Stefan und Alexandra erleben an dieser Stelle einen AHA-Effekt. Sie haben stets auf monetäre Anreize gesetzt und waren sich nie über deren Abnutzungsaspekt im Klaren.

> **Praxistipp:**
>
> Wenn der Mitarbeiter zusätzliche monetäre Leistungen über einen gewissen Zeitraum bekommt, wird aus dem Motivations- ein Zufriedenheitsfaktor. Sobald es als Gewohnheit empfunden wird, würde ein Wegfall zu Unzufriedenheit führen.

Deshalb ist die Einführung der oben genannten monetären Motivationsfaktoren mit Bedacht und Sorgfalt vorzunehmen. Es ist nicht notwendig und sinnvoll, viele Motivationsfaktoren zugleich einzuführen. Das Motto »weniger ist mehr«, dafür aber öfter mal etwas, womit keiner rechnet, erreicht meistens das gleiche Ziel bzw. mehr Motivation.

Die Tatsache, dass Motivationsfaktoren irgendwann zur Gewohnheit werden und dann eben nicht mehr die gewünschte Motivation freisetzen, mag manchen Unternehmenslenkern zwar ungerecht erscheinen, aber dies liegt nun mal in der Natur des Menschen und darauf haben wir keinen Einfluss.

Es gibt jedoch auch eine große Anzahl von nicht monetären Motivationsfaktoren, die Sie näher betrachten sollten. Diese Motivationsfaktoren haben den Vorteil, dass sie keine oder nur geringe zusätzliche Kosten für Ihr Unternehmen bedeuten. Außerdem sind diese Motivationsfaktoren bei den Mitarbeitern scheinbar höher bewertet, was jedenfalls aus der bereits oben erwähnten Studie von BEITRAINING zum Thema »Mitarbeiter-Motivation: Märchen oder Wirklichkeit?« von 2015 hervorgeht (siehe Abbildung 4.11). Daraus kann man ableiten, dass viele weiche Faktoren eine oftmals wichtigere Bedeutung für die Motivation und damit für die Leistungssteigerung darstellen.

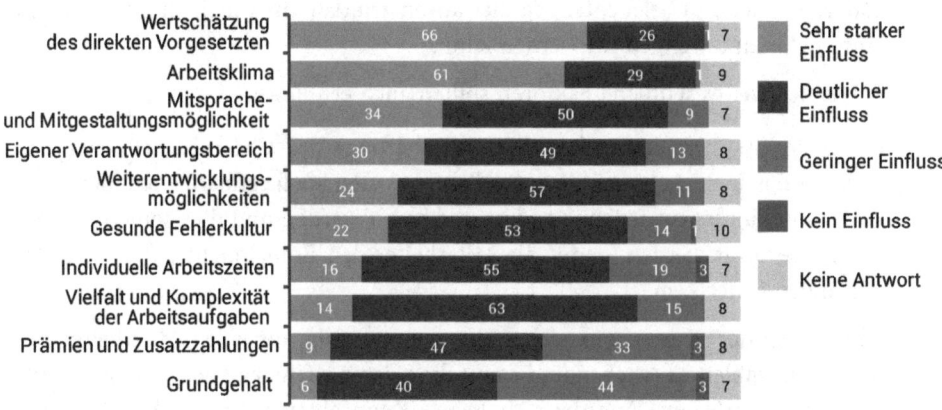

Abbildung 4.11: Welche Faktoren fördern die Motivation von Mitarbeitern? (BEIGROUP Unternehmerbefragung 2015 *Mitarbeitermotivation: Märchen oder Wirklichkeit?*)

Praxistipp:

Ehrlich gemeintes Lob, Anerkennung für gute Leistungen, echte Wertschätzung und Aufmerksamkeit durch die Führungskraft sind oftmals die stärksten Motivationsfaktoren.

Bonussystem

Trotz allem ist es sinnvoll, auch wenn es eine gewisse Herausforderung darstellt, monetäre Motivations-Systeme oder Elemente zu entwickeln, die zur dauerhaften Motivation führen und eben nicht in kürzester Zeit zu einem Zufriedenheitsfaktor werden. Dies könnte zum Beispiel ein Bonussystem sein. Damit dies jedoch langfristig als Motivationsfaktor Bestand haben kann, müssen folgende Faktoren berücksichtigt werden:

- Der Mitarbeiter muss direkten Einfluss auf sein Ergebnis und somit auf seinen Bonus haben.
- Das System sollte transparent, fair und nachvollziehbar sein.

- Es sollte nur auf Basis der monatlichen Leistung bewertet und monatlich vergütet werden.
- Der Mitarbeiter tritt nur mit seiner eigenen Leistung in Konkurrenz, nicht mit anderen Mitarbeitern oder mit pauschalen vorgegebenen Unternehmenszielen.
- Alle Mitarbeiter müssen die Gelegenheit bekommen, an dem Bonussystem teilzunehmen. Wobei der Mitarbeiter selbst die Entscheidung hat, ob er teilnehmen will.

Wenn alle diese fünf Voraussetzungen gegeben sind, bleibt der monatliche Bonus, den der Mitarbeiter durch seine eigene Leistungssteigerung erzielen kann, dauerhaft ein Motivationsfaktor.

Für eine konkrete Einführung eines solchen Bonussystems sind jedoch noch zwei andere Bereiche zu beleuchten, da dies ansonsten dauerhaft nicht sinnvoll für ein Unternehmen durchgeführt werden kann.

Folgende zwei wesentliche Faktoren sollten auch erfüllt sein:

- Ein Bonussystem muss den Ertrag (Rohertrag) des Unternehmens steigern, damit das Unternehmen die zusätzlichen Kosten auch refinanzieren kann.
- Die Endkundenzufriedenheit sollte verbessert werden und dies sollte regelmäßig überprüft werden, damit die Mitarbeiter den Bonus nicht auf Kosten der Kunden generieren.

Um dies in der Praxis zu erreichen, ist es notwendig, für jeden Mitarbeiter-Bereich Kennzahlen zu erheben und somit die Leistungsfähigkeit des jeweiligen Mitarbeiters zu erfassen. Aus den erhobenen Kennzahlen können dann sinnvolle Quotienten gebildet werden, die anschließend zur Analyse und Berechnung des Bonus herangezogen werden können.

Als Beispiel könnte die Anzahl abrechenbarer Stunden eines Monteurs im Verhältnis zu seinen tatsächlichen Arbeitsstunden pro Woche genutzt werden.

Als Vergleichs-Zahlen benötigt man eben diese Kennzahlen des Monteurs über einen Zeitraum der letzten mindestens sechs, jedoch noch besser zwölf Monate.

Auf Basis dieser Zahlenhistorie wird der Mitarbeiter dann in seinem persönlichen Leistungsstandard eingeordnet und mit ihm gemeinsam besprochen, was seine Durchschnittsleistung auf Basis der Vergangenheit ist.

Mit dieser Methode wird sichergestellt, dass jeder Mitarbeiter sein persönliches und nachvollziehbares Ziel erhält.

Anschließend wird von der Geschäftsleitung festgelegt, welche Bonushöhe, also welchen Anteil an der Rohertragssteigerung, der Mitarbeiter erhält. Erfahrungsgemäß sind 20 bis 30 Prozent der Rohertragssteigerung ein angemessener Wert.

Sobald ein solches Bonussystem eingeführt wird, konkurriert der Mitarbeiter dann mit seiner eigenen Durchschnittsleistung, die aus seinen eigenen Durchschnittswerten ermittelt wurde.

Nur in den Monaten, in denen er diese Durchschnittsleistung übertrifft, wird dies mit einem anteiligen Bonus vergütet.

Dank dieser Methodik führt ein solches Bonussystem nicht zur Gewohnheit, wird also nicht zum Zufriedenheitsfaktor, und der Mitarbeiter ist jeden Monat motiviert, seine Leistungen im Vergleich zu seiner Vergangenheit zu steigern.

Dieses System führt nicht nur zu einer dauerhaften Mitarbeitermotivation, sondern verbessert dadurch auch die Mitarbeiterbindung und ist ein gutes Argument bei der Gewinnung von neuen Mitarbeitern.

Ein weiterer großer Vorteil ist, dass die Finanzierung dieses Bonussystems durch die Rohertragssteigerung für das Unternehmen nicht nur kostenneutral ist, sondern ein Anteil der Rohertragssteigerung dem Unternehmen zugutekommt.

Von diesen Zusatzerträgen sollte das Unternehmen einmal pro Jahr eine Mitarbeiter- und Kundenbefragung durchführen, damit regelmäßig überprüft wird, ob das Bonussystem alle Beteiligten zufriedenstellt. Denn nur wenn der Mitarbeiter, das Unternehmen und die Kunden von der Einführung eines solchen Bonussystems profitieren, wird es langfristig Bestand haben.

Gemeinsam mit einer Mandantin ist es meinem Unternehmen gelungen, ein solches Bonussystem genau nach den oben aufgeführten Spielregeln zu entwickeln. Dies System läuft nunmehr schon mehr als fünf Jahre erfolgreich und ertragreich für alle Beteiligten und wir haben dem System den schönen Namen Leistungs-Orientiertes Bonussystem, abgekürzt LOB, gegeben. Auf Basis unserer langjährigen Erfahrungen mit dem Thema Aktivitäten-Management hat die maßgebliche Weiterentwicklung und Marktfähigkeit des LOB-Projektes unser Geschäftsführer von Norddeutschland, Herr Torsten Rohlwing, umgesetzt und seiner Mandantin und ihm gebührt für die erfolgreiche Entwicklung und Umsetzung höchster Respekt und Anerkennung. In einer zweijährigen Pilotphase wurden die oben genannten Parameter verifiziert und auf die Umsetzbarkeit getestet. Der Erfolg gibt dem System Recht und mittlerweile nutzen dieses LOB-System viele unserer Mandanten aus den unterschiedlichsten Branchen, um ihre Mitarbeiter erfolgreich und kontinuierlich zu motivieren, ihren Rohertrag zu steigern und die Kundenzufriedenheit zu erhöhen.

LOB wurde 2012 eingeführt. Mittlerweise arbeiten Unternehmen aus unterschiedlichen Branchen mit LOB. Als ein Beispiel für den Erfolg dieses Modells möchte ich die Apotheken-Branche heranziehen. Bis Mai 2016 konnten dort 2 781 Teilnehmermonate zugrunde gelegt werden. Ein Teilnehmermonat ist ein ausgewertetes Monatsergebnis für einen am LOB teilnehmenden Mitarbeiter. Dahinter verbergen sich wiederum 1 380 263 bediente Kunden. Bezogen auf die erfassten Teilnehmer-Monate haben sich 77,1 Prozent der teilnehmenden Mitarbeiter verbessert. Der Durchschnittsumsatz pro Kunde erhöhte sich dadurch um 10,22 Prozent. Pro Bonuszahlung wurden im Durchschnitt 64 Euro an einen Mitarbeiter ausgeschüttet. Was für den Apotheker besonders zählt, ist die Rohertragssteigerung, die sich dahinter verbirgt. So konnte der Rohertrag im Durchschnitt um 153 Euro je Mitarbeiter und Monat verbessert werden.

Auch in anderen Branchen sind die Ergebnisse des LOB sehr vielversprechend. In der Tabelle in Abbildung 4.12 sehen Sie die Ergebnisse aus dem Bereich Optiker Einzelhandels-Fachgeschäfte.

Diese Ergebnisse sind sehr vielversprechend und für die Mitarbeiter und die Unternehmen gleichermaßen motivierend. Zusätzlich wurden auch die Kunden befragt, ob deren Zufriedenheit ebenfalls gestiegen ist. Dies wurde durchweg bestätigt.

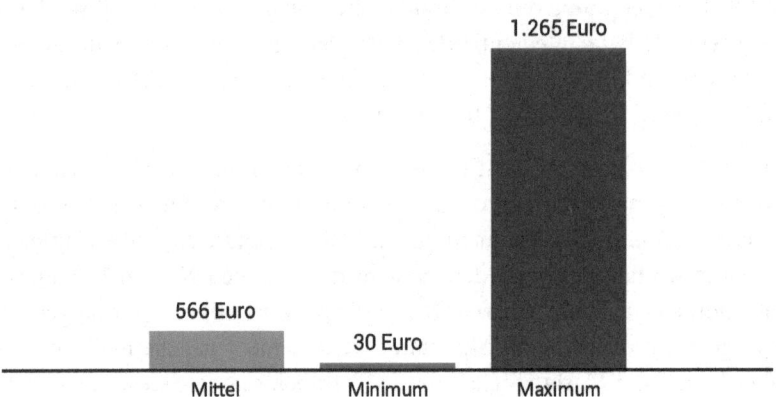

Abbildung 4.12: Rohertragssteigerung durch das Leistungsorientierte Bonussystem LOB am Beispiel Optiker Einzelhandels-Fachgeschäfte

Anreizsysteme und Wettbewerbe:

Ein weiterer wesentlicher Bereich, wenn es um das Thema Leistungssteigerung innerhalb Ihres Unternehmens geht, ist der Bereich der Anreizsysteme durch Anerkennungen, Auszeichnungen und öffentliches Lob. Jeder Mensch ist grundsätzlich gerne erfolgreich und fühlt sich gut, wenn er vor anderen Menschen ein ehrlich gemeintes und aufrichtiges Lob erhält.

> **Praxistipp:**
>
> Interessanterweise führt ein Lob für eine Leistung eines Mitarbeiters, die er selbst für als nicht ausreichend würdigungsfähig hält, eher zu Demotivation.

Selbstverständlich sind für unterschiedliche Menschen und Charaktere solche offiziellen Auszeichnungen unterschiedlich wichtig. Es gibt also eine meist kleinere Gruppe an Mitarbeitern in Ihrem Unternehmen, die dies nicht ansprechen wird, ja die sogar eher darüber lächeln wird. Jedoch wäre es nicht sinnvoll, dieses hervorragende Motivationsinstrument für den größten Teil Ihrer Mitarbeiter nicht zu nutzen, nur, weil es ein paar wenige Mitarbeiter nicht anspricht.

Leider werden in der Praxis in vielen Unternehmen entweder keine Systeme in diesem Bereich genutzt oder wenn doch, dann nicht mit dem Effekt, den sich das Unternehmen davon erhofft.

Unternehmen erhoffen sich durch die Auslobung von besonderen Auszeichnungen, wie zum Beispiel

- Bester Mitarbeiter des Monats,
- Bester Verkäufer oder das beste Verkaufs-Team,
- Beste Niederlassung,
- Beste Abteilung,

letztendlich eine Leistungs- und Ergebnissteigerung und erwarten, damit einen höheren Ertrag zu erwirtschaften und dies ist auch völlig berechtigt. Für dieses Ziel schreiben sie dann außergewöhnliche Prämien aus, die in der Regel dann die Besten oder drei Besten usw. bekommen können.

Ich war in meinen ersten Berufsjahren als Vertriebsleiter mit einem großen Außendienstteam mehrmals dank dieser Systeme auf Reisen. Sogenannte Wettbewerbsreisen waren im Vertrieb damals ein übliches Anreizsystem. Ich durfte auf Firmenkosten in die Karibik, eine Kreuzfahrt machen, auf Mallorca in einer herrlichen Villa wohnen und noch vieles mehr. Für mich und meine Kollegen – immer die besten fünfzehn konnten gewinnen – war das natürlich fantastisch und eine herausragende Belohnung für unsere Arbeit eines ganzen Jahres. Das damalige Unternehmen ließ sich diese Reisen wirklich etwas kosten und wir wurden, im wahrsten Sinne des Wortes, sehr verwöhnt.

Die wesentliche Frage aus Unternehmenssicht ist jedoch, ob sich diese große Investition auch wirklich gerechnet hat, das heißt tatsächlich auch zu einer Motivations- und Leistungssteigerung aller, oder zumindest vieler Mitarbeiter, geführt hat und diese zusätzlichen Erträge ein Vielfaches der Kosten für die Belohnung erbracht haben.

Wenn diese Reisewettbewerbe bei einer großen Unternehmensveranstaltung mit allen Mitarbeitern groß angekündigt und präsentiert wurden, waren an diesem Abend 15 von ca. 600 Menschen begeistert und der Rest war eher frustriert und demotiviert. Warum ist das so und was sind die Hintergründe für dieses Phänomen? Wenn ich Sie an die fünf Herausforderungen und die Mitarbeiter-Pyramide am Anfang des Buches erinnern darf und an die Tatsache, dass sich Menschen in Organisationen in vier Untergruppen aufteilen, werden Sie sicherlich erkennen, was die Ursache dieser Reaktion war. Diese 15 Menschen aus dem Unternehmen gehörten eben zu diesen fünf Prozent der besten Mitarbeiter in diesem Unternehmen. Ein typischer Kommentar eines meiner Kollegen bei diesen jährlichen Ankündigungsveranstaltungen war immer: »Schauen wir mal, wo wir nächstes Jahr hinfahren.« Diese Gruppe von 15 Mitarbeitern war jedes Jahr gemeinsam die Gruppe der Gewinner und alle anderen Mitarbeiter, von denen viele auch hervorragende Ergebnisse erzielten, wussten, dass sie an die Gruppe der 15 nicht heranreichen konnten und waren dadurch demotiviert und oftmals auch frustriert. Ergebnis waren Kommentare wie, »es gewinnen doch eh immer die Gleichen« und »das macht doch keinen Spaß, da ich es doch nie schaffen werde in die Gruppe der besten 15 zu kommen«.

Versetzen Sie sich doch einmal in die Lage des Unternehmens. Sie investieren eine enorme Summe für einen Wettbewerb als Auszeichnung für hervorragende Leistungen und erhoffen sich dadurch ein Vielfaches an Ertragssteigerung und langfristig motivierte Mitarbeiter. Was Sie hingegen als Unternehmen erhalten, ist eine erhöhte Demotivation bis hin zur Frustration und dadurch natürlich keine Ertragssteigerung bei der überwiegenden Zahl Ihrer Mitarbeiter. Und was ist mit den 15 besten Mitarbeitern? Diese 15 leisten die gleiche Leistung, die sie sowieso geleistet hätten, da sie die Gruppe von Menschen in diesem Job sind, die einfach immer die besten Leistungen bringen, fast egal, was Sie als Unternehmen dafür machen. Diese Mitarbeiter bringen eine hohe intrinsische Motivation mit und sind sehr ehrgeizig und wenn Sie nicht durch extrem schlechte Arbeitsbedingungen für große Unzufriedenheit bei ihnen sorgen, erbringen sie Bestleistungen.

> **Praxistipp:**
>
> Belohnungen, die nur die besten Mitarbeiter ansprechen, werden Ihrem Unternehmen nicht mehr Ertrag bringen und zudem einen Großteil der Mitarbeiter nicht motivieren, sondern frustrieren.

Wie also sollte ein Auszeichnungssystem konzipiert sein, damit es sowohl den vom Unternehmen gewünschten Effekt der Ertragsteigerung erfüllt und eine Großzahl der Mitarbeiter motiviert, ihre Leistungen zu steigern?

Wir sehen uns dazu nochmals die fünf Herausforderungen genauer an und die vier Kategorien an Mitarbeitern. Ein Belohnungssystem sollte außer der obersten Gruppe, den fünf Prozent, auch noch die beiden mittleren Gruppen, also insgesamt ca. 45 Prozent aller Mitarbeiter ansprechen. Eventuell auch noch einzelne Mitarbeiter aus der unteren Gruppe, die vielleicht neu beim Unternehmen sind oder nur ein temporäres Leistungstief haben. Es sollte also wenigstens 50 Prozent aller Mitarbeiter motivieren und einen Anreiz bieten, deren Leistungen eigenständig zu erhöhen.

Um dies zu erreichen, ist es notwendig, dass es nicht nur ein paar Mitarbeiter geben darf, sondern dass alle Mitarbeiter, die in diesen Gruppen sind, die Chance haben, eine Belohnung zu erreichen. Dies wird erreicht, wenn die Ziele für den Wettbewerb oder die Belobigung etwa 15 bis 25 Prozent höher liegen als der

Durchschnitt der Gruppenleistungen. Eine solche Leistungssteigerung sollte also so gestaltet werden, dass sich die Leistungsträger Ihres Unternehmens vorstellen können, das Ziel unter Anstrengung zu erreichen. Dies ist auch schon die erste wesentliche Voraussetzung. Nur wenn es sich Menschen überhaupt vorstellen können, besteht die Chance, dass sie es auch schaffen. Damit gibt es am Ende aber nicht nur einen oder eine kleine Gruppe von Belobigten, sondern gegebenenfalls deutlich mehr.

Natürlich sind dann die Belohnungen, die Ihr Unternehmen auslobt, kleiner und nicht so teuer wie ein Reisewettbewerb. Es kann sogar nur eine Urkunde oder eine Belobigung mit einer schön gestalteten Plakette ausreichen, damit die Mitarbeiter sich angesprochen fühlen und sich mehr anstrengen. Wichtig ist nur, dass die Belobigung dann im passenden Rahmen, wie einer Jahrestagung des Unternehmens, stattfindet.

Wenn Sie einmal darüber nachdenken, werden Sie feststellen, dass Regierungen aller Nationen dieses Instrument schon seit mehreren Tausenden von Jahren sehr erfolgreich nutzen, nur wird dort von sogenannten Würdenträgern gesprochen.

Wir haben eine solche Systemumstellung der Belohnungsstruktur bei einem sehr erfolgreichen Franchisesystem aus den USA, dem Unternehmernetzwerk BNI (Business Networking International), dessen Franchisenehmer wir seit Jahren für den deutschsprachigen Markt ausbilden dürfen, gemeinsam mit den verantwortlichen Masterfranchisegebern, Herrn Harald Lais und Herrn Michael Maier, für den deutschsprachigen Raum durchgeführt.

Die Ergebnisse sind hervorragend. Endlich ist bei der Jahresveranstaltung nicht immer nur der Beste auf der Bühne und wird geehrt, sondern eine Vielzahl von Franchisenehmern haben sich das gesamte Jahr angestrengt und werden nun auch für ihre Leistungen geehrt. Viele Franchisenehmer haben ihre Ergebnisse in den letzten Jahren deutlich verbessert – im Schnitt jährlich zwischen 5 und 15 Prozent – und gehen deutlich motivierter aus der Veranstaltung, da sie wissen, welche Kriterien auch im Folgejahr zu einem Award-Gewinn führen.

Für ein anderes erfolgreiches Unternehmen aus der Tierhandelsbranche, nämlich das Unternehmen ZOO & Co. aus Kassel, mit 160 Filialen und über 2 000 Mitarbeitern, haben wir das Thema Belohnung und Auszeichnung mit dem Thema Ausbildung und interne Zertifizierung verbunden. Gemeinsam haben wir im Vorfeld genau definiert, welche Ziele das Belohnungssystem erfüllen soll und diese waren letztendlich sehr vielschichtig:

- Das Ausbildungssystem sollte eine auf die Branche spezialisierte, einzigartige Zertifizierung hervorbringen, die als Alleinstellungsmerkmal für die Rekrutierung von schwer zu findendem Fachpersonal dienen kann.
- Die Zertifizierung sollte den Kunden deutlich zeigen, dass das Unternehmen einen hohen Stellenwert auf Fach- und Beratungsqualität legt.

Abbildung 4.13: Zertifikat ZOO & Co. Zertifizierter Heimtierspezialisten

- Der Mitarbeiter sollte durch die Ausbildung, die über einen Zeitraum von bis zu drei Jahren modular verteilt ist, nicht nur seine Fach- und persönlichen Kompetenzen erweitern, sondern auch an das Unternehmen gebunden werden.
- Der Mitarbeiter sollte eine außergewöhnliche Zertifizierung in seiner Branche erwerben können, die einzigartig ist und seinen Stellenwert am Arbeitsmarkt enorm erhöht.

Alle diese vier Ziele wurden durch die Ausbildung zum »zertifizierten ZOO & Co. Heimtierspezialisten« erfüllt.

Abbildung 4.14: Curriculum für die Ausbildung zum »Zertifizierten ZOO & Co. Heimtierspezialisten«

Anhand dieser zwei erfolgreichen Praxisbeispiele möchte ich zeigen, dass es sehr wohl möglich ist, für einen Großteil seiner Mitarbeiter Umfeld- Bedingungen zu schaffen, die Motivation freisetzen und eine Leistungssteigerung hervorbringen.

Jedoch möchte ich auch noch ausführen, dass Belohnungssysteme oder Wettbewerbe nicht immer groß angelegt sein müssen, damit sie die gewünschten motivierenden Effekte erzielen. Auch kleinere Maßnahmen, die leichter zu organisieren und auch für kleinere Unternehmen oder nur für eine Abteilung umsetzbar sind, sind zielführend und ergebniswirksam. Für diese gelten jedoch auch einige Kriterien, damit Sie dieses Ziel auch erreichen:

- kurze Dauer, also zwischen 10 Tagen und 30 Tagen,
- unter Anstrengung für die meisten Mitarbeiter zu erreichen,
- ein konkretes und spezifisches Ziel, das auch mehrmals im Wettbewerbs-Zeitraum erreicht werden kann,
- personalisiert, das heißt, dass die Ankündigung und die Kriterien zur Teilnahme jedem einzelnen Mitarbeiter persönlich ausgehändigt werden,
- offiziell, zum Beispiel in einem Monats-Meeting angekündigt,
- innerhalb eines festgelegten Budgets, das die zu erwartenden Mehrkosten nicht übersteigt,
- unterschiedliche kleine Preise, die die verschiedenen Mitarbeiter auch ansprechen.

Viele Unternehmer und Manager denken, dass diese Art von kurzen Leistungsanreizen lediglich in der Vertriebsabteilung funktionieren würde. Dies ist absolut nicht der Fall, sondern sie funktionieren in den unterschiedlichsten Branchen und Unternehmensbereichen, wenn man bei der Konzeption etwas kreativ ist.

Wenn Sie in einem Bereich des Unternehmens etwas verbessern möchten, eignet sich ein kleiner Anreiz meistens besser, als den Druck auf die Mitarbeiter zu erhöhen. Wenn Sie in der Finanzabteilung mit der Zahlungsmoral Ihrer Kunden nicht zufrieden sind, können Sie dies verbessern, wenn jedes Mal, wenn ein Kunde pünktlich bezahlt, der Mitarbeiter, der dies bewirkt hat, eine kleine Belohnung erhält. Oder wenn Projekte oftmals nicht in der vereinbarten und geplanten Zeit fertigwerden, bekommt jeder Projektleiter für den termingerechten Abschluss des Projekts eine kleine Belohnung. Häufig reicht es, diese kleinen Belohnungen nur für einen vorher festgelegten kurzen Zeitraum auszuloben, damit sich die Mitarbeiter wieder auf ursprünglich bereits praktizierte bessere Arbeitsmethoden besinnen, sich ihr Selbstbewusstsein erhöht, weil »es ja doch funktioniert« oder sie merken, dass es Spaß macht, wenn es besser läuft.

Wenn Sie jetzt denken, dass das doch der Job der Mitarbeiter ist, diese Themen gut und sachgerecht zu bearbeiten, stimme ich Ihnen gerne zu. Jedoch erreichen Sie Ihre Ziele einfach manchmal besser, wenn Sie Sog anstatt Druck ansetzen.

Und außerdem sorgen diese kleinen Wettbewerbe für etwas Abwechslung im Arbeitsalltag, machen den Mitarbeitern Spaß und wenn Sie sich lustige Preise ausdenken, stärkt es noch Ihre Reputation als kreative Führungskraft.

Praxistipp:

Menschen strengen sich mehr an, wenn sie für ihre Anstrengungen ein Lob, eine Anerkennung oder eine kleine Belohnung erhalten.

4.1.10 Fachkarriere und Führungskarriere

In vielen Unternehmen ist es üblich, dass die besten Mitarbeiter aus einem Fachbereich nach einigen Jahren Firmenzugehörigkeit bei guten Leistungen befördert werden.

Man möchte den guten Mitarbeiter an das Unternehmen binden und ihn oder sie keinesfalls verlieren. Eine Beförderung vom Verkäufer zum Verkaufsleiter oder vom Techniker zum technischen Leiter ist deshalb die Regel. Auch die Mitarbeiter erwarten, dass sie bei entsprechender Leistung und Firmenzugehörigkeit zur Führungskraft aufsteigen.

Mit der Beförderung gehen nicht nur ein höheres Ansehen und eine bessere Bezahlung einher, sondern sie bedeutet natürlich auch eine Vielzahl neuer Aufgaben, speziell Führungsaufgaben. Häufig werden diese Mitarbeiter aber nicht auf die neuen Aufgaben vorbereitet und haben auch selber oftmals keine genaue Vorstellung, was mit der neuen Aufgabe alles verbunden ist.

Mitarbeiterführung wird oftmals als »Nebenbei-Aufgabe« angesehen und es wird erwartet, dass der beförderte Mitarbeiter selbstverständlich auch weiterhin seine sehr gute Leistung als Verkäufer oder Techniker erbringt. Die Fähigkeiten, die benötigt werden, um eine Führungsaufgabe erfolgreich zu erfüllen, sind jedoch andere, als die, die der Mitarbeiter für die erfolgreiche Erfüllung seiner Aufgabe als Facharbeiter benötigte. Deshalb kommt es immer wieder vor, dass die neu beförderte Führungskraft nach einigen Monaten feststellt, dass sie entweder nicht über das notwendige Wissen, die erforderlichen Methoden und/oder die Führungsfähigkeiten verfügt, um diese Aufgaben zu bewältigen. Sie merkt dann, dass sie mit der Aufgabe als Führungskraft nicht zurechtkommt und sich in der Rolle dauerhaft nicht wohlfühlt.

Falls die Ursache nur die mangelnden Führungsfähigkeiten ist, kann dies durch die richtige Einstellung, Training und Fleiß in den nächsten Monaten und Jahren behoben werden. Falls es jedoch daran liegt, dass der beförderte Mitarbeiter feststellt, dass er sich in der Rolle der Führungskraft nicht wohlfühlt, werden sich seine Leistungen stark verschlechtern und es tritt sukzessive eine Verunsicherung ein.

Diese Verunsicherung führt zu einem Verlust des Selbstvertrauens und zieht oftmals eine innere Kündigung und einen Weggang nach sich. Dies liegt daran, dass der beförderte Mitarbeiter nicht mit seinem eigenen Selbstbild und mit dem Bild vor seinen Mitarbeitern und seinem Vorgesetzten leben kann und eine sinnvolle Rückstufung in die ursprüngliche Position dadurch sehr schwer verkraftbar ist. Eine solche Rückstufung würde den Verlust der eigenen Glaubwürdigkeit bedeuten, oft auch als »Gesichtsverlust« bezeichnet, und ist deshalb nicht möglich. Da er aber die Funktion der Führungskraft nicht erfüllt, kommt es zu vermehrten Schwierigkeiten, wie Unzufriedenheit im Team und Verschlechterung der Gesamtleistung.

> **Praxistipp:**
>
> Wenn sich eine Beförderung eines Mitarbeiters, der vorher eine hervorragende Fachkraft war, zur Führungskraft als falsch herausgestellt hat, da sich die neue Führungskraft in der Führungsfunktion nicht wohlfühlt, können Sie diese Führungskraft fast nie wieder in den vorherigen Bereich zurückstufen, ohne sie zu verlieren.

Um diese Problematik von vorherein zu vermeiden, sind folgende Schritte *im Vorfeld einer Beförderung* sinnvoll:

Der Facharbeiter sollte ein Führungskräfte-Training besuchen, das sich hauptsächlich mit der eigentlichen Führungsaufgabe, den Anforderungen an eine Führungskraft und die Herausforderungen bei der Arbeit mit Mitarbeitern beschäftigt. Erfahrungen der letzten 20 Jahre haben gezeigt, dass sich ca. 30 Prozent der Facharbeiter nach der Teilnahme gegen eine Beförderung zur Führungskraft aussprechen und damit rechtzeitig vor einer Beförderung erkennen, dass sie diese Aufgabe doch nicht übernehmen möchten.

Dies hilft zwar in erster Linie, dass der Facharbeiter nicht falsch in eine Führungskarriere befördert wird, löst jedoch nicht die ursprüngliche Problematik, dass trotzdem eine Beförderung sinnvoll und für die Bindung dieses guten Fachmitarbeiters unerlässlich ist.

Deshalb empfiehlt sich der Aufbau einer sogenannten Fachkarriere. Dies bedeutet, dass es neben der normalen Führungskarriere im Unternehmen eine zweite Möglichkeit geben sollte, befördert zu werden, ohne dabei klassische Führungsaufgaben zu übernehmen. Dies beinhaltet auch entsprechende Bezeichnungen. In der Praxis entwickeln sich diese häufig vom »Senior Expert xx« zum »Chief xx« oder »Fellow xx« (vgl. zum Beispiel für Titel im Bereich Fachkarriere aus verschiedenen Branchen: Schanz 2010).

Diese Position sollte das gleiche Ansehen und die annähernd gleiche Vergütung haben, wie die Führungskraft mit Personalverantwortung. Das ist wichtig, da ansonsten eine Art Führungsebene 2. Klasse entsteht und das würde das eigentliche Ziel massiv untergraben.

Der Fachexperte hat im Unterschied zur Führungskraft keine direkte Führungsverantwortung, sondern steht dem Team bzw. einer Abteilung nur fachlich als Spezialist zur Verfügung. Dies kann in Form von temporären Projekten sein, bei der fachlichen Einarbeitung und bei der fachlichen Betreuung von Mitarbeitern. Hingegen führt er keine Mitarbeiter- und Jahresgespräche und hat auch keine Personalverantwortung.

Der Fachexperte ist weiterhin Leistungsträger wie ein Facharbeiter und profiliert sich somit nur über seine Fachkompetenz, seine hervorragenden Ergebnisse und seine fachliche Vorbildfunktion. Er hat das Ansehen wie jede andere Führungskraft auch und kann so langfristig an Ihr Unternehmen gebunden werden.

Wesentlich ist, dass die Bedeutung dieser Spezialisten für das Unternehmen betont und gelebt wird, ansonsten verkommt der Versuch, eine Fachkarriere als wirkliche Alternative zu installieren, zum bloßen Versuch.

> **Praxistipp:**
>
> Führungskarriere und Fachkarriere müssen das gleiche Ansehen im Unternehmen genießen, damit es erfolgreich funktioniert.

4.1.11 Partner- und Integrationsmanagement

Für manche Unternehmen kann ein strukturiertes Partner- und Integrationsmanagement ein wesentlicher Erfolgsfaktor sein, um zum einen gezielt und erfolgreich zu wachsen, aber zum anderen auch, um besondere Talente im Unternehmen zu fördern.

Die Idee dieses Elements bezieht sich darauf, dass gezielt folgende Themen organisiert und strukturiert umgesetzt werden:

- Aufbau von eigenen Filialen,
- Aufbau von Lizenz- und/oder Franchise-Standorten,
- Kauf und Übernahme von anderen Unternehmen,
- Entwicklung von talentierten Mitarbeitern zu Partnern.

Die ersten drei Themen sind natürlich rechtlich betrachtet völlig unterschiedliche Expansionsstrategien. Ich möchte diese rechtlichen Unterschiede hier gar nicht beleuchten, sondern lediglich die organisatorischen und menschlichen Auswirkungen betrachten.

Egal, welche der drei Strategien Sie für Ihr Unternehmen als Wachstumsstrategie gewählt haben, die große Herausforderung besteht immer darin, wie man es schaffen kann, dass die Filialen, die Franchise-Standorte oder die neu zu integrierenden Unternehmensbereiche möglichst schnell leistungsfähig werden und sich somit die getätigte Investition als erfolgreich erweist.

Es empfiehlt sich aus diesem Grund ein spezielles Integrations- und Expansionsteam im Unternehmen zu entwickeln. Dieses Team sollte aus Menschen bestehen, die Spaß an der Veränderung haben, neue Herausforderungen und Aufgaben gerne übernehmen und die sich durch hohe Flexibilität und Kreativität auszeichnen. Manche Unternehmen nennen diese Expansions-Teams oft »mobiles Einsatzteam« und das beschreibt es ganz gut.

Die ausschließliche Aufgabe dieses Teams ist es, nicht nur mögliche neue Standorte, Partner und potenzielle Unternehmen zu identifizieren, sondern diese dann auch erfolgreich mit aufzubauen oder zu integrieren. Dafür ist es erforderlich, feste Abläufe und Prozesse zu definieren, wie der jeweilige neue Standort aufzubauen und das operative Geschäft zu starten ist. Neue Standorte, ob in Eigenregie oder als Franchise, lassen sich gut strukturiert und organisiert planen, da es in diesen noch keine bestehenden Strukturen und Unternehmenskultur gibt. Diese beiden Prozesse sind ähnlich wie die Orientierung und Einarbeitung neuer Mitarbeiter zu sehen, wobei sehr viel Wert daraufgelegt werden muss, dass die neuen Führungskräfte der neuen Standorte schnell dahin entwickelt werden, dass sie ihren Standort unabhängig und eigenständig führen können. Das bedeutet zum Beispiel auch, dass die Trainings zur Einarbeitung oftmals über mehrere Wochen andauern, mehrere Module über einen längeren Zeitraum verteilt werden und parallel ein Training-on-the-Job vor Ort stattfindet.

Um den Zeitraum der Einarbeitung zu verkürzen und die Erfolgschancen zu erhöhen, kann es unter Umständen sinnvoll sein, die Filialleiter oder Franchisenehmer aus dem eigenen Unternehmen zu rekrutieren. Folgende Gründe können dafür sprechen:

- Diese Führungskräfte kennen bereits die wichtigsten Abläufe, die Produkte und die Dienstleistungen Ihres Unternehmens und sind bereits ausgebildet.
- Sie haben ein bestehendes Netzwerk im Unternehmen und wissen, an wen sie sich wenden können, um ihre Herausforderungen zu lösen.
- Sie transferieren Ihre Unternehmenskultur in die neuen Standorte und schaffen damit weniger zukünftiges Konfliktpotenzial.
- Die Unternehmensleitung kennt deren Leistungsfähigkeit und es besteht bereits ein Vertrauensverhältnis.
- Diese Möglichkeit kann auch eine Chance für Ihr Unternehmen sein, herausragende Mitarbeiter, die sich gerne weiterentwickeln wollen, was aber innerhalb der bestehenden Organisation nicht möglich ist, weiterhin an Ihr Unternehmen zu binden, anstatt diese zu verlieren.

Praxistipp:

Eigenen ambitionierten und talentierten Führungskräften die Chance zu geben, einen Filial- oder einen Franchise-Standort zu führen, kann eine gute Option sein, diese innerhalb Ihrer Organisation langfristig zu binden.

Um den Expansionsprozess in den Bereichen Filiale und Franchise erfolgreich zu gestalten, ist es zudem notwendig, die bestehenden Unternehmensabläufe, Prozesse, Vorgehensweisen und alle sonstigen unternehmensrelevanten Themen in Handbüchern festzuhalten. Diese Handbücher dienen nicht nur als Nachschlagewerk für den zukünftigen Filialleiter oder Franchisenehmer, sondern sichern auch ab, dass bestehende Erfahrungswerte und Erfolgsfaktoren des Unternehmens gleichbleibend umgesetzt werden können. Die Franchise-Branche ist was dieses Thema angeht eine der professionellsten Unternehmensformen, die in ihren Handbüchern, ob nun in Papier- oder digitaler Form, den selbstständigen, neuen Franchisenehmern alle systemrelevanten Informationen zur Verfügung stellen. In diesen Handbüchern sind die besonderen Vorgehensweisen und speziellen Abläufe dokumentiert, die den Franchisegeber erfolgreich gemacht haben und die dem neuen Franchisenehmer die Möglichkeit geben, sehr schnell und mit einer erhöhten Erfolgswahrscheinlichkeit auch erfolgreich mit dem Geschäftsmodell zu werden.

Praxistipp:

Wenn Sie über ein Filialsystem wachsen wollen, sollten Sie die Abläufe, Prozesse und wesentlichen Erfolgsfaktoren Ihres Unternehmens gut dokumentiert haben.

Mögliche Inhalte für ein Franchise-Handbuch finden Sie beispielhaft in der nachfolgenden Liste:

Mögliche Inhalte eines Franchise-Handbuchs

Unternehmen

- Philosophie
- Leitbild
- Mission Statement
- Ethikkodex

Umfeld

- Markt
- Marktpotenzial
- Zielgruppen
- Wettbewerber
- Positionierung und Alleinstellungsmerkmale
- Verkaufs- und Servicemodell

Organisation und Netzwerk

- Besonderheiten und Strukturen des Franchise
- Systemstruktur
- Aufgaben der Zentrale

- Aufgaben des Masterfranchisenehmers
- Aufgaben der regionalen Franchisenehmer

Einarbeitung von Franchisenehmern und Mitarbeitern

- Aufbau des Pflicht- und Grundlagen-Trainings
- Weitere Trainingsmöglichkeiten

Marketing-Strategie

- Slogan
- Außengestaltung
- Innengestaltung
- Botschaften
- Konzepte
- Mediaplanung
- Marketing-Material
- Veranstaltungen
- PR-Material
- Pressearbeit
- Social Media
- Corporate Design

Prozesse und Support

- Administration
- Interne Kommunikation
- Technologie
- Internet
- Beschaffung
- Logistik

Produkte

- Kernprodukte
- Ergänzungsprodukte
- Konditionen
- Preispolitik

Finanzierung

- Business Plan
- Investitions-Planung
- Cashflow-Planung

Reporting

Verträge und Vereinbarungen

Systemschutz

Marke

Auch im Bereich Pflicht- und Grundlagen-Trainings zeigt es sich, dass Franchisegeber wesentlich mehr Aufwand und Zeit in die Entwicklung ihrer neuen Franchisenehmer investieren, als das in anderen Unternehmen der Fall ist. In der Studie »Franchisegeber Weiterbildungs-Index«, die mein Unternehmen in den letzten Jahren wiederholte Male durchgeführt hat, zeigte sich über einen längeren Zeitraum der klare Trend, dass die Franchisegeber einen starken Fokus auf dem Thema Ausbildung ihrer neuen Franchisenehmer haben.

So bieten alle Franchise-Systeme Schulungen zum Systemwissen an, bei 85 Prozent der Systeme gehören Schulungen zu diesem Thema zum Pflichtprogramm, die restlichen Systeme bieten das Training auf freiwilliger Basis an. Produkttraining, Branchenwissen und Training-on-the-Job gehören ebenfalls in über 50 Prozent der Systeme zum Pflichtprogramm.

Insgesamt boten die Franchise-Systeme in Deutschland im Jahr 2013 im Durchschnitt 68,4 Schulungstage für neue Franchisenehmer an. Bestehende Franchisenehmer konnten durchschnittlich an 24,9 Schulungstagen pro Jahr teilnehmen. Die Teilnahmequote bei Schulungen für neue Franchisepartner ist sehr hoch. Fast alle Systeme verzeichnen hier einhundertprozentige Teilnahme bei Pflichtschulungen, wenngleich es hin und wieder zu zeitlichen Verzögerungen kommt. Freiwillige Schulungen für neue Franchisenehmer werden bei der Hälfte der Systeme immer noch zu 70 bis 100 Prozent besucht. Die Teilnahmequote für die freiwilligen Schulungsveranstaltungen ist bei bestehenden Franchisenehmern zwar geringer, liegt jedoch bei der Hälfte der Systeme noch bei über 50 Prozent.

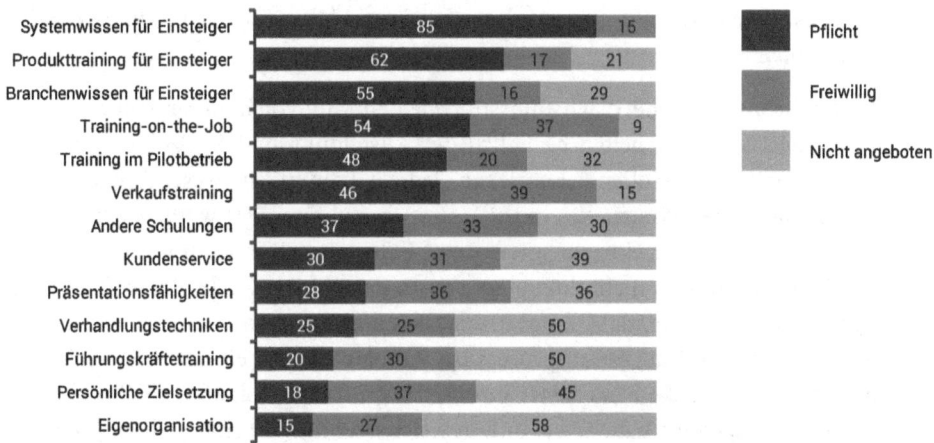

Abbildung 4.15: Trainingsangebot der Franchise-Zentralen für neue Franchisenehmer (BEIGROUP, Deutscher Franchise Verband (DFV) und Business Community des DFV: *Franchise-Geber Weiterbildungsindex 2013*)

Vergleicht man diese Zahlen mit den Werten über die betriebliche Weiterbildung, die das Institut für Wirtschaft Köln etwa zeitgleich erhoben hat, so zeigt sich, wie stark Weiterbildung im Fokus der Franchise-Branche steht. So verbrachten laut IW-Weiterbildungserhebung 2014 die Beschäftigten in Deutschland durchschnittlich nur 32,7 Stunden in Weiterbildungsveranstaltungen, also etwas mehr als vier Tage pro Jahr.

Dies ist natürlich nachvollziehbar, da der wesentliche Faktor für Franchisegeber die Integration von neuen Franchisenehmern ist und der langfristige Erfolg und die Bindung dieser Franchisenehmer für den Franchisegeber höchste Priorität haben, um ein profitables und erfolgreiches Franchise-System zu etablieren.

Ich kann deshalb auch jedem Unternehmer raten, selbst wenn es nicht vorhat mithilfe von Franchise zu expandieren, sich die Prozesse und Abläufe der erfolgreichen Franchisegeber im Bereich Integration neuer Menschen in der Organisation einmal näher anzusehen und daraus auch für sein Unternehmen nützliche Hinweise und Tipps zu bekommen.

Falls Sie über ein Filialsystem wachsen wollen, ist der Blick in die Franchise-Branche aus meiner Sicht sogar ein Muss.

Alexandra hat dieses Modul in ihrem Textileinzelhandels-Unternehmen zum festen Bestandteil ihres Mitarbeiter-Marketing-Konzeptes gemacht. Sie hat begonnen, gemeinsam mit den Filialleitern und einer eigens dafür eingestellten Person für den Bereich Unternehmensentwicklung sämtliche Prozesse, Abläufe und Erfolgsfaktoren ihres Unternehmens zu dokumentieren. Nach nur wenigen Wochen konnte Alexandra mit Freude feststellen, dass der Fokus auf diese Themen, speziell auch auf die erfolgsrelevanten Faktoren, bei ihren Führungskräften sehr gut ankam und diese viel konzentrierter und zielgerichteter arbeiten. Auch fühlt sie sich nun viel sicherer in ihrer Unternehmensführung und denkt zunehmend darüber nach, weitere Filialen zu eröffnen.

Wenn Sie als mögliche Wachstumsstrategie den Kauf von anderen Unternehmen in Erwägung ziehen, gelten bezüglich der Ausbildung und Integration ähnliche Abläufe wie bereits oben beschrieben, jedoch kommt ein wesentlicher Faktor hinzu. Das Unternehmen, das in Ihr Unternehmen integriert werden soll, hat bereits eine bestehende Unternehmens- und Führungskultur, auch wenn diese von den Voreigentümern nicht dokumentiert worden ist. Die große Herausforderung ist nun, diese bestehende Kultur zu analysieren und zu verstehen, bevor man mit dem eigentlichen Integrationsprozess beginnt. Sie müssen ein klares Verständnis davon haben, wie die Mitarbeiter ihre Arbeitsprozesse, Abläufe und Verfahrensweisen durchgeführt haben, wie und in welcher Form dort miteinander kommuniziert wurde und was die wichtigsten Werte für die bestehenden Mitarbeiter sind, um die wesentlichen Unterschiede zu Ihrer bestehenden und sicherlich weiterhin erwünschten Unternehmenskultur zu identifizieren. Anschließend sollten diese Unterschiede und deren Auswirkungen offen mit den Mitarbeitern und Führungskräften des übernommenen Unternehmens analysiert und diskutiert werden. Manchmal werden Sie auch feststellen, dass deren Prozesse besser oder effektiver sind, als Ihre bestehenden Prozesse. Aus diesen gemeinsamen Gesprächen und Diskussionen werden sich folgende Ergebnisse ergeben:

- Die neuen Mitarbeiter gewinnen das echte Gefühl, dass Sie sich für deren bisheriges Handeln ernsthaft interessieren.
- Dies schafft eine Vertrauensbasis und eine bessere Perspektive, dass diese neuen Mitarbeiter sich in Ihrem Unternehmen willkommen und akzeptiert fühlen.
- Sie lernen deren Erwartungshaltungen, Bedenken und Arbeitsweisen kennen und können gezielt einwirken.
- Sie lernen eventuell verbesserte Prozesse kennen, die Sie in Ihr bestehendes Unternehmen integrieren können.
- Die Wahrscheinlichkeit, dass ein Großteil der gut qualifizierten Mitarbeiter den Übergang in Ihr Unternehmen erfolgreich schafft, erhöht sich um ein Vielfaches.

Falls Sie diesen Prozess nicht mit der notwendigen Sorgfalt und Wertschätzung begehen, sondern eine Art Zwangsintegration durchführen, besteht die Gefahr, dass die Leistungsträger des übernommenen Unternehmens sich nicht angenommen fühlen und Ihr Unternehmen kurzfristig verlassen. Die negativen Folgen sind der Verlust an Know-how, Kundenkontakten und Erfahrungswerten, die den wirtschaftlichen Erfolg einer Übernahme aber in hohem Maße beeinflussen.

Praxistipp:

Nehmen Sie sich bei einer Übernahme eines Unternehmens erst die Zeit für die Menschen und dann für die Prozesse.

Das vierte Thema im Bereich Partner- und Integrationsmanagement ist die Entwicklung von talentierten und ambitionierten Mitarbeitern zu Partnern in Ihrem Unternehmen. Ich hatte bereits oben die Option geschildert, diesen Mitarbeitern die Chancen zu eröffnen, einen eigenen Standort zu führen, um sie an Ihr Unternehmen zu binden. Wie am Anfang des Buches beschrieben, ist es eine der wesentlichen Herausforderungen gerade die besten Mitarbeiter und Führungskräfte, die Sie über Jahre entwickelt und gefördert haben, an Ihr Unternehmen zu binden. Die Bindung dieser Mitarbeiter kann je nach Unternehmenssituation unterschiedlich aussehen, jedoch geht es diesen Menschen meistens um folgende Themen:

- mehr Freiheit,
- mehr eigene Verantwortung,
- mehr Handlungsspielräume,
- mehr direkte Einflussnahme auf die Unternehmensergebnisse,
- mehr Belohnung und Entlohnung für ihren Einsatz,
- das Gefühl zu haben, selbst für die Ergebnisse verantwortlich zu sein.

> **Praxistipp:**
>
> Wenn Sie Ihren ambitionierten und talentierten Mitarbeitern keine Perspektive bieten, sich in Ihrer Organisation zu entwickeln, werden diese Ihr Unternehmen verlassen.

Damit diese talentierten Leistungsträger Ihr Unternehmen nicht verlassen, haben Sie wiederum verschiedene Optionen, die jedoch abhängig sind von Ihrer Unternehmensgröße, Ihrer Unternehmensstruktur und Ihren Unternehmenszielen. Im Folgenden möchte ich einige der wesentlichen Optionen kurz nennen:

- Aufbau oder Übernahme einer Filiale oder eines Geschäftsbereichs,
- Aufbau oder Übernahme eines Franchise-Standorts,
- Führung eines erworbenen Unternehmens,
- Aufbau oder Führung eines Tochterunternehmens,
- Aufbau oder Führung eines Standortes im Ausland,
- Gründung eines gemeinsamen Joint Ventures, das durch Ihren Mitarbeiter geführt wird,
- Aufbau eines sogenannten Partnerteams, das gemeinsam bestimmte Teile der Geschäftsführung übernimmt und auch gemeinsam für die Ergebnisse des Unternehmens verantwortlich ist. Hierbei hat der neue Partner die Möglichkeit, anteilig am Unternehmensgewinn zu partizipieren, solange er ein aktiver Teil des Partnerteams ist. Er hat selbstverständlich im Gegenzug auch die Pflichten zu erfüllen, die sich daraus ergeben.
- Aktienoptionen und andere finanziellen (Beteiligungs-)Anreize, die den Mitarbeiter für ein Verbleiben im Unternehmen belohnen.

Alle diese verschiedenen Optionen müssen im Vorfeld genau analysiert werden und die sinnvollste Option bzw. Optionen für Ihre eigene Unternehmenssituation entschieden werden. Es ist dazu hilfreich, sich andere Unternehmen und andere Branchen anzusehen, die solche Möglichkeiten bereits in der Praxis praktizieren, und aus deren Erfahrungen gegebenenfalls zu lernen.

Speziell sind folgende Branchen bzw. Unternehmensformen zu erwähnen, die verschiedene dieser Optionen bereits seit vielen Jahren erfolgreich nutzen:

- Filial- und Franchise-Systeme,
- internationale Beratungsgesellschaften,
- größere Rechtsanwaltkanzleien,
- Organisationen mit internationalen Standorten,
- Unternehmen mit verschiedenen Geschäftsfeldern.

Praxistipp:

Nutzen Sie jede Gelegenheit von anderen Branchen und Unternehmensformen zu lernen, welches System diese für die Bindung Ihrer Leistungsträger nutzen, und prüfen Sie die Anwendbarkeit für Ihr Unternehmen, auch wenn es in einer ganz anderen Branche tätig ist.

4.1.12 Gesundheitsmanagement

»Mens sana in corpore sano« lautet eine lateinische Redewendung. Sie bedeutet übersetzt: »ein gesunder Geist in einem gesunden Körper«. Wer voll im Berufsleben steht, vergisst jedoch leicht, auch für seine körperliche Gesundheit ausreichend Sorge zu tragen. Auf Dauer ist dies jedoch der falsche Weg.

Unsere Arbeitswelt stellt Mitarbeiter stetig vor neue Herausforderungen, sowohl was fachliche Qualifikation, aber auch was die Organisation der eigenen Lebensumstände betrifft. Unsere Lebenserwartung steigt, aber in vielen Bereichen auch die Zahl der Arbeitsjahre bis zum Renteneintritt. Um dauerhaft auf dem Arbeitsmarkt mithalten zu können, ist nicht nur dauernde Lernbereitschaft gefragt, sondern auch eine stabile Gesundheit. Viele Menschen können sich gut vorstellen, länger zu arbeiten, vorausgesetzt die Gesundheit spielt mit und sie können auch flexible Arbeitsmodelle in Anspruch nehmen.

Für Ihr Unternehmen und ihre Mitarbeiter liegt Gesundheitsmanagement, also die Fürsorge für die individuelle Mitarbeitergesundheit, im beiderseitigen Interesse. Der Arbeitgeber profitiert sogar mehrfach von einer gesunden Belegschaft – weniger Krankheitstage, eine höhere Leistungsfähigkeit sowie eine langfristige Zusammenarbeit dienen dem Unternehmenserfolg.

Die Bedeutung von Gesundheitsmanagement wird durch den demographischen Wandel noch verstärkt. Es führt kaum ein Weg an einer alternden Belegschaft vorbei. Unternehmen werden auf die Fähigkeiten und Stärken älterer Mitarbeiter bauen müssen. Gleichzeitig liegt es in ihrem Interesse, dafür Sorge zu tragen, dass diese Mitarbeiter in ihren Unternehmen leistungsfähig und gesund älter werden. Wenn Mitarbeiter erkennen, dass ihr Arbeitgeber sich vorausschauend und aktiv für ihre persönliche Gesundheit einsetzt, werden sie dies auch zu würdigen wissen, was die Bindung ans Unternehmen stärkt.

Eine Studie des Instituts für Arbeitsmarkt- und Berufsforschung (vgl. IAB-Kurzbericht 16/ 2016) untermauert diese Erkenntnisse. Die Studie beruht auf Befragungen von mehr als 7 000 Beschäftigten und rund 1 000 Betrieben. Acht von zehn Beschäftigten in Deutschland klagen demnach über mindestens eine belastende Arbeitsbedingung, wobei Termindruck und Multitasking am häufigsten genannt werden. Gleichzeitig bemühen sich acht von zehn Betrieben um ihre Mitarbeiter, indem sie Maßnahmen zum Gesundheitsschutz und zur Gesundheitsförderung anbieten, die über die gesetzlich verpflichtenden Maßnahmen hinausgehen. Dies lohnt sich offensichtlich. Denn die Arbeitsmarktforscher konnten nachweisen, dass Mitarbeiter in Unternehmen, die das gesundheitsbewusste Verhalten ihrer Mitarbeiter fördern, im Durchschnitt zufriedener sind und eine höhere Bindung zum Unternehmen zeigen. Besonders innerbetriebliche Maßnahmen, wie zum Beispiel Betriebssport und Gesundheitschecks, werden demnach von Mitarbeitern geschätzt.

Kleine und mittelständische Unternehmen haben verschiedenste Möglichkeiten, um ihren Mitarbeitern bedarfs- und zielgruppengerechte Angebote im Bereich Gesundheitsmanagement zu unterbreiten. Folgende Aspekte können dabei im Unternehmen geprüft und optimiert werden.

Im Bereich Arbeits- und Gesundheitsschutz hat der Gesetzgeber schon viele Maßnahmen vorgegeben und geregelt. Dies gilt nicht nur für gewerbliche Mitarbeiter. Auch für Bürokräfte ist es wichtig, darauf zu achten, dass Arbeitsplätze mit passenden Schreibtischen und Schreibtischstühlen, ausreichend Licht und guten Klimabedingungen ausgestattet sind, um Gesundheitsschäden zu vermeiden. Hier führen kleine Maßnahmen oft zu guten Ergebnissen und zu einer höheren Zufriedenheit bei den Mitarbeitern.

Keinesfalls zu unterschätzen ist die Festlegung von Gesundheit im Unternehmensleitbild. Wer bereits bei der Rekrutierung darauf hinweisen kann, dass im Unternehmen auf die Gesundheit der Mitarbeiter geachtet wird, setzt von Beginn an ein starkes Signal. Allerdings reicht es nicht aus, Gesundheitsförderung im Leitbild festzuschreiben, der Gedanke muss durchgängig im Unternehmen gelebt werden. Hier tragen die Führungskräfte eine Vorbildfunktion. Legen Sie also besonders bei Ihren Führungskräften Wert darauf, dass diese auf ihre Gesundheit achten.

Gesundheitsprobleme aufgrund von seelischen Belastungen sind in den letzten Jahren deutlich gestiegen. Ein schlechtes Betriebsklima oder gar Mobbing sind Gift für die Gesundheit der Mitarbeiter. Im Bereich der seelischen Gesundheitsförderung gibt es Spezialisten, die interessante Angebote zu bieten haben. So gründete angesichts der rasant steigenden Zunahme von psychischen Belastungen der Grazer Rene Bauer das Unternehmen »mutschmiede«. Er erkannte einen akuten Handlungsbedarf, um psychische Neuerkrankungen zu verhindern und stark belasteten Mitarbeitern zur Seite zu stehen. Dank der anonymen Hotline-Nummer finden Mitarbeiter schnell und unbürokratisch Hilfe bei außergewöhnlichen Belastungen und in Krisensituationen. Diese meist sehr persönlichen und über den Arbeitsplatz hinausgehenden Probleme können oftmals nicht vollständig durch die direkte Führungskraft oder die Unternehmensleitung gelöst werden. Da es dem Mitarbeiter oft unangenehm ist, über persönliche Probleme mit dem Vorgesetzten zu sprechen oder weil die Probleme unter Umständen am Arbeitsplatz entstanden sind, wird eine neutrale Anlaufstelle bevorzugt. Die Entlastung wirkt sich auch umgehend auf den Arbeitsbereich der Führungskräfte aus, die sich durch den Einsatz der oft von tiefgreifenden Problemen der Mitarbeiter abgrenzen und auf die Leistungserstellung fokussieren können.

Am anderen Ende der Telefonleitung sitzen erfahrene Coaches und Psychologen der »mutschmiede«, die beratend Unterstützung leisten. Probleme wie Burn-out-Prophylaxe, Mobbing, Trauerarbeit, Trennungen und Lebenskrisen sind nur einige Bereiche, mit denen sie als erste Anlaufstelle konfrontiert werden. Kunden der »mutschmiede« stellen ihren Mitarbeitern ein spezielles Telefon zur Verfügung und zahlen nur, wenn der »Notruf« auch in Anspruch genommen wird.

Ein wichtiger Aspekt der Gesundheitsprävention sind auch flexible Arbeitszeitmodelle. Mit Gleitzeit, Teilzeit, Arbeitszeitkonten oder der Ermöglichung eines Sabbaticals können Gesundheitsprobleme bewältigt bzw. präventiv verhindert werden. Unternehmen, die Arbeitszeitmodelle anbieten, die sich den Lebensbedingungen eines Mitarbeiters anpassen, können so die Mitarbeiterzufriedenheit und -bindung deutlich steigern. Während der Mitarbeiter am Anfang seiner beruflichen Laufbahn vielleicht Vollzeit arbeiten will, ändert sich die Situation unter Umständen, wenn er eine Familie gründet oder auch wenn Elternteile zu betreuen sind. Wenn die Kinder aus dem Haus gehen, können sich auch die beruflichen Pläne wieder ändern und eine zweite Karriere wird möglich. Ebenso können intensive Hobbys dazu führen, dass Mitarbeiter ihre Arbeitszeitmodelle ändern möchten. Viele Arbeitgeber reagieren mit sehr wenig Flexibilität auf die sich ändernden Lebensentwürfe ihrer Mitarbeiter und zwingen sie somit indirekt, das Unternehmen zu verlassen, damit Beruf und Privatleben wieder vereinbar für sie sind. Die jungen Mitarbeiter der bereits oben angesprochenen Generation Y legen in viel höherem Maße als ihre Vorgängergenerationen Wert auf eine gute Work-Life-Balance. Mit der Zunahme von Mitarbeitern dieser Generation wird für alle Unternehmen die Herausforderung zunehmen, flexibel auf sich verändernde Arbeitszeitwünsche einzugehen, um diese Mitarbeiter im Unternehmen halten zu können.

Kurse zur Gesundheitsprävention wie zum Beispiel eine Rückenschule, Yogagruppen, Laufgruppen, Betriebsfußball oder Gymnastik können attraktive Angebote für Mitarbeiter sein, die sich gleichzeitig positiv auf die Gesundheit, ihre Leistungsfähigkeit aber auch das Betriebsklima auswirken. Aktionen wie Gesundheitstage oder Schulungsangebote zum Thema Gesundheit können ebenfalls positive Signale setzen.

Es gibt auf dem Markt von verschiedenen Anbietern Gesundheitskarten, durch die Mitarbeiter Zugang zu vielen Möglichkeiten erhalten, ihre Gesundheit zu fördern. Unternehmen zahlen dabei einen monatlichen steueroptimierten Beitrag auf eine Karte ein. Das Guthaben kann dann bei Verbundpartnern wie Fitness- und Sportstudios, Schwimmbädern oder Wellness-Einrichtungen wieder eingelöst werden.

Auch wenn Sie nicht die Möglichkeit einer Kantinenverpflegung bieten können, können Sie im kleinen Rahmen zu einer gesunden Ernährung beitragen, zum Beispiel durch Obst und den freien Zugang zu gesunden Getränken.

Bei allen Maßnahmen ist eines wichtig: Sie sollten in jedem Fall auf Ihr Unternehmen zugeschnitten sein, das heißt auch zu den konkreten Bedarfen Ihrer Mitarbeiter passen. Dabei bewährt es sich, wenn Sie auf eine kompetente Begleitung durch spezialisierte Unternehmen bauen. Es gibt unabhängige Unternehmen, die als erfahrene Präventionsanbieter auch kleine und mittelständische Unternehmen optimal betreuen können. Dazu gehört zum Beispiel die da:nova 4.0, ein Unternehmen, das sich auf betriebliches Gesundheitsmanagement spezialisiert hat. Es unterstützt Unternehmen von der Gesundheitsanalyse und der medizinischen Untersuchung, über Gesundheits-Seminare und -Coaching, Online-Angebote bis hin zur Erfolgskontrolle. Zielsetzung der Angebote ist stets durch Verankerung alltagsfähiger Verhaltensänderungen für ein gesundes Leben eine kontinuierliche Leistungsfähigkeit und damit eine verbesserte Produktivität im Unternehmen zu sichern.

Ganz wesentlich ist es jedoch auch, egal für welche zusätzlichen Maßnahmen Sie sich für Ihr Unternehmen entschieden haben oder entscheiden, dass Ihre Unternehmenskultur es zulässt, dass Ihre Mitarbeiter und Führungskräfte ihre Auszeiten auch nutzen und genießen dürfen. Wenn Mitarbeiter sich unwohlfühlen müssen, wenn sie in den Urlaub fahren und für diese Zeit auch wirklich nicht für das Unternehmen erreichbar sind, dann werden diese nicht wirklich abschalten und sich regenerieren können. Geben Sie Ihren Mitarbeitern das Gefühl, dass sie sich die Auszeit auch verdient haben und sorgen Sie organisatorisch dafür, dass diese auch wirklich frei haben.

Die permanente, mögliche Erreichbarkeit erlaubt vielen Mitarbeitern keine längere Auszeit, die aber essenziell ist, um tatsächlich abzuschalten und danach auch wieder leistungsfähig zu sein. Manchmal liegt es an den Unternehmen, die die Erreichbarkeit einfordern, häufig aber auch den Mitarbeitern, die berufliche Mitteilungen auch privat empfangen und nicht ohne diese Erreichbarkeit sein wollen. In beiden Fällen sollten Unternehmen umdenken. Mancherorts geschieht das bereits. So stellen inzwischen einige Unternehmen ihren E-Mail-Server an Wochenenden und ab einer gewissen Tageszeit so ein, dass dieser keine E-Mails an die Mitarbeiter weiterleitet.

Praxistipp:

Kein Mensch kann immer nur Höchstleistungen bringen, ohne sich gelegentlich zu regenerieren! Sorgen Sie für Ausgewogenheit und helfen Sie Ihren Mitarbeitern dabei, auf sich und ihre Gesundheit zu achten.

4.1.13 Alumni-Management und die Wiedereingliederung ehemaliger Mitarbeiter

Ein weiterer wichtiger und zukunftsträchtiger Baustein ist das Thema Alumni-Management, also »Ehemaligen-System«, für Ihr Unternehmen.

Es gibt drei Gründe, das Thema gute, ehemalige Mitarbeiter ernst zu nehmen und aktiv zu bearbeiten:

- Es ist immer wieder möglich, dass sich Menschen von temporären Umständen leiten lassen oder durch eine direkte Beeinflussung Dritter die Entscheidung treffen, ein Unternehmen zu verlassen. Manchmal entstehen solche Entscheidungen aus einer emotionalen Situation heraus und die Menschen bereuen diese oft schon nach einigen Monaten. Anderen Mitarbeitern können Sie zu einem bestimmten Zeitpunkt keine Entwicklungsperspektive bieten, weswegen sie das Unternehmen verlassen. Zu einem späteren Zeitpunkt kann die Situation aber wieder ganz anders aussehen. Alle diese Menschen kommen dann vielleicht nach einigen Jahren wieder zurück in Ihr Unternehmen.
- Ehemalige Mitarbeiter wechseln im Laufe ihrer Karriere zu potenziellen Kunden Ihres Unternehmens und kommen dort eventuell in Entscheider-Positionen.
- Ehemalige Mitarbeiter sprechen mit möglichen zukünftigen Mitarbeitern.

In allen diesen drei Fällen ist es wichtig, dass ehemalige Mitarbeiter ein positives Bild von Ihrem Unternehmen haben und dies auch aktiv nach außen vermitteln.

Wenn Ehemalige dieses positive Bild haben, überlegen sie eine eventuelle Rückkehr, falls sich die Erwartungshaltungen beim neuen Arbeitgeber nicht erfüllt oder sich die Rahmendaten verändert haben.

Falls ehemalige Mitarbeiter bei einem potenziellen Kunden Ihres Unternehmens arbeiten, beauftragen sie sicher nur, wenn sie ein positives Bild haben, den ehemaligen Arbeitgeber mit einem Projekt und schaffen ein positives Image und Klima innerhalb ihres neuen Unternehmens in Bezug auf die Dienstleistungen oder Produkte des ehemaligen Arbeitgebers.

Ehemalige Mitarbeiter, die Ihr Unternehmen in guter Erinnerung haben, sprechen positiv über ihre ehemaligen Arbeitgeber, bestärken mögliche Kandidaten in ihrer Entscheidung zu Ihnen zu gehen, dienen als Empfehler und verhalten sich in sozialen Medien wie Xing, Kununu oder anderen Arbeitgeber-Bewertungsportalen positiv in Bezug auf ihren ehemaligen Arbeitgeber.

Daher lohnt es sich, aktiv mit ihren ehemaligen Mitarbeitern in Kontakt zu bleiben. Ein solches Alumni-System einzuführen und zu pflegen, ist nicht sehr kosten- und zeitintensiv, lohnt sich jedoch auf Grund der oben aufgeführten Punkte.

Um die genannten Ziele zu erreichen, bedarf es folgender Maßnahmen, die Sie in Ihrem Unternehmen einführen sollten:

- ein positives Ausstellungsgespräch,
- eine Jahresveranstaltung für alle Alumnis. Daran sollen dann auch die wichtigsten Führungskräfte teilnehmen. Die Veranstaltung sollte einen rein sozialen Charakter haben und dient hauptsächlich zur Kontaktpflege.
- Geburtstags- und Weihnachtskarte,
- gelegentliche Firmeninformation oder Neuerungen, maximal zweimal pro Jahr.

Diese Maßnahmen sind wenig kostenintensiv und – mit Ausnahme der Veranstaltung – dank der Digitalisierung in weiten Teilen automatisierbar. Der Nutzen für das Unternehmen bei nur einer Neueinstellung oder einem Neukunden durch Empfehlung sind wesentlich größer als der eigentliche Aufwand.

Praxistipp:

Pflegen Sie die Kontakte zu Ihren ehemaligen Mitarbeitern. Es lohnt sich, ist nicht zu aufwendig und kann Ihnen für die Zukunft viele Vorteile für Ihr Unternehmen bringen.

System zur Wiedereingliederung

Da sich die Einstellung zur Arbeit in den verschiedenen Generationen – Stichwort Generation Y und X, vgl. oben – verändert haben, ist es erforderlich, dass sich jedes Unternehmen mit diesen veränderten Bedingungen aktiv auseinandersetzt und sie in seine Unternehmensplanung mit aufnimmt. Insbesondere unter Berücksichtigung der momentanen Bedingungen am Arbeitsmarkt und der weiter zunehmenden Herausforderungen, gute Mitarbeiter zu finden und diese langfristig ans Unternehmen zu binden.

Konkret heißt dies, dass folgende Themen heutzutage stärker zu berücksichtigen sind:

- mehrmonatige Elternzeit sowohl bei Frauen und Männern,
- Sabbatical, also längere Auszeit (6 bis 12 Monate) vom Beruf, um eine Auszeit oder eine längere Urlaubsreise zu begehen,
- psychische Krankheiten, die zu einem längeren Arbeitsausfall führen (Burnout),
- längere Auszeiten für Ausbildungsgänge bzw. Zusatzausbildungen.

Um zu erreichen, dass diese Mitarbeiter nach dieser längeren Auszeit wieder gerne in das Unternehmen zurückkehren und sich nicht anderweitig orientieren, ist es unerlässlich, einen Prozess und Maßnahmen zur Wiedereingliederung im Unternehmen zu installieren.

Diese Maßnahmen sind meist nicht sehr aufwendig, sondern werden oftmals nur deshalb nicht unternommen, da manchmal wenig Verständnis dafür besteht oder diese im Tagesgeschäft schlichtweg vergessen werden.

Folgende Strategien können Ihrem Unternehmen hierbei helfen:

- Ein offenes Angebot an die Mitarbeiter, dass diese Auszeiten überhaupt möglich sind.
- Verständnis und Akzeptanz, wenn ein Mitarbeiter eine solche Auszeit nehmen will.
- Ein gemeinsames »Abschiedsgespräch«, bei dem konkret über die zukünftige Wiedereingliederung gesprochen wird.
- Regelmäßige Kommunikation mit dem »Abwesenden« über die Unternehmensentwicklungen.
- Offizielle Einladungen zu Firmenveranstaltungen und Firmenfeiern.
- Geburtstags- und Weihnachtskarte.
- Spätestens sechs bis acht Wochen vor Wiedereintritt ein persönlicher Termin, um den Wiedereintritt zu planen.
- Willkommenstermin beim erneuten Arbeitsantritt.
- Vermittlung wichtiger Informationen darüber, was sich in der Abwesenheit des Mitarbeiters alles verändert hat.
- Eventuell zusätzliche Ausbildung, damit sich der Mitarbeiter leichter wieder in den Alltag zurückfinden kann.

All diese Maßnahmen sind nicht kostenintensiv, jedoch zeigen sie dem Mitarbeiter, dass er geschätzt und akzeptiert wird und erhöhen damit die Chance zur erfolgreichen Wiedereingliederung um ein Vielfaches. Wenn klar ist, dass derartige Auszeiten in Ihrem Unternehmen grundsätzlich akzeptiert werden, werden die Mitarbeiter mit diesen Wünschen auch frühzeitiger auf Sie zukommen, was Ihnen wiederum die Planung und Ermöglichung dieser Auszeiten erleichtert. Ist das nicht der Fall, kommen die Mitarbeiter zum letztmöglichen Zeitpunkt auf Sie zu, um potenziellen Ärger im Vorfeld zu vermeiden. Damit ist eine erfolgreiche Umsetzung der Pläne für beide Seiten deutlich schwieriger.

> **Praxistipp:**
>
> Nutzen Sie die Entwicklungen der vermehrten Wechselbereitschaft anstatt diese zu beklagen und zeigen Sie Ihren guten Mitarbeitern Wege auf, nach Auszeiten wieder in Ihr Unternehmen zurückzukehren.

4.1.14 Talent-Management – Förderung der besten Mitarbeiter

In vielen Großunternehmen ist das Modul Talent-Management ein viel diskutierter Bereich und bekommt hohe Aufmerksamkeit. Die Idee ist vereinfacht die, dass das Unternehmen frühzeitig talentierte und motivierte Mitarbeiter in allen Bereichen des Unternehmens identifiziert und diese gezielt fördert. Also eine Art interne Nachwuchsförderung, die die zukünftigen Führungskräfte hervorbringen soll. Dies ist in größeren Organisationen auch notwendig, da ansonsten diese Talente in der Menge der Mitarbeiter und Abteilungen vielleicht untergehen und somit unerkannt bleiben und langfristig nicht für das Unternehmen genutzt werden können. Die gezielte interne Suche und Förderung solcher talentiertere Mitarbeiter ist ausgesprochen sinnvoll, da diese, falls sie keine Aufstiegs- oder Entwicklungsperspektive im Unternehmen für sich erkennen können, oftmals ihre Zukunft in einem anderen Unternehmen suchen und somit dem Unternehmen verloren gehen.

In kleineren Organisationen fallen diese außergewöhnlichen Talente viel eher auf und können damit auch leichter identifiziert werden. Aber auch hier ist es wichtig, dass diese Mitarbeiter dann gezielt gefördert werden, damit sie nicht das Unternehmen verlassen, da sie keine Perspektive sehen.

Auf der anderen Seite muss jedoch immer darauf geachtet werden, dass dieser Prozess bei nicht so talentierten oder engagierten Mitarbeitern nicht zu erhöhter Unzufriedenheit und Frustration führt, da sie sich zurückgesetzt fühlen. Jedes Unternehmen benötigt unterschiedliche Kompetenzen und Fähigkeiten und an sich kann und sollte jeder Mitarbeiter innerhalb des Unternehmens diese in seinem Bereich einsetzen können.

Die eigentliche Kunst ist es daher, dass die Unternehmensleitung und die Führungskräfte die Talente und Stärken all ihrer Mitarbeiter identifiziert und diese dann nicht nur gezielt fördert, sondern auch den einzelnen Menschen gemäß ihrer Talente die passenden Aufgaben und Verantwortungsbereiche zuweist. Wenn Sie dies in Ihrem Unternehmen realisieren, werden Sie feststellen, dass dies viel mehr Talente sichtbar machen wird, als Sie im Vorfeld gedacht haben.

Ich habe das positive Menschenbild, dass jeder Mensch mit Talenten und gewissen Stärken ausgestattet ist und es die Aufgabe seiner Führungskraft ist, ihn dabei zu unterstützen, diese Talente an sich selbst besser zu entdecken und diese zu fördern. Das heißt auch, dass es eben notwendig ist, wie bereits im Element Motivation beschrieben, die notwendigen Rahmenbedingungen zu schaffen, dass sich Talente auch entwickeln können und dürfen.

Praxistipp:

Mit einem ganzheitlichen, ausgewogenen und nachhaltigen Mitarbeiter-Marketing-Konzept können Sie nicht nur wenige, sondern viele Talente in Ihrem Unternehmen fördern und haben damit das beste Talent-Management-System für Ihr Unternehmen geschaffen.

4.1.15 Premium Ausbildungssystem

Einige Ihrer Führungskräfte und Mitarbeiter zeichnen sich meist durch permanente überdurchschnittliche Leistungsfähigkeit und Motivation aus. Diese Menschen verfügen oft über besondere Talente und Fähigkeiten und sind somit eine wesentliche und unverzichtbare Säule Ihres Unternehmens.

Diese ausgezeichneten Mitarbeiter an das Unternehmen zu binden ist von essenzieller Bedeutung und bedarf einer besonderen Beachtung. Da dies vertraglich oftmals nicht möglich ist und diesen Menschen auch meist viele Alternativen offenstehen, gibt es, außer den bereits genannten Optionen eine weitere Möglichkeit, diese länger zu binden, nämlich Ihnen zusätzliche Möglichkeiten einer persönlichen Entwicklung anzubieten.

Eine konkrete Möglichkeit besteht darin, dass Ihr Unternehmen diesen Mitarbeitern Zusatz- oder Sonderausbildungen zur Verfügung stellt.

Dies könnten zum Beispiel folgende sein:
- ein spezielles Ausbildungsprogramm, das zu einem anerkannten Abschluss führt,
- ein berufsbegleitendes universitäres Ausbildungsprogramm, das hauptsächlich vom Arbeitgeber finanziert wird,
- regelmäßige Einladung zu besonderen Branchenveranstaltungen und Kongressen.

Diese besonderen Ausbildungen sollten Ihren Mitarbeitern nur unter klar definierten Voraussetzungen angeboten werden, für aufstrebende Mitarbeiter einen Motivationsfaktor darstellen und für ausgezeichnete Mitarbeiter als eine Art Wertschätzung und besondere Belohnung dienen. Dies erhöht die emotionale Bindung an das Unternehmen und reduziert mögliche Wechselgedanken. Ein solches Angebot an Ihre Mitarbeiter kann natürlich auch ein Alleinstellungsmerkmal werden und Ihnen einen Marktvorsprung als Arbeitgeber einbringen.

Einige externe Institutionen und Dienstleister wie zum Beispiel die Industrie- und Handelskammern, der TÜV oder Branchenverbände und Kammern haben hierzu einige Angebote. Bei der Auswahl eines passenden Ausbildungsgangs ist immer darauf zu achten, dass die erlernten Themen auch relevant für den aktuellen oder zukünftigen Aufgabenbereich sind. Es ist die Hauptaufgabe dieser unabhängigen Institutionen am Ende der Ausbildung in einer schriftlichen oder mündlichen Prüfung festzustellen, ob der Teilnehmer das Wissen erworben hat und dieses zum Prüfungszeitpunkt auch unter Beweis stellen kann.

Einige meiner Mandanten wollten jedoch sicherstellen, dass ihre Mitarbeiter die erlernten Themen nicht nur inhaltlich und theoretisch beherrschen, sondern auch in der Praxis tatsächlich umsetzen. Deshalb habe ich Ausbildungsgänge entwickelt, bei denen die angestrebte Qualifikation von der TÜV Rheinland Personenzertifizierungsstelle PersCert TÜV von unabhängiger Seite geprüft und sichergestellt wird. Bei diesen ist Voraussetzung für das Bestehen der Prüfung – und damit für die erfolgreiche Erlangung einer TÜV-Zertifizierung – nicht nur der Nachweis des Wissens. Zusätzlich wird in einer Umsetzungsprüfung feststellt, ob der Mitarbeiter sein neu erworbenes Wissen in der täglichen Praxis auch anwendet, als »zertifizierte Führungskraft«, »zertifizierter Vertriebsspezialist« und »zertifizierter Kundenbetreuer« (jeweils mit TÜV Rheinland geprüfter Qualifikation). Auch der »Trainer in der Erwachsenenbildung« (ein TÜV Rheinland Standard, der gemeinsam mit Unternehmen und Bildungsträgern entwickelt wurde), kann durch eine Prüfung und Zertifizierung die erreichte Kompetenz nachweisen. Alle diese Zertifizierungen signalisieren innerhalb und außerhalb des Unternehmens, dass Ausbildung in Ihrem Unternehmen eine bedeutende Rolle spielt, dass der Mitarbeiter permanent an sich arbeitet, sich ständig verbessern will und dass er auch das erlernte Wissen in der Praxis tagtäglich anwendet.

Denken Sie daran, dass, sobald Ihre Mitarbeiter eine Ausbildung oder Zertifizierung erfolgreich abgeschlossen haben, dies offiziell im Unternehmen bekannt gegeben wird, die Mitarbeiter belobigt werden und eine vorher versprochene Beförderung, Gehaltserhöhung, Ausweitung des Verantwortungsbereichs oder Ähnliches auch tatsächlich zur Folge hat. Unternehmen Sie als Arbeitgeber in diesem Zusammenhang nichts, wird dies den Mitarbeiter enttäuschen und es wird eher zu einer Demotivation führen. Außerdem würden Sie dann auch gegenüber allen anderen Mitarbeitern in Ihrem Unternehmen das Signal senden, dass Sie einer persönlichen Weiterentwicklung keinen besonderen Stellenwert zumessen – was ja in diesem Fall gerade nicht in Ihrer Absicht liegt.

Praxistipp:

Eine zusätzliche und außergewöhnliche Ausbildung, die Sie Ihren besten Mitarbeitern anbieten, kann einen weiteren möglichen Faktor zur Bindung darstellen und Sie als Arbeitgeber attraktiver machen.

4.2 Festlegung der wichtigsten Elemente, die Ihr Mitarbeiter-Marketing umfassen sollte

Nachdem ich Ihnen einen Gesamtüberblick über die verschiedenen Elemente des Mitarbeiter-Marketing gegeben habe, ist es nun Aufgabe der Unternehmensleitung, die wesentlichen Prioritäten zu setzen.

Natürlich könnten Sie alle Elemente in Ihrem Konzept aufnehmen, wenn es Ihre finanziellen und personellen Ressourcen erlauben, jedoch stellt sich die Frage, ob eine Schwerpunktsetzung nicht der bessere Ansatz ist. In der Vergangenheit habe ich mit unseren Mandanten die Erfahrung gemacht, dass es sinnvoller ist, Schwerpunkte zu setzen, die für Ihr Unternehmen von besonderer Relevanz sind. Bitte stellen Sie sich hierzu folgende Fragen, um die richtige Auswahl zu treffen:

- Was konkret benötigen Sie momentan bzw. in den nächsten drei bis fünf Jahren unbedingt, um Ihre Unternehmensziele zu erreichen?
- Was sind die für Sie wichtigsten Elemente, die essenziell für die Entwicklung und das Wachstum Ihres Unternehmens sind?
- Welche Elemente bieten Ihnen einen Marktvorteil und machen Sie als Arbeitgeber attraktiver?
- Welche Themen werden durch andere Arbeitgeber Ihrer Branche wenig oder gar nicht aktiv adressiert, so dass Ihnen die Umsetzung gerade dieser Themen zusätzliche Alleinstellungsmerkmale als Arbeitgeber bringen könnte?
- In welchen Bereichen haben Sie konkreten Nachholbedarf bzw. gibt es derzeit die meisten Herausforderungen und Probleme?
- Zu welchen Themen bekommen Sie die meisten kritischen Anmerkungen von Ihren Mitarbeitern?
- Welche Bereiche können Sie auch zu einem späteren Zeitpunkt hinzufügen?

Praxistipp:

Die Wahl und die Priorisierung der einzelnen Elemente des Mitarbeiter-Marketing muss zu Ihren Unternehmenszielen passen und ist für jedes Unternehmen individuell zu entscheiden.

Ähnlich wie im klassischen Endkunden-Marketing gilt auch im Mitarbeiter-Marketing die Regel, dass man nicht alle Themen und Aktivitäten zum gleichen Zeitpunkt angeht und kommuniziert, sondern diese sukzessive einführt. Sie benötigen sinnvoller Weise regelmäßig Neuerungen und Verbesserungen für Ihr internes Marketing. Es hat sich gezeigt, dass es wesentlich mehr Vorteile bringt, den Mitarbeitern Neuerungen portionsweise in einem festen zeitlichen Rhythmus zu präsentieren und diese einzuführen, als alle Innovationen auf einmal vorzustellen.

Sie können also von Anfang an eine Gesamtkonzeption intern vorstellen und trotzdem die Ausarbeitung und die Einführung sukzessive vornehmen. Dies ist auch in der Praxis eher realisierbar, da die konzeptionelle Ausarbeitung und Vorbereitung oftmals neben dem operativen Tagesgeschäft umgesetzt werden muss und der zusätzliche zeitliche Aufwand in der Praxis auch realistisch machbar sein muss.

Stefan mit seinem Ingenieurbüro hat gerade in den letzten Jahren die Erfahrung gemacht, dass sich viele Ingenieure aus dem Studium kennen und diese auch oftmals nach der Studienzeit Kontakt zueinander halten. Dies liegt auch daran, dass diese sich bei verschiedenen größeren Projekten, die von unterschiedlichen Unternehmen gemeinsam bearbeitet werden, und bei Fortbildungen wiedersehen. Auch hat er die Erfahrung gemacht, dass einige zeitweise als Freiberufler arbeiten und sich auch bei

Zeitarbeitsfirmen unter Vertrag nehmen lassen und somit bei unterschiedlichen Kunden eingesetzt werden. Dies hat ihn dazu bewogen, das Element Alumni-Management und Wiedereingliederung als wichtige Priorität in sein Mitarbeiter-Marketing-Konzept mit aufzunehmen.

> **Praxistipp:**
>
> Nachdem die für Ihr Unternehmen passenden Elemente gewählt wurden, sollte die Umsetzung sukzessive erfolgen.

4.3 Analyse der bestehenden Elemente, die bereits in Ihrem Unternehmen umgesetzt werden

Bei allen meinen Mandanten waren zu den einzelnen ausgewählten Elementen bereits bestehende Verfahrensweisen, Abläufe, Inhalte und Prozesse in irgendeiner Art vorhanden.

In diesem Kapitel geht es nun darum, eine eigene Standortbestimmung bzw. Analyse der bestehenden unternehmensinternen Abläufe und Inhalte vorzunehmen und die Ergebnisse dann zu den geplanten Elementen in Bezug zu setzen. Dies erfolgt normalerweise über eine sogenannte Soll-/Ist-Analyse (auch GAP-Analyse genannt).

Gerne möchte ich dies an einem konkreten Beispiel näher erläutern. Zunächst ist es sinnvoll, die Bestandteile jedes Elements festzulegen, sich dann über den Nutzen des Bestandteils klar zu werden und anschließend den aktuellen Ist-Zustand zu erfassen. Oftmals wird der Nutzen des Bestandteils nicht in der Analyse ermittelt und dies führt später immer wieder zu einem erschwerten Einführungsprozess. Außerdem dient es Ihnen und Ihrem Team in dieser Phase des Prozesses dazu, sich klar zu machen, warum Sie diesen Bestandteil überhaupt einführen möchten bzw. warum Sie diesen Bestandteil bereits haben und weiterführen möchten. Dies fokussiert damit auch alle Beteiligten auf das Wesentliche.

Im Laufe des weiteren Prozesses hilft Ihnen die Formulierung des Nutzens auch, die notwendige Motivation und Energie bei Ihrem Team und sich selbst freizusetzen. Des Weiteren unterstützt es Ihre Argumentation, warum die zukünftigen Neuerungen eingeführt werden sollen und erhöht die Akzeptanz bei Ihrem Team um ein Vielfaches.

4.3 Analyse der bestehenden Elemente, die bereits in Ihrem Unternehmen umgesetzt werden

Beispiel Orientierung und Eingliederung neuer Mitarbeiter		
Bestandteil	**Nutzen**	**Ist-Zustand**
Ablaufplan erster Arbeitstag	Sorgt für die gewünschte Erstprägung, schafft für den neuen Mitarbeiter Klarheit und Sicherheit	Nur teilweise vorhanden, bestehende Einzelheiten müssen zusammengefügt werden
Funktionsbeschreibung inklusive Kompetenzprofil je Stelle	Dient als Soll Vorgabe und Orientierung, schafft Klarheit und Sicherheit	teilweise vorhanden, 20% fehlen noch vollständig, Kompetenzprofile müssen bei allen noch ergänzt werden
Patenprogramm	Unterstützung für neue Mitarbeiter, Motivation und Bindung für bestehende Mitarbeiter	vorhanden und für OK befunden
Einarbeitungsplan	Gibt Ziele und Aufgaben klar vor, dient als Orientierungshilfe, sorgt für strukturierte und effektive Integration	teilweise vorhanden, jedoch fehlen noch einige Bereiche und es muss aktualisiert werden

Abbildung 4.16: Beispiel Orientierung und Eingliederung neuer Mitarbeiter Grobplanung

Die wesentlichen Schritte für die Analyse der bestehenden Bestandteile kann man folgendermaßen nochmal zusammenfassen:

- Ordnen Sie alle bestehenden Bestandteile, die Sie bereits in irgendeiner Weise für Ihre Mitarbeiter entwickelt haben, den einzelnen, von Ihnen definierten Elementen Ihres Mitarbeiter-Marketing-Konzeptes zu.
- Anschließend überprüfen bzw. definieren Sie den konkreten Nutzen des jeweiligen Bestandteils für Ihre Mitarbeiter und Ihr Unternehmen.
- Dann ermitteln Sie, welche Informationen, Prozesse, Abläufe, Vorlagen etc. bereits im Unternehmen vorhanden sind und entscheiden, welche davon beibehalten, geändert oder ersetzt werden sollen.

Praxistipp:

Ermitteln Sie für jeden Bestandteil immer erst den Nutzen für Ihre Mitarbeiter und Ihr Unternehmen, bevor Sie die weiteren Prozessschritte gehen.

4.4 Optimierung Ihrer bestehenden Elemente und Anpassung an Ihre aktuelle Unternehmenssituation

Wenn Sie die oben genannten Punkte erfolgreich abgeschlossen haben, folgen die nächsten Schritte. Diese können folgendermaßen aussehen:

- Nachdem Sie den Ist-Zustand klar definiert haben, können Sie die zu erledigenden Aufgaben auflisten, die erforderlich sind, um bei den jeweiligen Bestandteilen Themen noch zu ergänzen, sie zu aktualisieren oder zu überarbeiten.
- Priorisieren Sie anschließend die jeweiligen Themen anhand Ihrer Unternehmensziele.
- Danach ist es notwendig, die weitere Vorgehensweise intern festzulegen und die einzelnen Aktivitäten in Form von Meilensteinen zu planen.
- Hierbei ist darauf zu achten, dass die Verantwortlichkeiten für die zu erledigenden Aufgaben klar verteilt sind.
- Die jeweilige Person muss dann von der Geschäftsleitung die Verantwortung übertragen bekommen, um die notwendigen Schritte einzuleiten.
- Falls der zuständige Mitarbeiter zusätzliche Unterstützung, Wissen oder Sonstiges zur Fertigstellung benötigt, sollte dies im Rahmen der Planung besprochen und definiert werden. Manchmal ist es auch notwendig, zur Fertigstellung externe Unterstützung hinzuzuziehen.
- Nach Fertigstellung des jeweiligen Bestandteils sollte die Entscheidung an alle Mitarbeiter, soweit relevant, kommuniziert werden. Dabei sollte den Mitarbeitern der genaue Zeitpunkt, der Inhalt der Maßnahme und der Nutzen vermittelt werden.

In der Abbildung 4.17 sehen Sie eine vereinfachte Darstellung eines solchen Prozesses.

Praxistipp:

Bevor Sie beginnen, die einzelnen Aufgaben zu erledigen, priorisieren Sie diese im Vorfeld im Hinblick auf die aktuelle Wichtig- und Dringlichkeit in Bezug auf Ihre Unternehmensziele.

4.4 Optimierung Ihrer bestehenden Elemente und Anpassung an Ihre aktuelle Unternehmenssituation

Bestandteil (z.B.)	Ist-Zustand (z.B.)	zu erledigende Aufgabe (z.B.)	weitere Vorgehensweise (z.B.)
Ablaufplan erster Arbeitstag	teilweise vorhanden, bestehende Einzelteile müssen zusammengefügt werden	Erstellung eines festen Plans für den ersten Arbeitstag, sammeln aller bestehenden Unterlagen im Unternehmen, Zusammenfügen und Ergänzen der Unterlagen	Interner Führungskräfte-Workshop zur Erstellung des Plans, Sichtung der Unterlagen und Zusammenstellung, Präsentation im Führungskreis und gemeinsame Entscheidung über Einführung
Funktionsbeschreibung inklusive Kompetenzprofil je Stelle	teilweise vorhanden, 20% fehlen noch vollständig, Kompetenzprofile müssen bei allen noch ergänzt werden	Erstellung der restlichen 20% nicht vorhandenen Funktionsbeschreibungen, Definition der Kompetenzprofile für die einzelnen Funktionsbeschreibungen	Entwürfe der noch fehlenden Funktionsbeschreibung durch Führungskräfte und/oder Personalentwicklung erstellen, interner Workshop zur Festlegung der jeweiligen Kompetenzprofile und Entscheidung zur Einführung
Patenprogramm	vorhanden und für OK befunden	Keine weiteren Schritte	Keine weiteren Schritte
Einarbeitungsplan	teilweise vorhanden, jedoch fehlen noch einige Bereiche und es müssen aktualisiert werden	fehlende Daten ergänzen und alle bestehenden Pläne aktualisieren	fehlende Daten durch Führungskräfte und/oder Personalentwicklung erstellen, interner Workshop zur Festlegung des jeweiligen Einarbeitungsplan und Entscheidung zur Einführung

Abbildung 4.17: Beispiel Orientierung und Eingliederung neuer Mitarbeiter Detailplanung

4.5 Ergänzung und Festlegung Ihrer fehlenden Elemente

Vielleicht geht es Ihnen ähnlich wie Christian, der durch das rasante Wachstum seines Handwerksunternehmens eine weitere Führungsebene aufbauen muss und deshalb viele Mitarbeiter zu Führungskräften nachziehen will. Natürlich sucht er sich seine zukünftigen Führungskräfte aus dem Kreis seiner besten Mitarbeiter. Leider musste er jedoch feststellen, dass ein guter Fachmonteur eben noch lang keine gute Führungskraft sein muss und einige seiner Beförderungen haben deshalb nicht zum gewünschten Ergebnis geführt. Nun wurde ihm bei der Entwicklung seines Mitarbeiter-Marketing-Konzepts bewusst, dass er zwei verschiedene Karrieren anbieten muss, damit er seine guten Mitarbeiter auch halten kann. Die eine, um ihnen eine Führungskarriere zu ermöglichen und die andere für die, die besser für eine Fachkarriere in Frage kommen. Also hat er das Element Fach- und Führungskarriere in sein Gesamtkonzept integriert und kann dadurch von Anfang an seinen Mitarbeitern diese beiden, gleichwertigen, Optionen präsentieren.

Welche neuen Elemente Sie letztendlich in Ihr eigenes Mitarbeiter-Marketing-Konzept mit aufnehmen wollen, hängt stark von Ihrer aktuellen Unternehmenssituation und Ihren Unternehmenszielen ab.

Es kann auch sein, dass Sie Bestandteile haben, die Sie bestehenden Elementen nicht sinnvoll zuordnen können, was die Bildung eines neuen Elements effektiver und transparenter macht.

Alexandra hat ihr bestehendes Mitarbeiterteam sowie deren Erwartungen genau analysiert und ermittelt, dass sie im Textil-Einzelhandel eine Vielzahl von jungen Mitarbeitern beschäftigt und diese Generation andere Vorstellungen von und Wünsche an ihren Arbeitgeber haben, als dies bei anderen Generationen vorzufinden ist. Diese Erwartungen führen dazu, dass die Mitarbeiter sehr viel Wert auf einen ausgewogenen Lebensstil legen und Auszeiten für Familie, Urlaub oder anderes als wichtige Priorität sehen. Alexandra konnte diese Erwartungen in vielen Bereichen erfüllen. Seit sie diese bei Bewerbungsgesprächen auch aktiv anspricht und erläutert, was alles möglich ist und auch akzeptiert wird, konnte sie eine Vielzahl von neuen und motivierten Mitarbeitern gewinnen.

Auf der anderen Seite war Alexandra dann auch bewusst, dass sie das Element Wiedereingliederung unbedingt in ihr Mitarbeiter-Marketing mit aufnehmen muss, um die notwendigen Prozesse und Abläufe für die Integration von zeitweise abwesenden Mitarbeitern sinnvoll und effektiv gestalten zu können.

> **Praxistipp:**
>
> Manchmal ist es sinnvoller ein weiteres Element zu Ihrem Mitarbeiter-Marketing-Konzept hinzuzufügen. Dies kann die Komplexität reduzieren und schafft mehr Transparenz.

4.6 Von anderen Unternehmen lernen – Beispiele entwickelter Mitarbeiter-Marketing-Konzepte

Nun möchte ich Ihnen drei Mitarbeiter-Marketing-Konzepte von Unternehmen vorstellen, die diese so definiert haben und die sich gerade in der praktischen Einführung dieser Konzepte befinden. Die Konzepte sind bereits intern kommuniziert und einige Teile schon fest in den Unternehmensalltag integriert worden. Andere Teile aus den Konzepten befinden sich noch in der internen Entwicklungsphase oder werden erst in den nächsten Monaten bzw. Jahren entwickelt. Einige Elemente sind zwar schon konzeptionell fertiggestellt, werden jedoch bewusst erst in den nächsten Monaten eingeführt.

Wie bereits unter 4.1. beschrieben, ist es sinnvoll, nicht alle Elemente auf einmal einzuführen, sondern die Einführung und anschließende Integration sukzessive vorzunehmen.

Das erste Beispiel ist das auf Gebäudetechnik spezialisierte Unternehmen RGS Technischer Service GmbH, das zwischenzeitlich ca. 200 Mitarbeiter an fünf deutschen Standorten und eine zentrale Verwaltung umfasst. Geleitet wird das Unternehmen durch den Geschäftsführenden Gesellschafter Herrn Christoph Maier. RGS ist seit 25 Jahren spezialisiert auf einen Komplett-Service für gebäudetechnische Anlagen. Dies beinhaltet Aufgaben von der Planung, Beratung und Instandhaltung bis hin zum technischen Gebäudemanagement. Zudem ist RGS als europaweiter Marktführer auf dem Sektor der Rotationswärmetauscher sehr erfolgreich. Die Anzahl der Mitarbeiter hat sich in den letzten 10 Jahren vervierfacht und das Unternehmen wächst zügig und erfolgreich weiter. Dank der strukturierten Einführung und Umsetzung des Konzeptes stehen den Führungskräften nun sinnvolle Hilfsmittel und Prozesse zur Verfügung, um diese rasante Entwicklung zu meistern.

Premium Ausbildungssystem			System zur Wiedereingliederung und Alumni-System für ehemalige Mitarbeiter		
Individuelle weiterführende Ausbildung aller Mitarbeiter	Individuelle weiterführende Ausbildung aller Führungskräfte	Laufende Fach-, IT- und Produktausbildung	Interne Unternehmenskommunikation	Mitarbeitermotivation und Incentivierung
Grundausbildung und Einarbeitung neue Führungskräfte		Grundausbildung und Einarbeitung neue Niederlassungsleiter		Grundausbildung und Einarbeitung neue Mitarbeiter	

Abbildung 4.18: Mitarbeiter-Marketing-Konzept für RGS Technischer Service GmbH

Der gesamte Ausarbeitungs- und Einführungsprozess ist nunmehr seit mehr als drei Jahren beim Unternehmen RGS Technischer Service GmbH aktiv, das heißt es wurden mittlerweile sieben der zehn Elemente zum großen Teil eingeführt und umgesetzt. Dies findet gemeinsam mit dem sehr engagierten Führungsteam statt und die Entwicklung des Gesamtkonzepts hat letztendlich dazu geführt, dass das schnelle Wachstum überhaupt realisiert werden konnte und die Integration der vielen neuen Mitarbeiter und Führungskräfte überdurchschnittlich erfolgreich verlaufen ist. Da das Unternehmen noch über keine eigene Abteilung zur Personalentwicklung verfügt, hat es an mein Unternehmen einzelne Teile der Entwicklung und Konzeption ausgegliedert und ich unterstütze beim Projektmanagement. Für die Umsetzung der einzelnen Elemente und Details ist jedoch das Führungsteam gemeinsam mit der Geschäftsleitung und dem Bereich Unternehmensentwicklung zuständig. Vorgeschaltet und teilweise parallel zur Umsetzung des Mitarbeiter-Marketing-Konzepts wurden auch die strukturellen und organisatorischen Voraussetzungen gemeinsam erarbeitet und bilden nun eine gute Grundlage für die weitere erfolgreiche Entwicklung des Unternehmens.

Das zweite Unternehmen, das ich Ihnen vorstellen möchte, ist das Familienunternehmen ABF Apothekerin Eva Schreier e. K. Es wird von den Geschwistern Eva und Max Schreier in der zweiten Generation geführt. Mit über 90 Mitarbeitern betreiben die Geschwister Schreier nicht nur zwei erfolgreiche Apotheken, sondern haben in den letzten Jahren ein Reinraumlabor aufgebaut, das hoch spezialisierte patientenindividuelle Arzneimittel produziert und für eine fach- und termingerechte Versorgung der Patienten sorgt. Außerdem stellen sie zusätzlich noch Hormon-Kosmetika her.

Das bereits sehr gut organisierte und klar strukturierte Unternehmen ABF hat sich vor zwei Jahren dazu entscheiden, das Thema Mitarbeiter-Marketing noch stärker in den Fokus zu setzen und speziell auch das Thema Führungskräfteentwicklung verstärkt anzugehen. Die Geschäftsführung hat für sich erkannt, dass ein weitergehendes Wachstum am besten gelingen wird, wenn sie die bestehenden und zukünftigen Menschen in ihrem Unternehmen zielgerichtet unterstützen und wenn sie als Arbeitergeber in der Region durch klare Alleinstellungsmerkmale neue, engagierte Mitarbeiter anziehen können.

So wird parallel zur internen und externen Führungskräfteentwicklung die Ausarbeitung des eigenen Mitarbeiter-Marketing-Konzepts hauptsächlich intern entwickelt. Dazu hat sich die Geschäftsführung entschieden, eine neue Stelle für dieses Thema im Unternehmen zu schaffen. Unter meiner externen Mithilfe wird die neue Mitarbeiterin in diesem Bereich begleitet, beraten und sukzessive befähigt, die Aufgabe selbstständig zu übernehmen. Dieser Prozess kostet zwar einiges an Zeit und internen Ressourcen, hat jedoch den langfristigen Vorteil, dass die Entwicklung eng mit dem operativen Tagesgeschäft verknüpft und gleichzeitig der Bereich Personalentwicklung intern mitentwickelt wird.

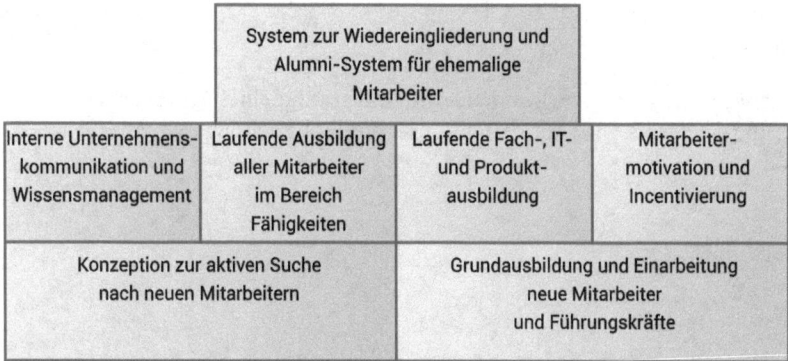

Abbildung 4.19: Mitarbeiter-Marketing-Konzept für ABF

Die Umsetzung der einzelnen Elemente erfolgt auch bei ABF sukzessive und ist eng verknüpft mit den Unternehmenszielen. Ein Großteil der Führungskräfteentwicklung ist parallel schon weit fortgeschritten und die Führungskräfte werden eng in die Entwicklung und Umsetzung mit eingebunden.

Das dritte Unternehmen, dessen Mitarbeiter-Marketing-Konzept ich vorstellen möchte, ist das Beratungshaus brainsphere informationworks GmbH, das für seine Kunden, hauptsächlich Versicherungen, Banken und Krankenkassen, maßgeschneiderte Enterprise Content Management Lösungen entwirft und implementiert und diese in die bestehende IT-Landschaft integriert.

Die beiden Geschäftsführer Hans-Jörg Kamm und Volker Mattes betrachten die Weiterentwicklung ihres Teams und die Einführung weiterer Führungsebenen, die eigenverantwortlich die Kundenprojekte managen können, als eine der Herausforderungen für ihr weiteres Wachstum. Um dieses Ziel zu erreichen, haben sie entschieden, ein Mitarbeiter-Marketing-Konzept unter meiner Mithilfe zu entwickeln, das bessere Voraussetzungen für die internen Strukturen und Abläufe schafft und klare Entscheidungswege festlegt. Durch den verstärkten Fokus auf die Mitarbeiter, deren Bedürfnisse und deren Motivation, möchten sie auch ihre Arbeitgeber-Attraktivität im stark umkämpften Markt der Fachkräfte in der IT-Branche weiter erhöhen.

Laufende Fach- und IT-ausbildung	Laufende MA-/FK Entwicklung und Ausbildung	Partner Management	Unternehmenskommunikation und Wissensmanagement	Mitarbeitermotivation
Rekrutierung		Einarbeitung und Grundausbildung neue Mitarbeiter und Führungskräfte	Interne Organisation, Standards, Abläufe und Prozesse	

Abbildung 4.20: Mitarbeiter-Marketing-Konzept für brainsphere

Praxistipp:

Eine erfolgreiche Umsetzung und schnelle Integration eines Mitarbeiter-Marketing-Konzepts wird am besten durch die Einbeziehung der Mitarbeiter erreicht.

5 Stufenweise Umsetzung unter Einbeziehung aller wesentlichen Personen, mit realistischem Zeitplan und regelmäßiger Erfolgskontrolle

Bevor Sie nun mit der Umsetzung Ihres Mitarbeiter-Marketing-Konzepts beginnen können, sollten Sie nochmals prüfen, ob Sie folgende notwendige Schritte alle erfolgreich abgeschlossen haben:

- Die wesentlichen Elemente für Ihr eigenes Mitarbeiter-Marketing-Konzept haben Sie definiert.
- Die wichtigsten Unterpunkte aus Ihrer ULAKU-Liste haben Sie dem jeweiligen Element zugeordnet.
- Sie haben möglicherweise noch weitere, bis dato nicht vorhandene Elemente zu Ihrer Mitarbeiter-Marketing-Konzeption hinzugefügt.
- Sie haben überprüft, ob die gewählten Elemente zu Ihren aktuellen sowie mittel- und langfristigen Unternehmenszielen passen.
- Sie haben innerhalb der Elemente die wichtigen Unterpunkte für Ihr Unternehmen definiert.
- Zu jedem dieser Unterpunkte haben Sie den konkreten Nutzen für die Umsetzung des jeweiligen Themas dargestellt.
- Anschließend haben Sie jeden Unterpunkt einer Soll-/Ist-Analyse unterzogen und wissen nun, was der aktuelle Status ist und welche Aufgaben noch zu erledigen sind.
- Zu guter Letzt haben Sie den einzelnen Elementen einen Prioritäten-Status gegeben und definiert, wie die Element aussehen sollen, wenn diese final entwickelt und umgesetzt sind.

Sobald dies abgeschlossen ist, haben Sie die wesentlichen Voraussetzungen geschaffen, um nun in die konkrete Umsetzung Ihres Mitarbeiter-Marketing-Konzepts zu gehen.

5.1 Das Grob-Konzept steht nun, was jetzt?

Zunächst werden Sie feststellen, dass die Menge an Aufgaben, die vor Ihnen und Ihrem Team liegen, einen fast einschüchtern können und man das Gefühl bekommen könnte, dass dies eine echte Mammut-Aufgabe darstellt. Dies ist durchaus richtig, schließlich handelt es sich ja um ein ganzheitliches und sehr umfassendes Konzept. Aus diesem Grund ist aus meiner Erfahrung zu empfehlen, dass man sich erst einmal bewusst macht, welche Teile in Ihrem Unternehmen bereits seit Jahren erfolgreich praktiziert werden. Sie werden nämlich feststellen, dass Sie sicherlich vieles längst erfolgreich umsetzen und dies gilt es als Erstes festzuhalten.

Es kann auch zusätzlich sinnvoll sein, die Elemente als Erstes zu finalisieren, bei denen nur einige wenige Teile zu ergänzen oder fertigzustellen sind. Diese Strategie wird auch das Ernten der sogenannten »low hanging fruits« genannt, was bedeutet, erst einmal die niedrig hängenden Früchte vom Baum zu holen, anstatt die Früchte, die ganz oben und schwer zugänglich sind. Dies wird zu schnelleren Erfolgserlebnissen in Ihrer Organisation führen und die notwendige Energie freisetzen, auch die anderen Elemente sukzessive anzugehen.

> **Praxistipp:**
>
> Machen Sie sich und Ihrem Team zunächst bewusst, was Sie bereits alles erfolgreich umsetzen und nutzen Sie zusätzlich die Strategie der »low hanging fruits«.

Um in eine erfolgreiche Umsetzung zu kommen, müssen Sie dafür Sorge tragen, dass Sie die notwendigen personellen und finanziellen Ressourcen zur Verfügung haben. Dies muss im Vorfeld geprüft und entschieden werden. Denken Sie auch daran, dass es sich um eine langfristige Integration des Konzepts handelt und Sie diese vermutlich über einen Zeitraum von mehreren Monaten und Jahren umsetzen werden. Je nachdem wie groß Ihre Organisation ist und welche finanziellen und personellen Ressourcen Sie zur Verfügung haben, bestimmt dies auch letztendlich eine realistische Zeitschiene.

In der Praxis hat sich herausgestellt, dass Sie im Wesentlichen fünf verschiedene personelle Möglichkeiten haben, um die Verantwortung für die Ausarbeitung und Einführung Ihres Mitarbeiter-Marketing-Konzepts zu übernehmen:

- die Geschäftsleitung und Ihr direktes Führungsteam,
- die Geschäftsleitung und Ihre bestehende Personalentwicklung,
- die Geschäftsleitung und eine neu formierte Personalentwicklung,
- eine dieser drei oben genannten Möglichkeiten ohne externe Unterstützung,
- eine dieser drei oben genannten Möglichkeiten mit externer Unterstützung.

5.2 Erfolgreiche Umsetzung durch klare Zielformulierung

Nachdem Sie entschieden haben, welcher Personenkreis die Verantwortung für die weitere Ausarbeitung und Umsetzung Ihres Mitarbeiter-Marketing-Konzepts hat, ist es wichtig gemeinsam mit diesem die jeweilige Zielformulierung der einzelnen Elemente zu erarbeiten. Diese Zielformulierung dient dann als permanenter Gradmesser für die weitere Ausarbeitung und stellt auch die wesentliche Grundlage für eine spätere Erfolgskontrolle da. Falls Ihr Unternehmen eine Personalentwicklungsabteilung besitzt und diese die Entwicklung der Zielformulierungen übernimmt, sollte die Geschäftsleitung diese Zielformulierung absegnen, bevor es in die konkrete Ausarbeitung und Umsetzung geht. Damit ist sichergestellt, dass ein gemeinsames Verständnis für die zu erreichenden Endergebnisse besteht und es nicht zu Fehlentwicklungen aufgrund unterschiedlicher Zielvorstellungen kommt.

Eine Zielformulierung könnte für verschiedene Elemente beispielsweise so aussehen, wie in Abbildung 5.1 beschrieben.

Element	Zielformulierung
Interne Unternehmenskommunkation	Vorhandenes Wissen transparent und bewertbar machen Aktiver Wissensaustausch innerhalb und zwischen den Teams Vernetzung von Expertenwissen Führungs- und hierarchieübergreifendes Feedback Motivation der Mitarbeiter als „Mitdenker" Vermittlung eines einheitlichen Unternehmensbildes
System zur Wiedereingliederung und Alumni-System für ehemalige Mitarbeiter	Erfolgreiche Eingliederung durch umfassende Vermittlung des aktuellen Wissensstandes und der Situation im Unternehmen Langfristige und nachhaltige Bindung an die Organisation Gute Beziehungen mit ehemaligen Mitarbeitern pflegen
Grundausbildung und Einarbeitung neue Mitarbeiter und Führungskräfte	Optimale Eingliederung der neuen Mitarbeiter in das bestehende Team, in die Arbeitsabläufe und in das Unternehmen Optimale und frühzeitige Wissensweitergabe in allen relevanten Bereichen Frühzeitige Erkennung und Behebung von Fehlbesetzungen

Abbildung 21: Zielformulierung

Praxistipp:

Starten Sie die Ausarbeitung erst, wenn Sie gemeinsam eine klare und eindeutige Zielformulierung vorgenommen haben.

Nachdem die Zielformulierung von allen im Prozess Eingebundenen diskutiert, festgelegt und gemeinsam beschlossen wurde, sollte die verantwortliche Gruppe nun entscheiden, wen sie alles für eine erfolgreiche Umsetzung mit einbeziehen sollte. Die Vorteile einer frühzeitigen Einbeziehung der richtigen Personen in die Entwicklung sind folgende:

- Sie nutzen die operative Erfahrung Ihrer Mitarbeiter.
- Ihr Team fühlt sich eingebunden, wertgeschätzt und mitverantwortlich.
- Praxisfremde Ideen und Maßnahmen werden frühzeitig erkannt und rechtzeitig eliminiert.
- Gute Ideen aus Ihrem Team werden berücksichtigt.
- Die interne Kommunikation wird gefördert.
- Der Nutzen wird für alle Mitarbeiter klarer.
- Die Bereitschaft für zusätzliches Engagement bei der Umsetzung wird erhöht.
- Die anschließende Umsetzung wird wesentlich reibungsloser funktionieren.

> **Praxistipp:**
>
> Binden Sie die Mitarbeiter bereits in die Entwicklung der einzelnen Themen sinnvoll mit ein. Dadurch werden Sie zusätzliche und wichtige Erfahrungen sowie praxisorientiertes Wissen generieren.

> **Praxistipp:**
>
> Wenn Sie eine spätere Umsetzung erfolgreich und zügig realisieren möchten, sollten Sie Ihr Team von Anfang an mit einbinden. Dann ist die Bereitschaft, den anfänglichen Mehraufwand parallel zum operativen Geschäft zu leisten, höher.

Es kann auch sinnvoll sein, gleich zu Beginn der Ausarbeitung eine interne Mitarbeiterbefragung durchzuführen. Diese Mitarbeiterbefragung kann darauf abzielen, erst einmal zu ermitteln, für was Ihr Unternehmen aus Sicht der Mitarbeiter steht. Also was verbinden die Mitarbeiter mit Ihrem Arbeitgeber und Ihrem Arbeitsplatz. Die Ergebnisse einer solchen Befragung können Ihnen hilfreiche Hinweise bringen, wie Ihr Team seinen Arbeitsplatz und das Unternehmen aktuell sieht. So eine Befragung kann grundsätzlich sehr einfach gehalten werden und durchaus intern selber gestaltet und durchgeführt werden. Hierzu entwickeln Sie gemeinsam mit dem für die Ausarbeitung verantwortlichen Personenkreis eine Auflistung von Merkmalen, die Sie als sinnvoll ansehen. Diese Merkmale könnten zum Beispiel folgendermaßen aussehen:

Zuverlässigkeit, Vertrauen, Spaß an der Arbeit, Innovation, Glaubwürdigkeit, abwechslungsreiche Aufgaben, Zukunftsperspektiven, Offenheit, respektvoller Umgang miteinander, gutes Unternehmensklima, Hilfsbereitschaft, herausfordernde Tätigkeiten, Übernahme von Verantwortung usw.

Lassen Sie jeden Mitarbeiter eine bestimmte Anzahl von Merkmalen wählen, von denen er meint, dass sie aus seiner Sicht für Ihr Unternehmen stehen. Die Befragung sollte anonymisiert durchgeführt werden, damit Sie offene Antworten erhalten. Ermitteln Sie in der Auswertung dann die fünf meistgenannten Merkmale, für die Ihr Unternehmen aus Sicht Ihrer Mitarbeiter steht.

Mit diesen Ergebnissen bekommen Sie nicht nur einen guten Einblick, wie Ihre Mitarbeiter Ihr Unternehmen sehen und wahrnehmen, sondern es hilft Ihnen auch später in der internen Positionierung Ihres Unternehmens und in der Rekrutierung neuer Mitarbeiter. Diese meist genannten Merkmale lassen sich nämlich dann auch nach außen kommunizieren und ziehen die Menschen an, die sich damit identifizieren können. Dies erhöht die Wahrscheinlichkeit, dass Sie die zu Ihrem Unternehmen passenden Menschen ansprechen und diese sich dann auch in Ihrem Unternehmen schnell wohlfühlen werden.

> **Praxistipp:**
>
> Ermitteln Sie durch eine Mitarbeiterbefragung die wesentlichen Merkmale, für die Ihr Unternehmen aus Sicht Ihrer Mitarbeiter steht und nutzen Sie diese Ergebnisse auch für Ihre Positionierung im Arbeitgeber-Marketing.

Des Weiteren sollten zu Beginn der Ausarbeitung der einzelnen Elemente immer wieder einzelne Mitarbeiter aus den verschiedenen Fachbereichen zu gemeinsamen Meetings mit den Projektverantwortlichen eingeladen und nach deren Einschätzung und Meinungen befragt werden. Bei der Auswahl der Mitarbeiter ist zu beachten, dass diese bereits mehrere Jahre in Ihrem Unternehmen arbeiten und zu den Leistungsträgern ihres Fachbereiches gehören. Auch sollten diese aus verschiedenen Altersgruppen kommen, damit die Sichtweisen aller Generationen Ihres Unternehmens in die Konzeption mit einfließen. Gelegentlich macht es auch Sinn neue Mitarbeiter, Lehrlinge, Aushilfen und Leih-Mitarbeiter zu einzelnen Themen zu befragen. Auch wenn diese noch nicht so viel Erfahrung haben oder nur teilweise im Unternehmen tätig sind, kann deren Sichtweise manchmal interessant und hilfreich für die Ausarbeitung sein.

In festgelegten Abständen sollten Statusberichte zu den einzelnen Elementen durch die Geschäftsleitung eingesehen und genehmigt werden, damit jederzeit sichergestellt ist, dass die jeweiligen Elemente nach wie vor mit den aktuellen Unternehmenszielen im Einklang sind und es zu keinen unnötigen Ausarbeitungen kommt.

Sollten Sie eine eigene Personalentwicklungsabteilung haben, ist dies auch eine gute Gelegenheit das gesamte Projekt dazu zu nutzen, dass sich diese Abteilung intern neu positioniert. In vielen Unternehmen ist der Personalbereich intern nicht klar positioniert und seine – oft vielfältigen – Leistungen und Angebote werden häufig nur unzureichend wahrgenommen und wertgeschätzt oder für selbstverständlich erachtet. Jeder im Unternehmen weiß, dass er notwendig und wichtig ist, speziell für die Personalverwaltung und Gehaltsabrechnung.

Die Entwicklung eines Mitarbeiter-Marketing-Konzepts macht also auch die Leistungen der Personalabteilung transparenter und sichtbarer und sorgt dafür, dass dieser Bereich mehr Bedeutung und Anerkennung in Ihrem Unternehmen bekommt. Tatsächlich sollte der Personalbereich in einem Arbeitnehmer-Markt die gleiche Bedeutung haben, wie es andere Bereiche im Unternehmen längst haben.

Praxistipp:

Unterstützen Sie Ihre Personalabteilung dabei, sich intern klarer und besser zu positionieren und den Nutzen für das Unternehmen und die einzelnen Mitarbeiter besser zu vermarkten. Ein Mitarbeiter-Marketing-Konzept kann hierbei von großem Nutzen sein.

5.3 Was kann man intern umsetzen und was kann man extern beauftragen?

An sich gibt es hierfür keine allgemeine Regelung, sondern nur eine Regelung, die am besten zu Ihrem Unternehmen passt. Die Entscheidung ist vor allem abhängig von folgenden Unternehmens-Faktoren:

- Bedeutung für die Erreichung Ihrer Unternehmensziele,
- Dringlichkeit,
- zeitliche Ressourcen,
- finanzielle Ressourcen,
- internes Know-how und Praxiserfahrung.

Stefan hat als Inhaber seines Ingenieurbüros für sich erkannt, dass er sich in allen Bereichen in einem Arbeitgeber-Markt befindet. Auf Grund seiner aktuellen Situation, nämlich, dass eine erhöhte Fluktuation an Ingenieuren die Erreichung seiner Unternehmensziele stark negativ beeinflusst, hat er entschieden, sofort und mit hohem Nachdruck sein Mitarbeiter-Marketing-Konzept zu entwickeln und umzusetzen. Damit er dies in möglichst kurzer Zeit auch schafft, hat er sich verstärkt externe Unterstützung hinzugezogen. Dadurch konnte er kurzfristig wichtige Elemente seines Konzepts, wie die Entwicklung seiner Führungskräfte durch Training und das Thema Rekrutierung durch Personalberater, sofort extern abbilden und einführen.

Alexandra hat auf Grund Ihrer Expansionsplanung und der grundsätzlich guten Entwicklung ihres Unternehmens in der Textilbranche entschieden, eine eigene Stelle für den Bereich Personalentwicklung zu schaffen. Dieser Mitarbeiter hat nun die Verantwortung, gemeinsam mit Alexandra und ihrem direkten Führungsteam die Entwicklung und Umsetzung ihres Mitarbeiter-Marketing-Konzepts zu realisieren. Damit dieser neue Mitarbeiter, der nur teilweise das nötige Wissen und die Erfahrung mitbringt, diese Aufgabe erfolgreich durchführen kann, hat Alexandra entschieden, ihm einen erfahrenen externen Berater und Projektmanager regelmäßig zur Unterstützung zur Seite zu stellen.

Praxistipp:

Machen Sie sich im Vorfeld bewusst, wie Sie Ihre Unternehmensziele durch die Umsetzung Ihres Mitarbeiter-Marketing-Konzepts am besten erreichen können und entscheiden Sie dann, welche strategische Vorgehensweise für Sie am sinnvollsten ist.

Um Ihnen eine Art Orientierungsunterstützung zu geben, habe ich im Nachgang einmal eine Auflistung erstellt, die Ihnen die möglichen Vor- und Nachteile einer externen Unterstützung näher aufzeigen soll:

Was können die Vorteile und die Nachteile von externer Unterstützung sein?

Mögliche Vorteile	Mögliche Nachteile
Spart interne Ressourcen.	Kostet finanzielle Ressourcen.
Bringt externes Know-how und Expertise ein.	Könnte die die internen Abläufe nicht ausreichend kennen.
Kann den Prozess professionell managen und steuern.	Könnte die Besonderheiten des Unternehmens nicht verstehen.
Externes Wissen hat oftmals bei den Mitarbeitern einen höheren Stellenwert.	Könnte nicht genügend Erfahrung in Bezug auf die Organisationsgröße und deren Besonderheiten haben.
Termine gegenüber Externen werden oftmals besser eingehalten.	Das eingebrachte Wissen könnte zu theoretisch sein und sich nicht in der Praxis umsetzen lassen.
Vorbereitungen für die gemeinsamen Projektmeetings werden durch die Mitarbeiter besser eingehalten, da der Externe Geld kostet und man sich nicht die Blöße geben will, dass man seine Aufgaben nicht erledigt hat.	Der Externe könnte keine Akzeptanz beim Team haben.
Vorbereitungen und Zusammenfassungen der Projektmeetings werden zeitnah und professionell erstellt.	Die Dokumentation könnte unzureichend oder unprofessionell sein.
Der Externe ist oft neutraler und dadurch objektiver.	Einzelne Projektteilnehmer haben das Gefühl, dass der Externe nicht objektiv handelt.
Externe Moderation der Projektmeetings schafft oftmals bessere Ergebnisse, da sich die intern Beteiligten auf die Inhalte konzentrieren können.	Könnte das Projekt unnötig in die Länge ziehen.
Bei Meinungsverschiedenheiten kann der Externe moderierend eingreifen und einen Konsens herbeiführen.	Könnte zu viel vorgeben und bindet das Projektteam nicht ausreichend mit ein.
Kann Teilprojekte erstellen und fertigstellen, für die intern keine zeitlichen oder personellen Ressourcen vorhanden sind.	Könnte vertrauliche interne Informationen nach außen tragen.
Zeitlicher und finanzieller Aufwand ist für die Geschäftsführung transparent.	Könnte sich nicht an zeitliche Vorgaben halten.
Zeitplanung wird nicht verschoben und Termine können verbindlich festgelegt werden.	Könnte Partei für einzelne Personen einnehmen und nicht mehr im Sinne des Unternehmens handeln.
Wird nicht durch operatives Geschäft abgehalten.	

Diese Auflistung der Vor- und Nachteile soll Ihnen als Entscheidungshilfe dienen, wenn Sie sich externe Unterstützung hinzuziehen wollen.

In der Praxis habe ich die Erfahrung gemacht, dass es oftmals sinnvoll ist, externe Unterstützung in einigen Bereichen der Entwicklung und dann auch in der Umsetzung der einzelnen Elemente zu Rate zu ziehen. Im Wesentlichen sollten Sie dabei darauf achten, dass Sie sich Unternehmen und Menschen als externe Dienstleister auswählen, die Sie im Vorfeld gut qualifizieren.

Dabei sollten Sie unter anderem folgende Themen prüfen, bevor Sie eine Entscheidung treffen:

- Hat der externe Partner ausreichend Erfahrung in Bezug auf Ihre Unternehmensgröße und Ihre Branchenbesonderheiten?
- Kann der externe Partner Referenzen und erfolgreich durchgeführte Projekte mit anderen Kunden vorlegen?
- Kann der externe Partner eine passende Ausbildung und Zertifizierung nachweisen und verfügt er über ausreichend Praxiserfahrung?
- Hat der externe Partner ausreichend personelle Ressourcen, um Sie auch zuverlässig und langfristig begleiten zu können?
- Passt die Vorgehensweise und Geschäftsphilosophie des externen Partners zu Ihrem Unternehmen?

Es empfiehlt sich außerdem, die Zusammenarbeit erst einmal zeitlich oder auf ein erstes Projekt zu befristen und in der gemeinsamen Arbeit dann festzustellen, ob Sie mit der Arbeitsweise und Leistung des externen Partners auch zufrieden sind und er Ihre Erwartungen erfüllt.

> **Praxistipp:**
>
> Externe Unterstützung kann sinnvoll sein, jedoch prüfen Sie die externen Dienstleister im Vorfeld anhand klarer Kriterien und Vorgaben.

5.4 Erfolgreiche Umsetzung des Zeitplans

Ein Zeit- und Aktivitäten-Plan ist der letzte wichtige Schritt zur Ausarbeitung und Umsetzung Ihres eigenen Mitarbeiter-Marketing-Konzepts. In Bezug auf die zeitliche Planung möchte ich Ihnen mit auf den Weg geben, dass langsamer manchmal besser und erfolgreicher ist, als zu versuchen, die Entwicklung und Einführung unter hohem Zeitdruck zu unternehmen.

Sie haben ja wahrscheinlich bereits bis heute einige Teilbereiche und Elemente in Ihrem Unternehmen erfolgreich umgesetzt, sonst wäre Ihr Unternehmen heute nicht da, wo es steht. Sicherlich ist es auf Grund der beschriebenen Entwicklung sinnvoll, nun diese Elemente in ein ganzheitliches Gesamtkonzept zusammenzufassen und Ihr Unternehmen damit wettbewerbsfähiger im Arbeitermarkt aufzustellen. Da ich in den letzten Jahren viele Unternehmen bei der Entwicklung eines Konzeptes in unterschiedlicher Art und Weise begleiten und beraten durfte und für diese Unternehmen auch meist heute noch als Dienstleister arbeiten darf, habe ich ein relativ realistisches Bild gewonnen, was in welchem Zeitraum möglich ist und was passiert, wenn die Unternehmen ihr eigenes Team durch zu viele Veränderungen überfordern und damit nicht die gewünschten Ergebnisse erreichen.

Bitte denken Sie vor allem an folgende wesentliche Faktoren bei Ihrer Zeitplanung:

- Ihr Team hat bereits ein meist vollgepacktes, operatives Tagesgeschäft und die Mitarbeit in der Entwicklung kostet Zeit für Meetings und Workshops zu den einzelnen Themen. Diese Zeit ist jedoch sehr notwendig, da Sie dann eine schnellere und reibungslosere Einführung erreichen, wenn Ihre verantwortlichen Personen sich auch aktiv in die Entwicklung mit einbringen können und manche Themen besprechen und diskutieren können.
- Nach den Entscheidungen zu den einzelnen Bereichen sollten Ihre Mitarbeiter die Themen auch aktiv in ihren Alltag mit aufnehmen und dies bedeutet erst einmal einen Mehraufwand, bis sie sich daran gewöhnt haben. Wenn Sie zum Beispiel das Thema Jahresgespräche unter Anwendung eines Kompetenzrasters eingeführt haben, müssen sich Ihre Führungskräfte mit dem Thema ausgiebig auseinandersetzen und diese Gespräche dann auch erst einmal führen. Dies kostet Zeit und während dieser Einführung sollten die Führungskräfte nicht noch zusätzlich mehrere weitere Themen zur Bearbeitung auf den Tisch bekommen.
- Erst wenn also der jeweilige Bereich oder das jeweilige Element vollständig eingeführt und in der Praxis umgesetzt wurde, sollte der nächste Bereich angegangen werden.
- Wenn die Ausarbeitung und Einführung unterschiedliche Mitarbeiter in Ihrem Unternehmen betrifft, kann dies natürlich zeitgleich geschehen.

Praxistipp:

Langsamer ist manchmal schneller – erst nach der erfolgreichen Einführung eines Bereiches den nächsten Bereich angehen, wenn es die gleichen Mitarbeiter in Ihrem Unternehmen betrifft.

In Kapitel 4.4. habe ich folgende Vorgehensweise für die Einführung und Optimierung Ihrer bestehenden Bestandteile bereits beschrieben. Die Schritte waren nachfolgende:

- Beschreibung des Bestandteils,
- Ermittlung des aktuellen Ist-Zustands,
- zu erledigende Aufgaben,
- weitere Vorgehensweise.

Diese Schritte sind nun um folgende Themen zu ergänzen:

- Bestimmung der verantwortlichen Person im Unternehmen für die Entwicklung dieses Bereichs,
- Bestimmung der notwendigen personellen, finanziellen und zeitlichen Ressourcen,
- Festlegung, welche Mitarbeiter in die Entwicklung mit einbezogen werden sollen,
- Festlegung der Termine und des Zeitplans bis zur Einführung,
- Festlegung des Einführungstermins und Planung der Umsetzung.

Alle diese Schritte sollten in einer Aktivitäten-Planung schriftlich festgelegt und dann durch die Geschäftsleitung genehmigt werden. Anschließend sollte vor Beginn der Ausarbeitung mit den benötigten Mitarbeitern ein kurzes Einführungsmeeting stattfinden, bei dem der Projektplan vorgestellt und gegebenenfalls Arbeitspakete verteilt werden.

Bei der Präsentation des Projektplans ist immer darauf zu achten, dass der Beweggrund und der Nutzen der Entwicklung und Umsetzung deutlich kommuniziert und erläutert wird. Bitte denken Sie auch immer daran, den Nutzen für den einzelnen Mitarbeiter mit zu kommunizieren. Dies erhöht die Bereitschaft und das Engagement bei der Mitarbeit und bei der späteren Einführung um ein Vielfaches.

> **Praxistipp:**
>
> Vor der Ausarbeitung eines Bereichs immer erst den Nutzen für das Unternehmen und für den einzelnen Mitarbeiter kommunizieren.

5.5 Erfolgskontrolle – ein permanenter und essenzieller Bestandteil eines erfolgreichen Mitarbeiter-Marketing-Konzepts

Sobald Sie die ersten Elemente Ihres Mitarbeiter-Marketing-Konzepts offiziell in Ihrem Unternehmen einführen, sollten Sie bereits im Vorfeld festlegen, wie Sie den Erfolg des jeweiligen Elements so konkret wie möglich messen können. Das gilt sowohl für den Erfolg der einzelnen Elemente und der Teilbereiche als auch für die verantwortlichen Personen. Dies betrifft sowohl Ihre Mitarbeiter, die einzelne Teilbereiche oder gesamte Elemente verantworten, als auch mögliche externe Dienstleister, die Sie mit der Umsetzung von Elementen oder Teilbereichen beauftragt haben.

Bevor wir uns die Erfolgskontrolle näher ansehen, möchte ich Ihnen empfehlen, auch von Anfang an eine Qualitätssicherung für externe Dienstleister einzuführen. Dies stellt sicher, dass die Leistungen, die Sie extern hinzukaufen, Ihren Qualitätsansprüchen Genüge tun und ist auch eine Voraussetzung dafür, dass Ergebnisse und Erfolge erzielt und später gemessen werden können.

Wenn Sie dann verschiedene (Teil-)Elemente Ihres Mitarbeiter-Marketing-Konzepts – wie zum Beispiel Fach- oder IT-Training, Training in den Bereichen Fähigkeiten und Fertigkeiten, Teile aus dem Bereich Premium-Ausbildungssystem, Unterstützung bei der Rekrutierung, Unterstützung bei Ihren Mitarbeitertagungen, Teile aus dem Bereichen Gesundheitsmanagement oder Belohnungssysteme – an externe Dienstleister vergeben, kann es sinnvoll sein, eine Art »geprüfte Dienstleister«-System einzuführen.

Diese Idee habe ich von der Franchise-Branche gelernt und sie wird dort auch sehr häufig angewendet. Der Franchisegeber will damit erreichen, dass die Qualität und die Leistungsfähigkeit der externen Dienstleister, die er seinen Franchisenehmern zur Verfügung stellt, gleichbleibend sind und den Unternehmensstandards entsprechen. Natürlich findet dies auch in Großunternehmen und Konzernen statt, in denen in einem aufwändigen Prozess Lieferanten geprüft und ausgewählt werden, damit sie intern »gelistet« sind. Diese Verfahren sind jedoch sehr aufwendig und für kleinere und mittelgroße Organisationen schwer umzusetzen.

Um dies in der Praxis auch für eher kleinere Organisationen umzusetzen, legen Sie intern einige wesentliche Faktoren fest, die Ihnen als Orientierung für die Leistung der externen Dienstleister im Bereich Mitarbeiter-Marketing dienen.

Diese Faktoren sollten auch von Ihren Mitarbeitern eingesehen und mitbestimmt werden, da die Geschäftsleitung nicht immer in alle Details involviert ist und Ihre Mitarbeiter ja die Kunden Ihres Mitarbeiter-Marketing-Konzeptes sind.

Folgende Kriterien könnten Sie u. a. auswählen:

- Zuverlässigkeit,
- Qualität,
- Termintreue,
- Freundlichkeit,
- Reaktionszeit,
- Flexibilität,
- klare Kommunikation,
- Erreichbarkeit.

Ihre Mitarbeiter und Sie bewerten dann einmal im Jahr mit einem einfachen Punktesystem oder Sternesystem (eins schlecht bis fünf sehr gut) den einzelnen Dienstleister. Die Mindestpunktzahl, die erreicht werden muss, sollten Sie im Vorfeld gemeinsam mit Ihrem Team bestimmen.

Es empfiehlt sich außerdem Ihrem Dienstleister im Vorfeld mitzuteilen, dass Sie diese Bewertung jährlich durchführen und dass er eine gewisse Mindestpunktezahl erreichen muss, um weiterhin für Ihr Unternehmen tätig sein zu dürfen. Dieser Prozess sorgt dafür, dass Ihr Team sich aktiv eingebunden fühlt, seine Meinung Gewicht bekommt und mögliche interne Diskussionen und persönliche

Präferenzen weitgehend ausgeschlossen werden. Außerdem haben Sie damit eine sinnvolle Qualitätssicherung, die schnell und einfach durchgeführt werden kann.

> **Praxistipp:**
>
> Externe Dienstleister sollten regelmäßig von Ihren Mitarbeitern beurteilt werden können, um mögliche Fehlentwicklungen zu vermeiden und für gleichbleibende Qualität zu sorgen.

Bei den jeweiligen Elementen sollten genau definierte Erfolgskontrollen festgelegt werden, damit die Einführung nicht nur messbar ist, sondern Sie auch überprüfen können, ob die Investition in die Entwicklung und Umsetzung eines eigenen Mitarbeiter-Marketing-Konzepts gewinnbringend und damit sinnvoll war.

Natürlich ist es möglich, ein hoch komplexes System zur Erfolgskontrolle zu entwickeln und zu betreiben, jedoch empfehle ich Ihnen ein einfaches und leicht umsetzbares System, da der Aufwand der Entwicklung und vor allem der Aufwand, die Daten zu erheben, diese Daten zu pflegen und sie auszuwerten, sonst oftmals den Nutzen übersteigt. Außerdem habe ich den Eindruck gewonnen, dass die Bewertung von zu vielen Zahlen und Statistiken manchmal viel Zeit in Anspruch nimmt und deshalb nicht in der Tiefe erfolgt.

Mein Ansatz ist eher, ein einfaches, transparentes und leicht zu erhebendes Erfolgskontrolle-System zu installieren und dann im Einzelfall bei nicht ausreichenden Ergebnissen diesen Bereich nochmals näher zu beleuchten.

Konkret könnte Ihre Erfolgskontrolle für die von Ihnen ausgewählten Elemente vereinfacht aussehen wie in Abbildung 5.2 gezeigt.

Wie Sie an der Auflistung erkennen können, ist es notwendig, die einzelnen Werte vor der Einführung Ihres Konzepts und dann in regelmäßigen Abständen hinterher zu messen. Die Häufigkeit einer Messung ist abhängig vom einzelnen Bereich. Bei der Erfolgsmessung der Wirksamkeit Ihrer Alumni-Aktivitäten ist eine jährliche Messung und Kontrolle sicherlich ausreichend, wobei Sie nach der Einführung eines Bonussystems dessen Ergebnisse sicherlich monatlich messen werden.

Zusammenfassend kann ich folgendes Vorgehen empfehlen:

- Nach der Festlegung der einzelnen Unterthemen pro Mitarbeiter-Marketing-Element legen Sie die übergeordneten, wesentlichen Ziele fest.
- Anschließend definieren Sie gemeinsam mit Ihrem Team, welche Kriterien den Erfolg des jeweiligen Bereichs am besten messbar machen.
- Dann überprüfen Sie, wie Sie diese Kriterien erfassen können und ob der Aufwand der Erfassung im Verhältnis zum Nutzen steht.
- Außerdem legen Sie gemeinsam die Häufigkeit einer Messung fest.

5.5 Erfolgskontrolle – ein permanenter und essenzieller Bestandteil

Element oder Teilbereich	Übergeordnetes Ziel	Erfolgsrelevante Faktoren Vor Einführung	Erfolgsrelevante Faktoren Nach Einführung
Rekrutierung	Rekrutierungsprozess - Dauer bis eine Stelle besetzt wird	12 Wochen	8 Wochen
Einarbeitung neue Mitarbeiter	Erfolgreiche Integration neuer Mitarbeiter - Prozentualer Anteil Einstellungsfehler	20%	5%
Alumni	Aktives Beziehungsnetzwerk zu Ehemaligen - Teilnahmequote an Alumni-Veranstaltung	40%	70%
Wiedereingliederung	Erfolgreiche Wiedereingliederung - Prozentueller Anteil wieder ins Unternehmen zurückkehrender Mitarbeiter	75%	90%
Interne Kommunikation	Zufriedenheit mit den Abläufen der internen Meetings - Messung über Mitarbeiterbefragung	Note 2,5	Note 2,0

Abbildung 5.2: Mitarbeiter-Marketing-Konzept Erfolgsmessung

- Vor der Einführung der Messung im jeweiligen Bereich müssen Sie den Ist-Stand erheben und dokumentieren, da Sie sonst keinen Orientierungswert für die Messung haben. Sollten Sie etwas völlig Neues einführen, ist dies natürlich nicht möglich. Hier können Sie dann nur nach einer gewissen Zeit die Entwicklung ableiten oder durch Austausch mit anderen Unternehmen Ihrer Branche einen Orientierungswert herausfinden.

Praxistipp:

Legen Sie vor Einführung eines jeden Bereichs die erfolgsrelevanten Faktoren und geeigneten Kriterien zur Messung fest, damit Sie die Entwicklung später gut messen können.

Zusammenfassend ist die Erfolgskontrolle in mehreren Bereichen notwendig, damit Sie für sich und Ihr Unternehmen den Kosten-/ Nutzen-Effekt der Entwicklung und Einführung eines eigenen Mitarbeiter-Marketing-Konzepts auch valide ermitteln können. Die Erfolgsmessung besteht aus quantitativen Kriterien, wie zum Beispiel prozentuale Veränderungen, Dauer oder Anzahl, und aus qualitativen Kriterien, wie zum Beispiel Zufriedenheit, Qualität und Effektivität.

Alle Praxistipps auf einen Blick

Die fünf übergeordneten Herausforderungen in der Mitarbeiterentwicklung sind: die Besten finden, diese produktiv machen, Rekrutierungsfehler aktiv beheben, die Mitarbeitet zu Höchstleistungen führen und die Besten ans Unternehmen zu binden. **Seite 17**

Nutzen Sie das Potenzial Ihrer »unsichtbaren« Mitarbeiter: also von denjenigen, die sich in der mittleren Leistungsebene befinden, nehmen Sie sich bewusst Zeit und entwickeln Sie diese Menschen. **Seite 22**

Die alten Tugenden Beständigkeit und Kontinuität werden auch in der Arbeitswelt durch die neuen Tugenden Veränderungsbereitschaft und Flexibilität abgelöst. **Seite 29**

Ein unzufriedener Mitarbeiter muss sich heute nicht mehr aktiv um Jobangebote kümmern, diese kommen, dank der modernen Medien, eigenständig und andauernd auf ihn zu. Dies erhöht natürlich eine mögliche Wechselbereitschaft. **Seite 31**

Prüfen Sie in Ihrem Unternehmen die aktuelle Einstellung Ihrer Führungsteams bezüglich der Marktveränderungen zum Arbeitnehmer-Markt. **Seite 33**

Nur wenn die Unternehmensziele klar definiert sind, kann ein sinnvolles Mitarbeiter-Marketing-Konzept entwickelt werden und erfolgreich im Sinne der Unternehmensziele umgesetzt werden. **Seite 35**

Nutzen Sie Ihre Besonderheiten und Ihre Stärken und entwickeln Sie Ihre eigenen Alleinstellungsmerkmale als Arbeitgeber. Jedes Unternehmen ist einzigartig und ist meistens dann erfolgreich, wenn es seine Besonderheiten nutzt, um Kunden und interne Kunden anzuziehen und zu binden. **Seite 43**

Nur wenn Sie die Erwartungshaltung Ihrer Mitarbeiter wirklich kennen, können Sie eine optimale ULAKU-Strategie entwickeln! **Seite 51**

Mitarbeiter sind dann nicht unzufrieden, wenn ihre Erwartungshaltungen erfüllt werden. Mitarbeiter, deren Unzufriedenheit nicht ernst genommen wird und diese nicht in einer absehbaren und vereinbarten Zeit abgebaut wird, werden ihre Leistungsbereitschaft reduzieren, das Vertrauen in das Unternehmen verlieren und kurzfristig sogar das Unternehmen verlassen. Nicht abgestellte Unzufriedenheit kann nicht durch zusätzliche Motivationselemente korrigiert bzw. nur teilweise kompensiert werden. **Seite 53**

»Der interessierte Bewerber sieht sich nicht wie der Endkunde nur Ihre Produkte oder Dienstleistungen an, sondern ihn interessieren immer alle Bereiche des Unternehmens und diese wird er alle prüfen, bevor er sich entscheidet.« **Seite 53**

Kreieren Sie in einem Arbeitnehmer-Markt nur die Erwartungshaltungen durch Ihr Arbeitgeber-Marketing, die Sie auch wirklich erfüllen können. **Seite 55**

Alleine die Tatsache, dass sich die Unternehmensleitung aktiv mit den Fragen zu den eigenen Zielen in Bezug auf das Mitarbeiter-Marketing auseinandersetzt, wird Engagement und Motivation bei den Mitarbeitern freisetzen. **Seite 57**

Jedes Mitarbeiter-Marketing Konzept ist individuell, da es auf die Ziele, die Prioritäten und die Besonderheiten des jeweiligen Unternehmens abgestimmt ist. **Seite 60**

In einem Arbeitnehmer-Markt hat Rekrutierung immer Prioritätsstufe eins und ist ein ganzjähriger und dauerhafter Prozess. **Seite 63**

Arbeitgeber-Siegel sind sinnvoll, aber es sollte immer transparent gemacht werden, für was Ihr Unternehmen das Siegel bekommen hat. **Seite 65**

Die Zufriedenheit der bestehenden Mitarbeiter und deren Aussagen gegenüber möglichen Bewerbern sind ein wesentlicher Erfolgs- und Kostenfaktor bei einer erfolgreichen Rekrutierungs-Strategie. **Seite 67**

Behandeln Sie jeden Bewerber, den Sie zu einem Gespräch einladen, wie Ihren besten externen Kunden und geben Sie ihm das Gefühl, wirklich willkommen zu sein. **Seite 70**

Fragen Sie den Bewerber nach persönlichen Referenzen, nutzen Sie Checklisten im Einstellungsprozess und stellen Sie nicht ein, ohne sich ein konkretes Bild von den Arbeitsgewohnheiten des Bewerbers gemacht zu haben. **Seite 73**

Der erste Arbeitstag in einem Unternehmen prägt jeden Menschen für sehr lange Zeit und bleibt ihm ewig im Gedächtnis. Überlassen Sie diese Erst-Prägung nicht dem Zufall. **Seite 78**

Fassen Sie alle relevanten Prozesse und Abläufe in einem Mitarbeiter-Handbuch zusammen und ersparen Sie sich damit viel Zeit und Fehler. **Seite 80**

Behandeln Sie Ihren neuen Mitarbeiter wie einen wertvollen Setzling und sorgen Sie durch eine professionelle Unternehmens-Orientierung, dass er sich optimal in Ihrem Unternehmen entwickeln und wachsen kann. **Seite 82**

Eine Funktionsbeschreibung ist dann ein effektives Führungsinstrument, wenn diese auf die individuellen Bedürfnisse des Unternehmens abgestimmt ist, gemeinsam mit dem Team entwickelt wurde und individuell mit jedem Mitarbeiter besprochen wurde. **Seite 92**

Ein Dokumenten- und Prozessmanagement braucht von Anfang an eine durchdachte Struktur und klare Spielregeln, damit es Ihrem Unternehmen langfristig wirklich von Nutzen ist. **Seite 94**

Ohne Neugier oder Interesse wird kein Lernprozess erfolgreich in Gang gesetzt.
Seite 98

Nur wir selber sind in der Lage, uns zu verbessern und zu verändern, niemand anderes kann dies für uns tun oder uns dazu gegen unseren eigenen Willen zwingen.
Seite 98

Wenn die notwendige Bereitschaft zur Veränderung vorhanden ist, kann Training eine ausgezeichnete Methode sein, dem Menschen dabei zu helfen, diese auch erfolgreich zu realisieren. **Seite 104**

Jährlich wiederkehrende Leistungsschwankungen können zu verstärkter Fluktuation guter Mitarbeiter führen, wenn man diese nicht ordnungsgemäß behebt.
Seite 105

Frühzeitig die entstehenden Probleme und Herausforderungen seiner Mitarbeiter zu erkennen und sie dabei zu unterstützen, die Ursachen für diese zu beheben, macht eine gute Führungskraft aus. **Seite 106**

Sorgen Sie mit einem Kompetenzraster für mehr Transparenz in der Zusammenarbeit mit Ihrem Team und schaffen Sie damit die Basis für die gezielte Entwicklung des Einzelnen. **Seite 111**

Besser informierte Mitarbeiter fühlen sich wertgeschätzt und sicherer. **Seite 113**

Nur wenn ich weiß, was zu verbessern ist, habe ich eine konkrete Chance, dies zu tun. Denn wer das Problem nicht kennt, kann es auch nicht lösen. **Seite 114**

Nutzen Sie die Ideen und Verbesserungsvorschläge Ihrer operativen Mitarbeiter zum Nutzen Ihres Unternehmens und schenken Sie dadurch Ihren Mitarbeitern die angemessene Wertschätzung. **Seite 119**

Überraschen Sie Ihre Mitarbeiter mit originellen Ideen und bringen Sie dadurch Abwechslung in den Alltag. Damit schaffen Sie ein gutes Unternehmensklima.
Seite 122

Involvieren Sie Ihre Mitarbeiter in wichtige Entwicklungen und stärken Sie damit das unternehmerische Denken. **Seite 124**

Letztendlich geht es immer um die Themen Wertschätzung, Aufmerksamkeit und Konzentration auf das, was wir gerade tun, wenn wir mit und für Menschen arbeiten. Und unter dem Gesichtspunkt des sich verändernden Marktes zu einem Arbeitnehmer-Markt ist der Mitarbeiter sowieso unser wichtigster Kunde.
Seite 129

Erarbeiten Sie gemeinsam mit Ihrem Team verbindliche und für alle transparente Meeting-Spielregeln, die für alle im Unternehmen gelten. **Seite 130**

Erst die Faktoren ausräumen, die zu Unzufriedenheit führen und dann erst weitere Motivationsfaktoren einführen, da diese ansonsten nicht die gewünschte Wirkung erzielen. **Seite 133**

Wenn der Mitarbeiter zusätzliche monetäre Leistungen über einen gewissen Zeitraum bekommt, wird aus dem Motivations- ein Zufriedenheitsfaktor. Sobald es als Gewohnheit empfunden wird, würde ein Wegfall zu Unzufriedenheit führen. **Seite 134**

Ehrlich gemeintes Lob, Anerkennung für gute Leistungen, echte Wertschätzung und Aufmerksamkeit durch die Führungskraft sind oftmals die stärksten Motivationsfaktoren. **Seite 135**

Interessanterweise führt ein Lob für eine Leistung eines Mitarbeiters, die er selbst für als nicht ausreichend würdigungsfähig hält, eher zu Demotivation. **Seite 138**

Belohnungen, die nur die besten Mitarbeiter ansprechen, werden Ihrem Unternehmen nicht mehr Ertrag bringen und zudem einen Großteil der Mitarbeiter nicht motivieren, sondern frustrieren. **Seite 140**

Menschen strengen sich mehr an, wenn sie für ihre Anstrengungen ein Lob, eine Anerkennung oder eine kleine Belohnung erhalten. **Seite 145**

Wenn sich eine Beförderung eines Mitarbeiters, der vorher eine hervorragende Fachkraft war, zur Führungskraft als falsch herausgestellt hat, da sich die neue Führungskraft in der Führungsfunktion nicht wohlfühlt, können Sie diese Führungskraft fast nie wieder in den vorherigen Bereich zurückstufen, ohne sie zu verlieren. **Seite 146**

Führungskarriere und Fachkarriere müssen das gleiche Ansehen im Unternehmen genießen, damit es erfolgreich funktioniert. **Seite 147**

Eigenen ambitionierten und talentierten Führungskräften die Chance zu geben, einen Filial- oder einen Franchise-Standort zu führen, kann eine gute Option sein, diese innerhalb Ihrer Organisation langfristig zu binden. **Seite 148**

Wenn Sie über ein Filialsystem wachsen wollen, sollten Sie die Abläufe, Prozesse und wesentlichen Erfolgsfaktoren Ihres Unternehmens gut dokumentiert haben. **Seite 149**

Nehmen Sie sich bei einer Übernahme eines Unternehmens erst die Zeit für die Menschen und dann für die Prozesse. **Seite 153**

Wenn Sie Ihren ambitionierten und talentierten Mitarbeitern keine Perspektive bieten, sich in Ihrer Organisation zu entwickeln, werden diese Ihr Unternehmen verlassen. **Seite 154**

Nutzen Sie jede Gelegenheit von anderen Branchen und Unternehmensformen zu lernen, welches System diese für die Bindung Ihrer Leistungsträger nutzen, und prüfen Sie die Anwendbarkeit für Ihr Unternehmen, auch wenn es in einer ganz anderen Branche tätig ist. **Seite 155**

Kein Mensch kann immer nur Höchstleistungen bringen, ohne sich gelegentlich zu regenerieren! Sorgen Sie für Ausgewogenheit und helfen Sie Ihren Mitarbeitern dabei, auf sich und ihre Gesundheit zu achten. **Seite 158**

Pflegen Sie die Kontakte zu Ihren ehemaligen Mitarbeitern. Es lohnt sich, ist nicht zu aufwendig und kann Ihnen für die Zukunft viele Vorteile für Ihr Unternehmen bringen. **Seite 160**

Nutzen Sie die Entwicklungen der vermehrten Wechselbereitschaft anstatt diese zu beklagen und zeigen Sie Ihren guten Mitarbeitern Wege auf, nach Auszeiten wieder in Ihr Unternehmen zurückzukehren. **Seite 161**

Mit einem ganzheitlichen, ausgewogenen und nachhaltigen Mitarbeiter-Marketing-Konzept können Sie nicht nur wenige, sondern viele Talente in Ihrem Unternehmen fördern und haben damit das beste Talent-Management-System für Ihr Unternehmen geschaffen. **Seite 162**

Eine zusätzliche und außergewöhnliche Ausbildung, die Sie Ihren besten Mitarbeitern anbieten, kann einen weiteren möglichen Faktor zur Bindung darstellen und Sie als Arbeitgeber attraktiver machen. **Seite 164**

Die Wahl und die Priorisierung der einzelnen Elemente des Mitarbeiter-Marketing muss zu Ihren Unternehmenszielen passen und ist für jedes Unternehmen individuell zu entscheiden. **Seite 165**

Nachdem die für Ihr Unternehmen passenden Elemente gewählt wurden, sollte die Umsetzung sukzessive erfolgen. **Seite 166**

Ermitteln Sie für jeden Bestandteil immer erst den Nutzen für Ihre Mitarbeiter und Ihr Unternehmen, bevor Sie die weiteren Prozessschritte gehen. **Seite 167**

Bevor Sie beginnen, die einzelnen Aufgaben zu erledigen, priorisieren Sie diese im Vorfeld im Hinblick auf die aktuelle Wichtig- und Dringlichkeit in Bezug auf Ihre Unternehmensziele. **Seite 168**

Manchmal ist es sinnvoller ein weiteres Element zu Ihrem Mitarbeiter-Marketing-Konzept hinzuzufügen. Dies kann die Komplexität reduzieren und schafft mehr Transparenz. **Seite 170**

Eine erfolgreiche Umsetzung und schnelle Integration eines Mitarbeiter-Marketing-Konzepts wird am besten durch die Einbeziehung der Mitarbeiter erreicht. **Seite 174**

Machen Sie sich und Ihrem Team zunächst bewusst, was Sie bereits alles erfolgreich umsetzen und nutzen Sie zusätzlich die Strategie der »low hanging fruits«. **Seite 176**

Starten Sie die Ausarbeitung erst, wenn Sie gemeinsam eine klare und eindeutige Zielformulierung vorgenommen haben. **Seite 177**

Binden Sie die Mitarbeiter bereits in die Entwicklung der einzelnen Themen sinnvoll mit ein. Dadurch werden Sie zusätzliche und wichtige Erfahrungen sowie praxisorientiertes Wissen generieren. **Seite 178**

Wenn Sie eine spätere Umsetzung erfolgreich und zügig realisieren möchten, sollten Sie Ihr Team von Anfang an mit einbinden. Dann ist die Bereitschaft, den anfänglichen Mehraufwand parallel zum operativen Geschäft zu leisten, höher. **Seite 178**

Ermitteln Sie durch eine Mitarbeiterbefragung die wesentlichen Merkmale, für die Ihr Unternehmen aus Sicht Ihrer Mitarbeiter steht und nutzen Sie diese Ergebnisse auch für Ihre Positionierung im Arbeitgeber-Marketing. **Seite 179**

Unterstützen Sie Ihre Personalabteilung dabei, sich intern klarer und besser zu positionieren und den Nutzen für das Unternehmen und die einzelnen Mitarbeiter besser zu vermarkten. Ein Mitarbeiter-Marketing-Konzept kann hierbei von großem Nutzen sein. **Seite 180**

Machen Sie sich im Vorfeld bewusst, wie Sie Ihre Unternehmensziele durch die Umsetzung Ihres Mitarbeiter-Marketing-Konzepts am besten erreichen können und entscheiden Sie dann, welche strategische Vorgehensweise für Sie am sinnvollsten ist. **Seite 181**

Externe Unterstützung kann sinnvoll sein, jedoch prüfen Sie die externen Dienstleister im Vorfeld anhand klarer Kriterien und Vorgaben. **Seite 182**

Langsamer ist manchmal schneller – erst nach der erfolgreichen Einführung eines Bereiches den nächsten Bereich angehen, wenn es die gleichen Mitarbeiter in Ihrem Unternehmen betrifft. **Seite 183**

Vor der Ausarbeitung eines Bereichs immer erst den Nutzen für das Unternehmen und für den einzelnen Mitarbeiter kommunizieren. **Seite 184**

Externe Dienstleister sollten regelmäßig von Ihren Mitarbeitern beurteilt werden können, um mögliche Fehlentwicklungen zu vermeiden und für gleichbleibende Qualität zu sorgen. **Seite 186**

Legen Sie vor Einführung eines jeden Bereichs die erfolgsrelevanten Faktoren und geeigneten Kriterien zur Messung fest, damit Sie die Entwicklung später gut messen können. **Seite 187**

Zusammenfassung und Nachwort

Unsere fünf Freunde haben durch die Einführung Ihres persönlichen Mitarbeiter-Marketing-Konzepts viel gelernt. Nicht nur, dass sie ihre Mitarbeiter, deren Motivation und Beweggründe besser kennengelernt haben, sondern auch, dass sie bei der Analyse ihrer aktuellen Situation festgestellt haben, dass sie bereits vieles in der Vergangenheit gut und richtiggemacht haben.

Auf der anderen Seite haben sie nun endlich eine klare Orientierung erhalten, wie sie heute und auch in Zukunft ihre Unternehmen in Bezug auf ihr Mitarbeiter-Marketing klar strukturieren und erfolgsorientiert vorgehen können. Das modulare Konzept gibt ihnen zudem die Möglichkeit, einzelne Elemente inhaltlich neuen Gegebenheiten anzupassen, ohne die anderen Bereiche ändern zu müssen. Auch ist es problemlos möglich, neue Elemente hinzuzufügen oder sogar Elemente wegzunehmen, falls dies sinnvoll erscheint.

Seitdem die fünf Freunde ihr Konzept nach innen und außen klar kommunizieren können, haben ihre Unternehmen stark an Anziehungskraft und Attraktivität gewonnen. Sie bekommen leichter neue Mitarbeiter, die Leistungsfähigkeit der Mitarbeiter ist im Durchschnitt gestiegen, ihre Fluktuationsrate ist gesunken und insgesamt haben die Unternehmensinhaber und Manager das Gefühl, dass ein offeneres und besseres Unternehmensklima vorherrscht. Dies macht sich auch in den positiven Ergebnissen der regelmäßigen Mitarbeiterbefragungen bemerkbar.

Alle fünf haben den Eindruck gewonnen, dass, seitdem sie sich mit diesem Thema intensiv beschäftigt und die wesentlichen Teile auch schon umgesetzt haben, sie mehr »Mit-Unternehmer«, Mit-Arbeiter« und »Mit-Denker« in ihrem Unternehmen haben. Der Aufwand und die Mühen der Ausarbeitung und Einführung ihres eigenen Mitarbeiter-Marketing-Konzepts haben sich für alle fünf mehr als gelohnt und spiegeln sich auch in den betriebswirtschaftlichen Ergebnissen wider.

Der nette Nebeneffekt ist, dass die fünf nun mehr Zeit haben, sich privat zu treffen, um sich über alte Zeiten und Ihre Erfolge zu unterhalten.

Auch Ihnen, liebe Leser, wünsche ich viel Erfolg bei der Umsetzung Ihres eigenen Mitarbeiter-Marketing-Konzepts.

Über Ihre Anregungen, Berichte zu Ihren Praxiserfahrungen bei der Umsetzung und Ihren persönlichen Entwicklungen freue ich mich. Sie können mich gerne jederzeit unter Andreas@Fuersattel.com kontaktieren.

Danksagung

Als Erstes möchte ich mich bei allen meinen Kunden und Kooperationspartnern für das in mich gesetzte Vertrauen bedanken. Auch dafür, dass ich über die Jahre so viele interessante und spannende Aufgaben bekommen habe und mit Ihnen gemeinsam lösen durfte. Speziell möchte ich den Unternehmen danken, die so freundlich waren, mir ihre Erfahrungen und ihre internen Entwicklungen zur Verfügung zu stellen, sodass ich sie in diesem Buch auch veröffentlichen konnte.

Für Ihre hervorragende Unterstützung bei diversen Korrekturläufen, die vielfältigen Recherchen und Ideen und Anregungen möchte ich mich bei meiner außergewöhnlichen Frau Isabel und meiner ausgezeichneten Mitarbeiterin Birgit Mauroner bedanken. Für die Umsetzung der Graphiken und der Internetseite www.mitarbeiter-im-fokus.de danke ich meinen langjährigen und hervorragenden Mitarbeitern Timo Fiedler und Olivier Martin-Weinharra.

Herr Martin Gaedt danke ich für seine Begeisterung für meine Arbeit und dass er mich dazu bewogen hat, dieses Buch zu schreiben. Außerdem danke ich ihm für die Kontaktanbahnung zu meinem Verlagshaus Wiley-VCH.

Mein spezieller Dank geht auch an meine Lektorin Frau Jutta Hörnlein.

Meinem Senior-Partner Rodmann Gil Ostrander danke ich für seine Weitsicht, seine Weisheit, seinen Tatendrang und für alles, was er mir im Laufe unserer Zusammenarbeit alles gelehrt hat.

Ihnen allen danke ich sehr, dass Sie sich die Zeit genommen haben, mich zu unterstützen.

Meinen fantastischen Kindern Felix, Moritz und Pauline und meiner liebevollen Frau Isabel danke ich, dass sie mir die freie Zeit geschenkt haben, um dieses Buch zu schreiben.

Literaturhinweise

Accenture (2013): *Mobile Web Watch-Studie 2013*. https://www.accenture.com/de-de/company-accenture-study-mobile-web-watch-2013 (19.07.2016).

BEIGROUP (2016): *Unternehmerbefragung 2016 – Was macht ein Unternehmen zu einem attraktiven Arbeitgeber?* http://static.bei-training.com/files/div/arbeitgeberattraktivitaet-studie-2016-pdf-beitraining.pdf (19.07.2016).

BEIGROUP (2015): *Unternehmerbefragung 2015 – Mitarbeitermotivation: Märchen oder Wirklichkeit*. http://www.bei-training.com/files/documents/Mitarbeitermotivation-studie-2014-2015-befragung-beitraining-zum-PeopleSkillsDay2015.pdf (19.07.2016)

BEIGROUP (2013): *Unternehmensbefragung 2013 – Mögen Sie Ihren Job?*. http://static.bei-training.com/files/div/studie_moegen-sie-ihren-job-2013_beitraining-web1.pdf (19.07.2016).

BEIGROUP (2013): *Unternehmerbefragung 2013 – Unternehmensphilosophie und Management-Fokus in kleinen und mittelständischen Unternehmen*. http://static.bei-training.com/files/div/Befragung_UPhilosophie_online.pdf (19.07.2016). http://static.bei-training.com/files/div/der-ideale-chef-v01.pdf

BEIGROUP (2012): *Befragung 2012 – Der ideale Chef – Wie sollte er sein?* http://static.bei-training.com/files/div/Befragung_PeopleSkills.pdf (19.07.2016).

BEIGROUP (2011): *Unternehmerbefragung 2011 – Die Bedeutung von People Skills in kleinen und mittelständischen Unternehmen*. http://static.bei-training.com/files/div/Befragung_PeopleSkills.pdf (19.07.2016)

BEIGROUP in Zusammenarbeit mit dem Deutschen Franchise Verband e.V. und der Business Community des Deutschen Franchise Verbands e.V. (2013): *Franchise-Geber Weiterbildungsindex 2013: Eine Studie zum Weiterbildungsangebot von Franchise-Systemen in Deutschland*.

Centre of Human Resources Information Systems (CHRIS) und Monster Worldwide Deutschland GmbH (2015): *BEWERBUNGSPRAXIS 2015. Eine empirische Studie mit 7000 Stellensuchenden und Karriereinteressierten im Internet*. https://www.uni-bamberg.de/fileadmin/uni/fakultaeten/wiai_lehrstuehle/isdl/Bewerbungspraxis_2015.pdf (19.07.2016).

Deci, E., Koestner, R. & Ryan, R. M. (1999): »A Meta-Analytic Review of Experiments Examining the Effects of Extrinsic Rewards on Intrinsic Motivation«, *Psychological Bulletin*, Vol. 125.

Gallup-Institute (2015): *Engagement Index Deutschland 2015*: http://www.gallup.de/183104/engagement-index-deutschland.aspx, (19.07.2016)

Gries, Pascal: *Wissensmanagement im Rahmen der digitalen Entwicklung in Organisationen*. Bachelorarbeit, Grien Verlag 2013.

Herrmann, Ulrich: *Neurodidaktik – die Kooperation von Neurowissenschaften und Didaktik*. http://www.slvn.de/wp-content/uploads/2012/10/Herrmann-HT-2012.pdf (19.97.2016).

Institut für Arbeitsmarkt- und Berufsforschung (2016): *IAB-Kurzbericht 4/2016, Stellen werden häufig über persönliche Kontakte besetzt*. http://doku.iab.de/kurzber/2016/kb0416.pdf (19.97.2016).

Institut für Arbeitsmarkt- und Berufsforschung (2016): *IAB-Kurzbericht 16/2016, Befragung von Betrieben und Beschäftigten: Mehr Zufriedenheit und Engagement in Betrieben mit guter Personalpolitik*. http://doku.iab.de/kurzber/2016/kb1616.pdf (19.07.2016).

IW-Trends (2014): *Vierteljahresschrift zur empirischen Wirtschaftsforschung aus dem Institut der deutschen Wirtschaft Köln*, 41. Jahrgang, Heft 4/2014.

Förderland. *Business Magazin für Unternehmer*: »Demographische Entwicklung in Deutschland«. http://www.foerderland.de/managen/personal/talent-management/demographischer-wandel/die-entwicklung-in-deutschland/ (19.07.2016)

Gaedt, Martin (2014): *Mythos Fachkräftemangel: Was auf Deutschlands Arbeitsmarkt gewaltig schiefläuft*. Wiley Verlag.

Hurrelmann, Klaus/ Albbrecht, Erik (2014): *Die heimlichen Revolutionäre: Wie die Generation Y unsere Welt verändert*. Belz

Kandel, Eric (2014): *Auf der Suche nach dem Gedächtnis: Die Entstehung einer neuen Wissenschaft des Geistes*. Goldmann Verlag.

Kohl, Holger, Mertins, Kai, Seidel, Holger (Hrsg.): *Wissensmanagement im Mittelstand. Grundlagen – Lösungen – Praxisbeispiele.* Springer Gabler Verlag Berlin Heidelberg, 2. Aufl. 2016.

Kotler, Philip/Keller, Kevin Lane/Bliemel, Friedhelm (2007): *Marketing-Management: Strategien für wertschaffendes Handeln.* 12. Akt. Auflage. Pearson.

Maier, Christian/ Laumer, Sven/ Weitzel, Tim/ Weinert, Christoph/ von Stetten, Alexander/ Eckhardt, Andreas/ Kraft, Bernd (2015): *Bewerbungspraxis 2015 – Eine empirische Untersuchung mit den Top-1000-Unternehmen aus Deutschland sowie den Top-300-Unternehmen aus den Branchen Finanzdienstleistung, Health Care und IT.* Bamberg.

Oenning, Lisa: »Arbeitgeber-Bewertung. Ein Weg durch den Zertifikate-Dschungel«. In: Wirtschaftswoche vom 16.04.2016.

Rekrutierungserfolg.de: www.rekrutierungserfolg.de (20.07.2016)

Rosenow, Jens: *Motivation: Theorie und Praxis nach der Zweifaktoren-Theorie nach Herzberg.* Grin-Verlag 2007

Rosenbaum, Lars: *Lernende Organisation und Wissensmanagement.* Studienarbeit, Grien Verlag 2013.

Rosenstiel, Lutz von (2014): *Motivation im Betrieb. Mit Fallstudien aus der Praxis.* 11. Auflage. Springer/Gabler

Rosenstiel, Lutz von/ Nerdinger, Friedemann W. (2011): *Grundlagen der Organisationspsychologie.* Schäffer-Poeschel Verlag; 7.Auflage.

Roth, Gerhard: *Bildung braucht Persönlichkeit. Wie Lernen gelingt.* Klett-Cotta Verlag 4. Aufl. 2011.

Schanz, Michael (2010): *Experten-Karrierepfade für Ingenieure.* https://www.vde.com/de/ausschuesse/bgt/documents/karriere%20als%20experte%20text%20m%20schanz.pdf (20.07.2016)

Spitzer, Manfred (2009): *Lernen. Gehirnforschung und die Schule des Lebens.* Spektrum-Verlag.

StepStone gemeinsam mit dem Marktforschungsinstitut TNS (2015): *Trendstudie.* http://www.stepstone.de/Ueber-StepStone/presse/loader.cfm?csModule=security/getfile&pageid=35150 (19.07.2016).

Weis, Hans Christian (2015): *Marketing. Kompendium der Praktischen Betriebswirtschaft.* Hrsg. Klaus Olfert. Kiehl Verlag.

Wirtschaftslexikon: http://wirtschaftslexikon.de/ (19.07.2016).

Stichwortverzeichnis

A Aktivitäten-Diagramm 106
Aktivitäten-Management 106
Alumni-Management 61, 159
Alumni-System 159
Analyse der bestehenden Elemente 166
Anerkennung 101
Anreizsystem 130, 134, 138
Arbeitgeber-Auszeichnungen 65
Arbeitgeber-Bewertungsportalen 159
Arbeitnehmer-Markt 61, 63
Arbeitnehmerverhalten 30
Arbeitszeitmodelle 157
Ausarbeitung 179
Auszeichnungssystem 140
Außenwirkung 63
Außenwirkung des Unternehmens 61

B Beförderung 145
Belohnungssystem 130, 140
Belohnungssysteme und Anreizsysteme 61
Betriebsklima 123, 156
Bewerbermarketing 66 f.
Bewerbungsgespräche 70
Bewerbungsprozess 68
Bonussystem 135, 137

C Coaching 16, 107

D Demotivation 140

E Einarbeitung 16, 19, 32, 61, 77, 79 f., 82 f., 85, 101, 117, 147 f., 150
Einarbeitungs- und Ausbildungsplan 82
Einarbeitungsphase 85, 100 f.
Einarbeitungsplan 83
Eingliederung 61, 77
Einstellungsgespräch 71
Einstellungsprozess 70
Engpass-Analyse 133
Erfahrungsaustausch 119
Erfolgsfaktoren 149, 152
Erfolgskontrolle 176, 184, 186
Erfolgsmessung 186
Erst-Prägung 78
erster Arbeitstag 78, 82
Ertragssteigerung 140
Erwartungshaltungen 66, 132
Expansionsstrategien 147

F Fachkarriere 61, 145
Fähigkeiten und Fertigkeiten 111
Fertigkeiten und Fähigkeiten
– Ausbildung 95
– laufende Ausbildung 61

Filialen 147
Filialleiter 148
Franchise-Gebern 74, 150
Franchise-Handbuch 79, 149
Franchise-Standorte 147
Franchisenehmer 79, 148, 150
Franchising 74, 79
Frühjahrsputz 121
Führungsfähigkeiten 145
Führungskarriere 61, 145
Führungskultur 123
fünf Herausforderungen in der Mitarbeiterentwicklung 16
Funktionsbeschreibung 82, 88 f., 92, 109

G Generationen 30
Gesamtkonzeption 165
Gesundheitsmanagement 61, 155
Grundausbildung 61, 77, 82, 84

H Handbücher 149

I Ideenmanagement 118
Integration 152
Integrationsprozess 152
interner Newsletter 112

K Karriereseiten 73, 74
Kompetenzraster 109

L Leistungs-Orientiertes Bonussystem 137
Leistungsabfall 107
Leistungsniveau 107
Leistungsrückgang 105, 107
Leistungssteigerung 133, 135, 138, 141, 143
Leistungstief 104, 105
Leistungszyklus 100, 105
LOB 137

M Meeting-Management 119, 126
Meetings 123 f.
Mentoring 16
Mitarbeiter werben Mitarbeiter 75
Mitarbeiter Handbuch 79
Mitarbeiter-Jahresgespräch 109
Mitarbeiter-Motivation 130
Mitarbeiterbefragung 67, 113, 114, 178
Mitarbeiterentwicklung 105 f., 109
Mitarbeitergespräche 93
Mitarbeitermotivation 137
Mitarbeiterrekrutierung 61
Mitarbeitersuche 61
Mitarbeiterzufriedenheit 123

Monatsgespräch 107
Motivation 101, 131
Motivationsanreize 61, 130
Motivationsfaktor 134
Motivationsinstrument 126
Motivationssystem 133

N Negativspirale 102
Niederlassung 88

O Optimierung Ihrer bestehenden Elemente 168
Organigramm 88
Orientierung 61, 77, 80

P Pareto-Prinzip 18
Partner- und Integrationsmanagement 61, 147
People Skills 96, 98, 100, 132
Personalabteilung 179
Personalentwicklungsabteilung 73, 78, 92, 128, 176, 179
Personalmarketing 73
Premium Ausbildungssystem 61, 163

R Rekrutierung 17, 61 f.
Rekrutierungs-Strategie 61
Rekrutierungsaktivitäten 121
Rekrutierungsfehler 17
Rekrutierungsprozess 63
Rohertragssteigerung 136

S Sabbatical 160
Soll-/Ist-Analyse 166
System zur Wiedereingliederung 160

T Tag der Unternehmensbereiche 119
Talent-Management 61, 161
Telefonkonferenzen 124

Training 16, 84 f., 98 ff., 107
Trainingsergebnisse 100
Trainingsmaßnahme 95, 96, 98

U ULAKU 74
Umsetzung 175 f., 182
– erfolgreiche 176
Unternehmens-Orientierung 81 f.
Unternehmensabläufe 149
Unternehmensbeispiele 171
Unternehmensentwicklung 152
Unternehmenshandbuch 116
Unternehmenskommunikation 61, 111
Unternehmenskultur 85, 126
Unternehmensleitbild 156
Unternehmensorientierung 82
Unternehmensstrukturen 61, 87
Unternehmensziele 37
Unzufriedenheitsfaktoren 131, 133

V Veränderungsprozess 98
Veranstaltungen 123 f.
Verbesserungssystem 118
Vorschlagssystem 118

W Weiterbildung 95
Weiterbildungsbedarf 107
Weiterbildungsmaßnahme 100
Wettbewerbe 138
Wiedereingliederung 32, 61, 159, 161
Willkommenskultur 63
Wissensmanagement 61, 111, 116
Work-Life-Balance 157

Z Zertifizierungen 164
Zielformulierung 176 f.
Zufriedenheit Ihrer bestehenden Mitarbeiter 63
Zufriedenheitsfaktor 134

Die Wahrheit über das Versagen der Arbeitsagenturen

MARTIN GAEDT

Mythos Fachkräftemangel

Was auf Deutschlands Arbeitsmarkt gewaltig schiefläuft

2014. 240 Seiten. Gebunden.
ISBN: 978-3-527-50769-6
€ 19,99

Martin Gaedt zeigt in seinem Buch schonungslos, was auf dem deutschen Arbeitsmarkt schiefläuft. Er spricht Klartext zu Fachkräftemangel und BrainDrain.

Er entlarvt das Versagen der Arbeitsagenturen. Das Grundproblem: Arbeitsuchende und Arbeitgeber finden einfach nicht zusammen.

Wiley
Postfach 10 11 61 • D-69451 Weinheim
Fax: +49 (0)6201 606 184
e-Mail: service@wiley-vch.de • www.wiley-vch.de

WILEY

Kann den Anforderungen nicht gerecht werden
Das Mitarbeitergespräch

ARMIN TROST

Unter den Erwartungen

Warum das jährliche Mitarbeitergespräch in modernen Arbeitswelten versagt

2015. 223 Seiten. Gebunden.
ISBN: 978-3-527-50825-9
€ 34,99

Armin Trost setzt sich in seinem Buch erstmalig kritisch mit dem jährlichen Mitarbeitergespräch auseinander.

Die damit angestrebten Ziele und Praktiken werden auf den Prüfstand gestellt und vor dem Hintergrund unterschiedlicher, unternehmerischer Rahmenbedingungen diskutiert.

Wiley
Postfach 10 11 61 • D-69451 Weinheim
Fax: +49 (0)6201 606 184
e-Mail: service@wiley-vch.de • www.wiley-vch.de

WILEY

Durch neues Recruiting zu mehr Unternehmenserfolg

BRIGITTE HERRMANN
Die Auswahl
Wie eine neue starke Recruiting-Kultur den Unternehmenserfolg bestimmt

2016. 302 Seiten. Gebunden.
ISBN: 978-3-527-50864-8
€ 19,99

Brigitte Herrmann deckt auf, dass Unternehmen, im Rahmen der Auswahlprozesse und auch nach erfolgreicher Einstellung, wertvollste Potentiale verschwenden.

Gleichzeitig werden jedoch auch neue Lösungsansätze – eine neue Recruiting-Kultur – vorgestellt. Durch ihre jahrelange Tätigkeit als Headhunterin, gilt Frau Herrmann als Expertin für Arbeitgeber und Arbeitnehmer

Wiley
Postfach 10 11 61 • D-69451 Weinheim
Fax: +49 (0)6201 606 184
e-Mail: service@wiley-vch.de • www.wiley-vch.de

WILEY